Johannes Heinrich

Aggression und Streß

Entlastung und Entspannung durch
Abbau massiver Aggressionsformen

4. Auflage 1998

Weinheim 1998

Über den Autor:
Johannes Heinrich, Dipl.-Psych., Jg. 48, Klinischer Psychologe (BDP),
Psychotherapeut, Supervisor in eigener Praxis.

1. Auflage 1989
4. Auflage 1998

Alle Rechte, insbesondere das Recht der Vervielfältigung und Verbreitung sowie der Übersetzung, vorbehalten. Kein Teil des Werkes darf in irgendeiner Form (durch Photokopie, Mikrofilm oder ein anderes Verfahren) ohne schriftliche Genehmigung des Verlages reproduziert oder unter Verwendung elektronischer Systeme verarbeitet, vervielfältigt und verbreitet werden.

Druck nach Typoskript (DTP)

© 1989 Deutscher Studien Verlag · Weinheim
Druck: Druck Partner Rübelmann, 69502 Hemsbach
Seriengestaltung des Umschlags: Federico Luci, 50674 Köln
Printed in Germany

ISBN 3 89271 167 4

Meinen Kolleginnen und Kollegen
in Heim, Schule und Tagesförderstätte
in Respekt und Anerkennung gewidmet

Trier im Juni 1989

Vorwort zur 4. Auflage

Eine Sichtung der Literatur der letzten Jahre zeigt deutlich eine Zunahme der Veröffentlichungen zu den Themen: Gewalt, Aggression, Provokation, Streß, burn-out usw. Der Stellenwert dieser Themen rückt – nicht nur in der fachlichen Öffentlichkeit – mehr in den Vordergrund.

Aggressives Verhalten geistig behinderter Menschen ist eine Problematik, die in den Einrichtungen der Behindertenhilfe immer mehr aus dem Nebel von Scham, Verunsicherung, Schuldzuschreibung und Hilflosigkeit herausgenommen und offener, fachlicher und mutiger betrachtet und behandelt werden kann.

Zunehmend gleichen sich die Ansichten betroffener Betreuer/Innen:

1. Die aggr. Verhaltensweisen verursachen nicht nur materielle Kosten. Ihre störenden und schädigenden Auswirkungen beeinträchtigen andere Bewohner, Mitarbeiter und Betreuer erheblich und zerstören vor allem für den "Aggressor" immer mehr seine Basis für Wohlergehen, Selbstwert, Förderung und Integration.

2. Einzelne Förder- und Sanktionsmethoden stellen sich als ineffektiv dar – der behinderte Mensch, der sich aggressiv verhält, lebt in einem komplexen sozialen Geflecht. Seine Erlebens- und Verhaltensweisen können durch eine Vielzahl innerer und äusserer Bedingungen und deren Wechselwirkungen verursacht, ausgelöst und aufrechterhalten werden.

Die politischen Vorgaben "Sparmaßnahmen im Sozialen Bereich" gehen an den Behinderteneinrichtungen nicht spurlos vorbei. Die Konsequenzen: Personaleinsparungen, Erhöhung der Belegungszahlen, Verringerung begleitender Dienste, Belegungsdruck, Einschränkung von Kostenbewilligungen...usw. werden die Wohn- und Arbeitssituation behinderter Menschen zukünftig zunehmend belasten.

Vor diesem Hintergrund stellen sich die Einrichtungen der Behindertenhilfe zunehmend die Frage, wie ihre Mitarbeiter Fachkompetenz, Engagement und Arbeitsfreude bewahren, akute Konfliktsituationen effektiver meistern und Langzeitbelastung besser ertragen können.

Die Nachfrage der letzten Jahre nach dem Fachbuch "Aggression und Streß" und die Rückmeldungen von Mitarbeitern aus ihrer alltäglichen Arbeit mit behinderten Menschen scheinen die Relevanz dieses konkreten, die Komplexität des jeweiligen sozialen Systems berücksichtigenden Ansatzes zu bestätigen:

Nicht der sich aggressiv verhaltende behinderte Mensch, ist "gestört", "auffällig" oder "krank" – sondern das System, in dem und mit dem er lebt und arbeitet.

So ist das Ziel medizinischer, psychotherapeutischer und pädagogischer Arbeit nicht "Abbau aggressiven Verhaltens", sondern ENTSPANNUNG: der behinderte Mensch soll sich innerhalb seines sozialen Systems gemeinsam mit seinem / seiner Betreuer/in in entspannter Situation wohlfühlen können.

Die Erfahrungen zeigen, daß dies auch unter den u.a. durch Sparmaßnahmen erschwerten Bedingungen erreichbar ist.

Dazu möchte das Buch "Aggression und Streß" auch weiterhin Anleitung, Erfahrung, Ermunterung und Perspektive geben.

Das Literaturverzeichnis bietet dem interessierten Leser aktuelle Titel weiterführender und vertiefender Veröffentlichungen.

Trier, 5.9.97   Johannes Heinrich

Vorwort

Innerhalb des vielschichtigen Problemkreises: Umgang mit Aggressionen, ist ein Teilbereich bisher wenig angegangen worden, die aggressive Handlung des Geistigbehinderten. Sie verfolgt im Gegensatz zu den meist rational begründeten Aggressionen intelligenter Menschen unbestimmte Ziele, richtet sich weniger starr gegen bestimmte Personen und Objekte und in eigenartiger Weise oft gegen den eigenen Körper.

In verschiedenen Einrichtungen, in denen sich Geistigbehinderte aufhalten, aber auch in der Familie und in der Schule sind aggressive Handlungen der zu Betreuenden aus verschiedenen Gründen ein ernstes Problem. 1. sind diese Aktionen oft kaum einfühlbar und damit schwer vorauszusagen. 2. ist eine Verständigung mit dem Aggressor schwierig, weil ihm oft die Einsicht in die bestimmte auslösende Situation fehlt. 3. scheut man sich häufig, Maßnahmen zu ergreifen, etwa Strafen zu verhängen, weil der Zusammenhang mit der aggressiven Handlung nicht verstanden wird. 4. gibt es Probleme, weil die zu Betreuenden oft sehr kräftig sind und sich die manchmal schwächeren Therapeutinnen und Betreuerinnen nur schwer wehren können. Schließlich sind 5. Behandlungsmaßnahmen und -konzepte, z. B. auch die Suche nach geeigneten Medikamenten, noch ziemlich unbefriedigend.

Es ist deshalb sehr zu begrüßen, daß sich der Verfasser dieser Problematik in der vorliegenden Studie angenommen hat. Es geht dabei zunächst darum, die Bedingungen für das Auftreten von Aggressionen und Autoaggressionen in dem speziellen Milieu eines Behindertenheimes zu analysieren. Das ist Herrn Heinrich deswegen besonders gut gelungen, weil sich in dem Heim in Wittlich im Laufe der Jahre besonders viele aggressive und autoaggressive Menschen angesammelt haben und der Verfasser inzwischen über langjährige Erfahrung auf diesem Gebiet verfügt.

Aus den Ergebnissen seiner Untersuchung, die stets praxisorientiert sind, hat der Verfasser nun sogleich Schlüsse für die Bewältigung und für die Therapie gezogen. Er tat das, indem er sich bemühte, sich ganz in die Rolle der Betreuer, Lehrer und Eltern zu versetzen.

Für alle diejenigen, die in irgendwelchen Einrichtungen, seien es Heime, Schulen, Tagesstätten, aber auch im Elternhaus, sich mit Geistigbehinderten zu beschäftigen haben, ist dieses Buch eine aufschlußreiche Lektüre. Es vermittelt viele interessante Einsichten, aber ebenso praktische Hinweise für den Umgang mit Aggressivität und Autoaggressivität. Der prospektive Leserkreis sind also Psychologen, Lehrer, Ärzte, Erzieher, Heil- und Sozialpädagogen sowie eventuell Eltern behinderter Kinder und Jugendlicher.

Prof. Dr. Hans E. Kehrer
Institut für Autismusforschung Münster

INHALTSVERZEICHNIS

1.	Einleitung	13
2.	Aggresionen und problematisches Erzieherverhalten als Symptome von Beziehungsstörungen	15
2.1.	Aggressives Fehlverhalten	
2.1.1.	Definition aggressiven Verhaltens	
2.1.2.	Formen massiver Aggressionen	
2.2.	Reaktionen im sozialen Bezugssystem	22
2.2.1.	Verhalten der Gruppenmitbewohner	
2.2.2	Verhalten und Erleben der pädagogischen Bezugspersonen	
3.	**Rahmenbedingungen von Aggresion und Streß**	25
3.1.	Das Heim	
3.2.	Die Sonderschule am Heim	
4.	**Grundlagen therapeutischer Interventionen**	
4.1.	Probleme der Informationsgewinnung und Diagnostik	29
4.2.	Theorie zur Interaktion von Aggression und Streß	32
4.2.1.	Bedingungsmodelle aggressiven Verhaltens	
4.2.1.1.	Sammlung verschiedener Bedingungshypothesen:	
4.2.1.1.1.	äußere, objektive Bedingungen	
4.2.1.1.2.	körperliche Prozesse und Zustände	
4.2.1.1.3.	psychische Beeinträchtigungen	
4.2.1.1.4.	soziale Bedingungen	
4.2.1.1.5.	Lernerfahrungen durch Ausführung und Wirkung aggressiven Verhaltens	
4.2.1.2.	Funktionsmodelle aggressiven Verhaltens	
4.2.1.2.1.	Aggr. als Reaktion auf Frustration	
4.2.1.2.2.	Aggr. als Vermeidungsverhalten	
4.2.1.2.3.	Aggr. als Explorationsverhalten	
4.2.1.2.4.	Aggr. als Reaktion auf Bedrohung	
4.2.1.2.5.	Aggr. als Ausdruck pathologischen Wahrnehmens und Befindens	
4.2.1.2.6.	Exkurs: Aggr. als schädigende Selbststimulation	

4.2.2.	Bedingungsmodell des problematischen Erzieherverhaltens	59
4.2.2.1.	Das kognitive Streßmodell	
4.2.2.2.	Bedingungsgefüge des problematischen Erzieherverhaltens	
4.2.2.2.1.	die Aggressionsabschätzung	
4.2.2.2.2.	die Bewältigungsabschätzung	
4.2.2.2.3.	die Wirkungsabschätzung	
4.2.3.	Interaktion von Aggression und Streß	81
5.	**Therapeutische Interventionen zur Veränderung von Aggressions-Streß-Interaktionen**	
5.1.	Therapieplanung	86
5.2.	Interventionsmöglichkeiten bei Aggressionen und Streß	93
5.2.1.	Einflußnahmen auf Verhalten und Erleben des AGGRESSORS	
5.2.1.1.	Exkurs: Psychopharmakotherapie im Heim	
5.2.1.2.	Übersicht über aktuelle psychologische Verfahren zur Aggressionstherapie	
5.2.1.3.	Aggressionstherapie in den Systemen "Wohngruppe" und "Schulklasse"	
5.2.1.3.1.	Grundannahmen verhaltenstherapeutischer Maßnahmen	
5.2.1.3.2.	Interventionsmöglichkeiten in spezifischen Funktionsmodellen	
5.2.2.	Einflußnahmen auf Streßverhalten und -erleben der BEZUGSPERSONEN in Heim und Schule	123
5.2.2.1.	Veränderungen der Aggressionsabschätzung	
5.2.2.2.	Veränderungen der Bewältigungsabschätzung	
5.2.2.3.	Veränderungen der Wirkungsabschätzung	
5.2.3.	Einflußnahmen auf das System "ELTERNHAUS"	138
6.	**Beispiele von Therapieverläufen massiver Aggressionsformen**	143
6.1.	Therapiebeispiel massiver Fremd- und Sachaggressionen "Karl"	144
6.2.	Therapiebeispiel massiver Autoaggressionen "Adam"	174

Literaturverzeichnis 193
Anhang 199

1 Einleitung

1 Einleitung

Aggressionen sind offensichtlich Bestandteil menschlichen Verhaltensrepertoirs. Zum Problem werden Aggressionsformen, wenn ihre Intensität, ihre Dauer, ihre Gefährlichkeit usw. den Aggressor selbst, andere Personen, oder die dingliche Umwelt schädigen, oder erheblich beeinträchtigen.
In einer sozialen Gemeinschaft können dadurch die emotionalen Beziehungen der Individuen untereinander massiv gestört werden.
Für das betroffene Bezugssystem (z.B. Elternhaus, Schulklasse, Heimgruppe, Klinikstation) werden massive Aggressionsformen meist als intensiver Streß erlebt.
Um eine positive Beziehung der Individuen zueinander wieder herzustellen, in der sich der "Aggressor" ohne intensive und häufige Aggressionsformen und seine Bezugspersonen ohne extremen Streß wohlfühlen, ist eine Veränderung des Zusammenwirkens von aggressivem Verhalten einerseits und Streßerleben und Streßempfinden andererseits, eine Voraussetzung,
Um Ansätze für effektive Änderungen zu finden, scheint es notwendig, die Interaktion von Aggression und Streß unter realistischen Bedingungen bestimmter Systeme zu betrachten und deren Wechselwirkungen zu berücksichtigen: intensive Aggressionsformen als Selbst-, Fremd- oder Sachaggressionen geistig behinderter Kinder und Jugendlicher in Wohnheim und Schule und die problematischen Streßreaktionen ihrer Bezugspersonen (Erzieher, Pfleger usw.) liefern dazu anschauliche Beispiele.

Ziel des vorliegenden Buches soll sein, einen Einblick und Überblick in dieses komplexe Zusammenwirken von aggressivem Fehlverhalten und problematischem Erzieherverhalten zu vermitteln und Möglichkeiten, sowie Grenzen pädagogischer, psychologischer und medizinischer Arbeit in den Bezugssystemen "Heim" und "Schule" aufzuzeigen.
Ansätze herkömmlicher Aggressionstheorien und Therapieformen, bzw. Vorstellungen über Streßverhalten und Streßbewältigung können damit um eine interaktionistische Sichtweise bereichert - nicht ersetzt - werden.
Zielgruppe psychotherapeutischer Intervention ist nicht der problematische Einzelfall, sondern primär dessen Bezugssystem: Veränderungen der Wahrnehmung, Empfindungen und Verhaltensweisen der Erzieher, Eltern oder Pfleger können Wahrnehmen, Erleben und Verhalten des "Aggressors" entscheidend positiv beeinflussen.
Konkrete Interventionsmöglichkeiten innerhalb der Institution "Heim" und "Schule" werden aufgezeigt:
Institutionelle und organisatorische Maßnahmen, technische Sicherheitsvor-

kehrungen, medikamentöse Therapie, verhaltenstherapeutische Techniken, Teamsupervision, gesprächspsychotherapeutische Einzelkontakte, Elternkontakte, Beratung von Heim- und Schulleitung usw. .

Somit will das vorliegende Buch all jenen, die im konkreten Spannungsfeld "Aggression und Streß" leben und arbeiten - Eltern, Krankenpflegepersonal, Psychologen, Lehrer und Erzieher, Ärzte, Sozialarbeiter usw. - Erklärungen anbieten und Anregungen für die praktische Arbeit vermitteln.

So wie intensive Aggressionen nur ein kleiner negativer Bestandteil des Gesamtverhaltens eines Behinderten sind - so ist das problematische Streßverhalten der Erzieher und Pfleger nur ein kleiner Teil ihres Alltags.

Der intensiven Betrachtung willen stellt sich zwangsläufig das problematische Extrem in den Vordergrund: alltäglicher Umgang in Heim und Schule, entspanntes Beieinander und gemeinsame Spiel- und Förderaktivitäten, Zuneigung, Freude und Spaß oder auch unproblematische Konfliktbewältigungen treten im folgenden in den Hintergrund.

Behindertenarbeit in Schule und Heim ist viel mehr und ganz anders als ausschließlich Umgang mit Aggressionen und Streß.

2 Aggressionen und problematisches Erzieherverhalten als Symptome von Beziehungsstörungen

2.1 Aggressives Fehlverhalten

Geistig behinderte Kinder und Jugendliche benötigen für ihr Wohlbefinden menschliche Wärme, Zuneigung, Verständnis, Geduld, Akzeptanz, Förderung ... in dem gleichen Maße, wie nicht behinderte Kinder und Jugendliche ähnlichen emotionalen Entwicklungsstandes.
Die Erzieherinnen und Erzieher in Heim und Schule vermitteln - in der Regel - diesen Rahmen angenehmer und sicherer Geborgenheit. Sie sind den Behinderten die wichtigsten ständigen Bezugspersonen.

Im folgenden wollen wir alle in Heim und Schule pädagogisch oder pflegerisch arbeitenden Berufsgruppen, wie Erzieher, Pfleger, Krankenschwestern, Sozialpädagogen usw., der Übersichtlichkeit halber als "Erzieher" bzw. "Erzieherin" oder "Bezugsperson" bezeichnen - bis auf Ausnahmen, wenn der beschriebene Sachverhalt es verlangen sollte.
Mit dem Schweregrad der Behinderung schränken sich die Fähigkeiten ein, z.B. die komplexe objektive und soziale Umwelt kognitiv zu strukturieren und Veränderungen in der dinglichen Umwelt oder in den zeitlichen Regelmäßigkeiten ohne Irritationen und emotionale Spannungen zu ertragen.
Besonders auf Veränderungen des sozialen Umfeldes, auf Veränderungen des emotionalen Bezugssystems können schwer geistig Behinderte, vor allem mit autistischer Symptomatik, deutlich mit Zeichen von Hilflosigkeit, Depressivität, Isolationstendenzen, Unruhe oder Aggressionen reagieren.

Das Ausmaß der geistigen Behinderung gestaltet die soziale Beziehung: Je selbständiger sich ein Heimbewohner verhält, je größer seine sozialen und intellektuellen Fähigkeiten ausgeprägt sind, desto partnerschaftlicher kann sich die Beziehung zu den Betreuern darstellen.
Schwer geistig behinderte fordern andere Beziehungsqualitäten: unabhängig von ihrem tatsächlichen Lebensalter sind die Wünsche und Ausdrucksformen oft "kleinkindgemäß" - die Beziehung gestaltet sich eher wie die eines Kindes zu seinen Eltern: In der Regel werden Gefühle der Freude und Zuneigung oder Trauer, Trotz und Ärger sofort und direkt ausgedrückt, Zärtlichkeit und Körperkontakt oft intensiver gesucht, ständige Präsenz gefordert. Geistig Behinderte mit zusätzlichen autistischen oder psychotischen Symptomen können Nähe suchen oder fliehen - oder sich ganz zurückgezogen befinden.
Sozial sind diese Behinderten deutlich auf die Bezugspersonen ausgerichtet, in

ihrer Gruppe meist auf sich bezogen und nur gering an anderen interessiert. Fehlende sprachliche Äußerungsformen belassen die Kommunikation kindgemäßer Signale und Gesten. Körperbewegungen und Mimik haben hohen Stellenwert.

Die im folgenden dargestellte Aggressions- und Streßproblematik geht von überwiegend stark kommunikativ gestörten Kindern und Jugendlichen aus, die über keine oder nur sehr eingeschränkte sprachliche Ausdrucksmöglichkeiten verfügen.
So kann ein 20jähriges, schwer geistig behindertes Mädchen körperlich eine junge Frau sein - in ihren Wahrnehmungen und ihrem Empfinden, ihren Vorstellungen und Wünschen, in ihrem Spiel- und Sozialverhalten bleibt sie dagegen ein 18 Monate altes Kleinkind. Sie fühlt sich entsprechend wohl, wenn sie "bemuttert" wird, im Mittelpunkt steht und immer wieder - durch einfache Gesten, Worte oder Zärtlichkeiten - Kontakt spürt.

Deutlich ist vor diesem Hintergrund die Wichtigkeit stabiler, positiver und tragfähiger Gefühlsbindungen an die erwachsenen Betreuer.
Mitarbeiter, die den behinderten Menschen tagtäglich Vertrauen, Sicherheit und Geborgenheit vermitteln, mit ihnen leben, die alltäglichen Probleme lösen, Konflikte ertragen und Rückschritte verkraften, bedürfen ihrerseits vom Behinderten Zuwendung, Zärtlichkeit und Anerkennung. Von ihren Kollegen benötigen sie Solidarität und innerhalb der Institution "Heim und Schule" Sicherheit, Verständnis und Wertschätzung.
Ein Erzieher, der sich wohlfühlt, bietet die beste Voraussetzung für das Wohlbefinden des Behinderten.
Eine ruhige und entspannte Gruppensituation, in der Erzieher und Behinderter natürlich miteinander umgehen, ist Basis individueller emotionaler Stabilität, positiver Beziehungen und effektiver pädagogischer Förderung.

Dies zerstört heftige und andauernde Aggression. - Sie schafft Unruhe, Spannung, Hilflosigkeit und Angst.

2.1.1 Definition aggressiven Verhaltens

Aggressionen sind natürlich? Die positive, biologische Bedeutung von Aggression beschreibt LORENZ (1972).
Aggressives Verhalten gehört offensichtlich zum Repertoir menschlichen Handelns. Bewegt es sich in Art und Häufigkeit in sozial akzeptablen Grenzen,

wird es "normal" genannt.die ethische Beurteilung, wann aggressives Verhalten positiv und angemessen, oder schlecht und verwerflich sei, obliegt der jeweiligen Moral der unterschiedlichen und sich verändernden kulturellen, bzw. sozialen Systeme oder Herrschaftsstrukturen, in denen, oder durch die, Aggression geschieht.

Ein Beispiel für die Schnelligkeit der Veränderung sozialer und staatlicher Normen bezüglich legitimierter Aggression bietet ein Vergleich der Situation in Deutschland z.b. im Jahre 1940 zum Jahr 1950.

Soziale Normen und individuelle Moral setzen Maßstäbe bei der Definition von Aggression, als auch im Umgang mit aggressivem Verhalten: Ob Aggressionen eines Behinderten gerechtfertigt oder (in Mitleid) zu billigen, bzw. zu ertragen sind; ob therapeutische Maßnahmen (time-out, Elektroaversionsbehandlung) oder handgreifliche Notwehr als fachlich begründete oder institutionell legitimierte Gewalt moralisch gerechtfertigt ist, usw. ...

Es besteht ein breites Spektrum unterschiedlicher Aggressionsdefinitionen mit jeweils spezifischen Schwerpunkten je nach theoretischer Ausrichtung.
Die psychoanalytische Theorie verbindet aggressives Verhalten mit einem Aggressions"trieb" (MITSCHERLICH 1970; siehe auch LAPLANCHE & PONTALIS 1973; NAGERA 1987).
Auf die tiefenpsychologischen Ansätze, aggressives Verhalten "triebdynamisch" und "entwicklungsorientiert" zu interpretieren, wollen wir in unserem Zusammenhang verzichten.
Aggression, bzw. Aggressivität als eine "Disposition", eine "Energie" (HACKER 1973) zu verstehen, erscheint zu hypothetisch.

Die allermeist stark eingeschränkte bis völlig fehlende verbale Mitteilungsfähigkeit des hier beschriebenen Klientels verunmöglicht, differenzierte Motive, Ziele, Erwartungen von Verhaltensweisen, bzw. Phantasien, Träume usw. zu erfragen. Wir müssen uns auf beobachtbares Verhalten beschränken, dem wir unter Berücksichtigung des situativen Kontextes und der Wirkung dieses Verhaltens eine bestimmte Funktion, einen spezifischen Sinnzusammenhang von Verhalten und Wirkung unterstellen. "Absicht" usw. wären hier Spekulationen und bleiben für die weitere Definition relativ unberücksichtigt.

Beim Versuch, Aggressionen zu definieren, betonen SELG (1982) und PETERMANN (1984) die Gerichtetheit aggressiven Verhaltens, BREZOVSKY (1985) die Wirkung, MEES (1982) die Interaktion und LISCHKE (1975) die Bewertung aggressiven Verhaltens durch die (voreingenommene oder emotionalisierte?) soziale Umwelt. Mit PETERMANN (1984) soll im folgenden eine versehentliche, unbeabsichtigte Schädigung ausgeklammert werden, ebenso eine durch Unachtsamkeit oder Unbeholfenheit verursachte.

Definition: Aggression ist ein beobachtbares Verhalten, dessen Qualität und/oder Intensität und/oder Häufigkeit den eigenen Körper oder den anderer Personen, die dingliche oder soziale Umwelt schädigt, erheblich beeinträchtigt oder stört. Die Beeinträchtigung, Schädigung oder Störung ist Ziel und/oder Wirkung dieses Verhaltens.

Auf die inhaltliche Problematik, "den eigenen Körper schädigende Verhaltensweisen" als aggressiv, bzw. autoaggressiv zu bezeichnen, geht ROHMANN und HARTMANN (1987) ein.

Aggressives Verhalten mittel bis schwer geistig Behinderter kann, verglichen mit Aggressionsformen nicht behinderter Kinder und Jugendlicher vielleicht als dessen kleinkindgemäße Ausdrucksform interpretiert werden.

Als massive/intensive Aggressionsformen können Verhaltensweisen bezeichnet werden, wenn sie tatsächlich oder mit sehr hoher Wahrscheinlichkeit eintretende erheblich schädigende oder störende Wirkungen zeigen. Eine mögliche Intentionalität kann oft nur vermutet werden. Einer situativen oder lang anhaltenden "Aggressivität" als Bereitschaft, sich aggressiv zu verhalten, bzw. als hohe Auftrittswahrscheinlichkeit aggressiver Verhaltensweisen, kann unterschiedliche Motivation zugrunde liegen (Ärger, Schmerz, Anspannung ... Wünsche nach Zuwendung, nach Distanz, ... Neugier, soziale Behauptung, Eifersucht ... die Lust, eigene Wahrnehmungen seiner selbst zu spüren, bzw. sich zu stimulieren ...), die Intensität und/oder Häufigkeit dieser hypothetischen Motive ist oft pathologisch dranghaft, zwanghaft, "süchtig".

Zielgerichtetheit des motorischen Verhaltens, Direktheit der Aktion - ohne zeitlichen Aufschub der Ausführung - und die Intensität - oft mit hohem Energieeinsatz, mit massiver Körperkraft sich bis zum Verlust der Selbstkontrolle steigernd - können weitere Charakteristika massiver Aggressionsformen sein, ebenso deren lang anhaltende Dauer, oft jahrelange Beständigkeit oder immer wiederkehrende Phasen gravierender Häufigkeiten, die manchmal bizarren Qualitäten und die offensichtliche Resistenz gegen übliche pädagogische Maßnahmen.

Intensive/massive Aggressionsformen besitzen ausgeprägten negativen sozialen Wert: bei den betroffenen Bezugspersonen besteht ein "common sense" über die Notwendigkeit und Dringlichkeit der Veränderung oder des Abbaus dieses Fehlverhaltens.

Zu bemerken bleibt, daß "eine psychologische Definition ... nur einen Brennpunkt treffen, aber nicht einen Verhaltensbereich scharf umreißen" kann (SELG 1982, Seite 353).
Als "Aggressor" bezeichnen wir im folgenden jenen geistig Behinderten, der intensive/massive Aggressionsformen zeigt - wobei wir die bei dieser Bezeichnung mitschwingende negative soziale Bewertung, bzw. Verurteilung seiner Person ausdrücklich zurückweisen möchten.

2.1.2 Formen massiver Aggressionen

Massive Aggressionsformen lassen sich qualitativ unterscheiden:
a) Fremdaggressionen als aggressives Verhalten gegen andere Personen;
b) Sachaggressionen als Zerstörung oder Beschädigung von Objekten;
c) Aggressionen, die Nahrungsaufnahme und Ausscheidung betreffen, und
d) Autoaggressionen, die BREZOVSKY (1985) wie folgt definiert:
"Autoaggression ist ein beobachtbares Verhalten, das häufig wiederholt auftritt, stereotypen Charakter haben kann, und bei dem ein Individuum Reize gegen den eigenen Körper setzt, deren Ziel oder Wirkung die physische Verletzung ist" (Seite 3).
ROHMANN und HARTMANN (1987) setzen sich kritisch mit der Definition von BREZOVSKY (1985) auseinander und definieren Autoaggression wie folgt: "Autoaggressionen sind Verhaltensweisen, die sich gegen den eigenen Körper richten, die meist stereotyp und mit hoher Geschwindigkeit ablaufen und dem eigenen Körper physische Schädigung oder extreme Reizung zufügen, wobei, abhängig vom beobachtbaren Grad der Erregung und Spannung, Qualität und Intensität in andersartig stereotype oder aggressive Verhaltensweisen übergehen können."Wir wollen im folgenden auf eine umfassende Beschreibung und Erklärung selbstverletzenden Verhaltens verzichten und uns auf den interaktionistischen Aspekt autoaggressiven Verhaltens beschränken (siehe auch: Exkurs "Aggression als schädigende Selbststimulation", Kap. 4.2.1.2.6).
Wir können dagegen annehmen, daß ein nicht unbedeutender Teil autoaggressiven Verhaltens den weiter unten aufgeführten Bedingungshypothesen und Funktionsmodellen aggressiven Verhaltens zugeordnet werden kann.
Massives aggressives Verhalten läßt sich oft erst in der Interaktion mit der betroffenen Bezugsperson und innerhalb der jeweiligen situativen Umwelt definieren.

Therapieplanung bedarf der Aufdeckung des individuellen Sinnzusammenhangs aggressiven Verhaltens im spezifischen sozialen Kontext (siehe auch REPP, FELCE & BARTON 1988).

Die im folgenden, gesammelt und konzentriert dargestellten Aggressionsformen, die in ihren Häufigkeiten, Intensitäten oder Qualitäten sehr problematisch sind, stellen einen bedeutenden zwar, aber nur kleinen Ausschnitt aus der positiven Wirklichkeiteines Lebens in den Bezugssystemen "Heim" und "Schule" dar.
Bezüglich der Auftrittshäufigkeit, Intensität, tatsächlicher oder hochwahrscheinlicher Schädigung usw. läßt sich aggressives Verhalten innerhalb des spezifischen sozialen Bezugsrahmens von unproblematischen Stereotypen und von spielerischem, zwanghaftem usw. Verhalten abgrenzen, oder als sozial akzeptiertes und der Situation adäquates, aggressives Verhalten bis hin zu deutlich als veränderungsnotwendige intensive Aggressionen definieren.

a.) Fremdaggressionen: Körperliche Attacken gegen andere Personen, wie Bespucken, Schlagen (Ohrfeigen - Boxen); an den Haaren ziehen; sich in die Haare verkrallen: an der Wäsche reißen; andere kratzen; würgen oder heftig rütteln; Umstoßen oder Herunterstoßen (vom Stuhl, von der Treppe); Treten; Hand oder Finger umdrehen, bzw. umknicken; anderen den Finger in den Hals stecken; mit dem Kopf schlagen; andere beißen; körperliche Kämpfe; Brillen oder Schmuck abreißen; anderen Kleidung zerreißen usw.

Aggressionen mit Gegenständen gegen andere Personen: Bewerfen (mit Steinen, Möbeln, Spielzeug); Schlagen (mit Gürtel, Stock, Spielzeug); mit Gegenständen bedrohen; extremen Krach machen (bis hin zu langanhaltendem, fortwährendem Türenknallen, lautem Schlagen) usw.
Aggressionen gegen andere, die eigene Stimme benutzend (wobei beim Großteil des beschriebenen Klientels Sprach- und oft Srechfähigkeit fehlt): Schadenfreude äußern; andere necken, hänseln, nachäffen; Schimpfwörter benutzen; Schreien; Heulen; Jaulen; Brummen.

b.) Aggressionen gegen Objekte: Bei Tisch Besteck, Geschirr werfen; zerstörendes Werfen von Gegenständen (Blumentöpfe); Herunterreißen (Bilder, Gardinen, Tapeten); Treten gegen Möbel und Türen; Umstoßen oder Umwerfen von Möbeln; Eintreten, Einwerfen und Einschlagen von Türen oder Fenstern; Zerreißen von Kleidung oder Bettwäsche usw.

c.) Provozierende, zielgerichtete Handlungsweisen, die Nahrungsaufnahme und Ausscheidung betreffend: Gefüllte Kannen, Gläser, Teller um- oder ausschütten; gezielt in Gefäße hineinpatschen; um Essen kämpfen; Nahrungsmittel stehlen; Wiederkäuen und Essen-Hochholen; situationsbezogenes Erbrechen; Essen verweigern; situationsbezogenes Einnässen; in Zimmer und Möbel urinieren; situationsbezogenes Einkoten oder in Zimmer und Möbel koten; Kot-Schmieren usw.

d.) Autoaggressionen: Augendrücken (bis zum Verlust des Augenlichtes); Ohrbohren; Ohrreißen: Haare (aus-) reißen (büschelweise); Zerkratzen von Gesicht, Armen und Händen; Verletzungen aufkratzen; Finger in die eigene Wange drücken (bis zu offenen Wunden); sich in Hand/Finger beißen; Zungenbeißen; Hand oder Faust gegen den Kopf schlagen; Hand/Faust gegen Körper oder Beine schlagen; Hand/Faust gegen Kanten/Wände schlagen; Kopf gegen Boden, Kanten, Wände schlagen; Kopf auf der Schulter reiben; Knie/Knöchel gegeneinander schlagen; sich mit Messer/Scherben schneiden oder stechen (bis hin zu Verletzungen); Gegenstände gegen den Kopf schlagen; Gegenstände gegen den Körper schlagen; Gegenstände in die Augen drücken; Gegenstände ins Ohr drücken; Gegenstände in die Scheide führen; Extremitäten einschnüren usw.

Bei diesen Beispielen aggressiven Verhaltens innerhalb des sozialen Kontextes wurden schädigende oder störende Verhaltensweisen durch Unachtsamkeit, Ungeschicklichkeit, Unruhe oder Unkenntnis ausgeschlossen.
Diese ausführliche Sammlung aggressiver Qualitäten darf die Grundannahme unserer Betrachtung und Interpretation nicht verzerren:
Der geistig Behinderte mit aggressivem oder massiv aggressivem Verhalten ist ein zu respektierender Mensch, der nicht nur aus Fehlern und Defiziten besteht.

Paul (11 J.) schrie in Sekundenabständen monatelang ein schrilles "Aii", warf sich auf den Boden und schlug mit aller Kraft seinen Kopf. Er konnte sich anhaltend mit Faust oder Schuh ins Gesicht schlagen, riß sich die Kopfhaare aus, kotete und näßte ein, warf Stühle und Spielzeug durch den Raum und verkrallte sich in Haare und Kleidungsstücke der Erzieherinnen. Bei Tisch griff er in Schüsseln und Teller und warf das Essen.

Bettina (17 J.) schlug sich über den ganzen Tag fast ohne Pause mit der Faust unter ihr Kinn oder ihren Kopf gegen spitze Kanten. Sie näßte und kotete ein, - kratzte, schlug und stieß schwächere Kinder.

Maria (21 J.) konnte wochenlang, tagtäglich mehrmals, Nahrungsmittel, Blumentöpfe, Geschirr usw. werfen. Sie riß Bilder von den Wänden, zerfetzte ihre Kleider, beschmierte Wände und Boden ihres Zimmers mit Kot, näßte nachts mehrmals ins Zimmer, zerriß Kleidung und Bettwäsche jede Nacht.

Monika (18 J.) konnte bei den Mahlzeiten ihr Essen wieder hochholen und über den Tisch erbrechen. Sie bespuckte mehrmals täglich die Erzieher, schlug, kniff, trat, warf Möbel, näßte ein, kotete in Schubladen oder hinter die Heizung.

Fred (18 J.) attackierte täglich, manchmal mehrmals, den Erzieher derart, daß sein Beißen, Treten und Schlagen zu Verletzungen führte. Nur durch drei kräftige Erwachsene war sein Toben zu halten.

Paul, Bettina und Maria zeigen neben der geistigen Behinderung massive autistische Symptome.

2.2 Reaktionen im sozialen Bezugssystem

Soziale Bezugssysteme für den Behinderten (Wohngruppe, Schulklasse, Elternhaus) und für den Erzieher (Behindertengruppe, Kollegenteam, Familie) lassen sich nach WATZLAWIK, BEAVIN & JACKSON (1969, Seite 190) als Systeme definieren: "Jeder Teil eines Systems ist mit den anderen Teilen so verbunden, daß eine Änderung in einem Teil eine Änderung in allen Teilen und damit dem ganzen System verursacht. Das heißt, ein System verhält sich nicht wie eine einfache Zusammensetzung voneinander unabhängiger Elemente, sondern als ein zusammenhängendes, untrennbares Ganzes."
Nicht nur Aggressionen gegen andere Personen treffen das soziale Bezugssystem, auch der angerichtete Sachschaden wirkt auf Mitschüler, Gruppenmitbewohner und Betreuer. Alle Beteiligten leiden direkt unter aggressiven Aktionen - und gehen miteinander anders um.

2.2.1 Verhalten der Gruppenmitbewohner und Mitschüler

Nach intensiven Aggressionen gegen Personen oder umfangreichen Sachzerstörungen , stellte sich in der Wohngruppe oder Schulklasse meist folgende Situation dar: Das Aggressionsopfer weinte oder schrie, flüchtete in räumliche Distanz oder zum Erzieher oder wurde selbst aggressiv. Die übrigen Anwesenden wurden unruhig, blieben nicht bei ihren Tätigkeiten, wurden laut, liefen hinzu oder schauten intensiv zum Ort des aggressiven Geschehens. Oder sie liefen umher, flüchteten, manche lachten.
In anderen Gruppensituationen schienen die anwesenden Behinderten vom

aggressiven Geschehen nicht berührt, wirkten desinteressiert und blieben mit sich selbst beschäftigt.
Oder es kam zu Aggressionen gegen den Aggressor: Behinderte wehrten sich, schimpften, schlugen zu, traten, bissen usw. - und es konnten sich gelegentlich Kämpfe entwickeln, die durch den Erzieher beendet werden mußten.
Weniger schwer behinderte Jugendliche wurden sozial aktiv, teilten sich untereinander oder dem Erzieher die Geschehnisse mit, reagierten gemeinsam auf den Aggressor oder konnten bedrängten Personen in Konfliktsituationen beistehen.
Wenn auch die Aggressionen meist zu Aufregungen führten (manchmal schaukelte sich eine ganze Wohngruppe in Unruhe hoch und andere Beteiligte wurden zusätzlich aktiv) konnte sich die Gesamtsituation schnell wieder beruhigen: man hatte sich an Hektik und Aggression offensichtlich gewöhnt.

2.2.2 Verhalten und Erleben der pädagogischen Bezugsperson

Wie handeln die Erzieher in dieser Situation?
Wie werden sie mit diesen Aggressionen fertig?

Wie bei der Konzentration auf das aggressive Fehlverhalten Behinderter, wird auch bei der differenzierten Aufführung der problematischen Reaktionen des Erziehungs- und Pflegepersonals der normale Alltag in den Hintergrund gerückt: Selbst umfassend qualifizierte Mitarbeiter mit langjähriger Erfahrung im Umgang mit Behinderten, hohem Engagement und kritischer Selbstreflektion können in Krisenzeiten "problematisch" reagieren.
Eine Übersicht über die häufigsten problematischen Erzieherreaktionen mag verdeutlichen, wie aggressives Fehlverhalten wirkt, und wie man versuchte, dem zu begegnen.
Meist recht spät, nachdem man in Heim oder Schule über Wochen und Monate versucht hatte, die Aggressionen einzudämmen, - die Belastungen durch die anhaltenden oder immer wiederkehrenden Verhaltensweisen dagegen stetig zunahmen, wurde der Psychologe oder die Schul-, bzw. Heimleitung angesprochen. In Einzel- und Gruppengesprächen, Verhaltensbeobachtungen, ergänzt durch kurze tägliche Kontakte, zeichnete sich ein Bild des Verhaltens und Erlebens der Heim- und Schulmitarbeiter in den akuten Konfliktsituationen ab:
Erschrecken; Aufspringen; zum Aggressor laufen; ihn festhalten; zum Aufräumen zwingen; Beschimpfen; Klagen, Weinen; Zurechtweisen; Ermahnen; den Aggressor in die Ecke des Raumes, vor die Tür, ins eigene Zimmer oder ins Bett schicken; im Toilettenraum einsperren; oder das aggressive Verhalten widerspiegeln (Zurückkneifen, Haare ziehen, in Notwehr zurückschlagen ...).

Gelegentlich wurde nach massiven Aggressionsformen der Akteur in den Arm genommen und gestreichelt und liebevoll ermahnt, oder es wurde versucht, sein Verhalten zu ignorieren.

Die betroffenen Mitarbeiter zeigten direkt nach Konfrontationen mit massiven Auto-, Fremd- und Sachaggressionen deutliche physische und psychische Streßsymptome: starke Anspannung, Erregung und Unruhe, Zittern, schweres Atmen, hastiges Reden. Sie drückten Trauer, Beschämung, Verzweiflung, Resignation, Hilflosigkeit, Selstzweifel und Angst aus. Manche versuchten, die Situation zu ignorieren oder zu bagatellisieren.

Aggressive Auseinandersetzungen konnten zu Gehirnerschütterungen, Prellungen, Knochenbrüchen, Kratz- und Bißwunden, Hämatomen usw. bei den Bezugspersonen führen.

Anhaltende oder immer wiederkehrende intensive Aggressions - Streßsituationen konnten zu langfristigen Verhaltens- und Erlebensänderungen führen: Die Erwartung aggressiver Attacken nahm zu, die Reizbarkeit durch kleine Hinweisreize führten schnell zu hoher Anspannung. Die Reaktionen auf Aggressionen wurden zunehmend uneinheitlicher, willkürlicher und waren deutlich von emotionaler Betroffenheit geleitet. Die pädagogische Überlegenheit löste sich auf.

Die Beziehung zum aggressiven Behinderten wurde weniger natürlich, weniger fröhlich, sie kühlte ab.

Auch in aggressionsfreien Zeiten blieb der potentielle Aggressor im Mittelpunkt: man ging mit ihm vorsichtiger um, beachtete ihn mehr als andere, nahm bei Zeichen von Aggression schnell Anforderungen und Verbote zurück, oder suchte absichtlich einen Machtkampf. Manchmal wurde auf eine beruhigende Medikation gedrängt.

Konflikte zwischen den Mitarbeitern brachen auf. Das Team zeigte Spannungen, Verunsicherungen, verbale Aggressionen, Macht- und Kompetenzkämpfe untereinander.

Langanhaltende Konfrontationen konnten zu erheblichen körperlichen Beeinträchtigungen führen: Schlafstörungen, Migräne, Magenschleimhautentzündungen usw.

Definition problematischen Erzieherverhaltens als Streßverhalten:

Problematisches Erzieherverhalten ist ein beobachtbares Verhalten, das Bezugspersonen von geistig behinderten Kindern und Jugendlichen in/oder in zeitlichem Zusammenhang von Situationen mit aggressivem Geschehen oder erhöhter Aggressivität zeigen.

Es ist inadäquat, pädagogisch nicht begründbar und stark emotional gefärbt. Problematisches Erzieherverhalten ist charakterisiert durch seine häufige Wiederkehr in ähnlichen Situationen, durch schnelle und meist reaktive Ausführung und durch den Effekt, das aggressive Verhalten eines Behinderten nicht abzubauen.
Im Gegenteil: je nach Sinnzusammenhang aggressiven Geschehens kann problematisches Erzieherverhalten als Ursache und/oder Verstärkung erneuten aggressiven Verhaltens wirken.

Objektiv problematisches Erzieherverhalten ist pädagogisch oder ethisch bedenklich oder nicht vertretbar, aber psychologisch verstehbar.
Es wird vom ausführenden Individuum aber unkritisch als sinnvolles, akzeptables Verhalten positiv gewertet. In unserem Zusammenhang steht objektiv problematisches Erzieherverhalten nur am Rande der Betrachtung, da es in Selbstregulationen innerhalb des Kollegenkreises durch Aufklärung oder Anweisung schnell positiv verändert werden konnte.

Subjektiv problematisches Erzieherverhalten ist ein Verhalten, dem deutlich negative Bewertung durch das ausführende Individuum folgt, begleitet oft von Gefühlen der Anspannung, Unsicherheit oder Hilflosigkeit, bzw. der entsprechenden physischen Symptome. Subjektiv problematisches Erzieherverhalten ist meist Reaktion auf Streß, oder als Symptom subjektiver Streßbelastung zu verstehen. Es steht für den Betrachter in deutlichem Kontrast zu den positiven und angemessenen Verhaltensweisen desselben Erziehers in weniger konfliktintensiven Zeiten oder Situationen.

3 Rahmenbedingungen von Aggressionen und Streß in einer Einrichtung für geistig behinderte Kinder und Jugendliche

3.1 Das Heim

Das beschriebene Bildungs- und Pflegeheim "Haus Maria Grünewald" in 5560 Wittlich, in Trägerschaft des Caritasverbandes für die Region Trier, liegt mitten im Wald, wenige Kilometer entfernt von einer mittleren Kleinstadt. Die Einrichtung besteht seit 15 Jahren. Sie wurde für schwerst geistigbehinderte Kinder und Jugendliche mit gravierenden und massiven Verhaltensauffälligkeiten konzipiert und in den Räumen eines ehemaligen Krankenhauses eingerichtet.

Bei der Gründung des Heimes, welche zeitlich mit der Schließung einiger jugendpsychiatrischer Abteilungen zusammenfiel, wurden 22 Kinder und Jugendliche von dort direkt übernommen.
Später sind die Neuaufnahmen eines bestimmten Zeitraumes von fünf Jahren wie folgt aufzuteilen:

- 19 Kinder und Jugendliche kamen direkt aus ihren Familien. Sie waren hier wegen der Schwere der Behinderung bzw. massiver Verhaltensprobleme nicht mehr tragbar.
- 14 Kinder kamen mit derselben Begründung aus anderen Heimen.
- 6 Kinder und Jugendliche kamen direkt aus psychiatrischen Kliniken.

In den familienorientierten, meist gemischtgeschlechtlichen Gruppen wohnen 9 bis 11 Kinder/Jugendliche. Die Wohngruppen sind räumlich abgeschlossene Einheiten mit 4 bis 6 Schlafräumen, einem Wohn- bzw. Spielraum, einem Eßraum, einer kleinen Küche, einem Erzieherzimmer und den entsprechenden sanitären Anlagen.
Die Versorgung (Essen, Wäsche usw.) verläuft zentral.
Aus Sicherheitsgründen sind bis auf eine Wohngruppe sämtliche Gruppen "geschlossen", so daß der behinderte Heimbewohner nach Absprache seine Wohngruppe verlassen kann.
Die Zusammenarbeit mit den Eltern und Angehörigen der Heimbewohner ist für die pädagogische Arbeit von besonderer Bedeutung, auch, bzw. gerade weil, eine Rückkehr in die Herkunftsfamilie auf Dauer nur sehr selten erreicht werden kann. Regelmäßige Besuche der Familienangehörigen im Heim und Wochenend- bzw. Ferienaufenthalte gestalten den Familienkontakt, aber nur bei ungefähr 35% der Heimbewohner!

Die Heimbewohner:
Im Haus Maria Grünewald leben zur Zeit 86 geistig Behinderte, davon 33 Mädchen (38%) und 53 Jungen (62%); das Durchschnittsalter beträgt 18 Jahre. Bis auf wenige Ausnahmen sind die Heimbewohner körperlich altersgemäß entwickelt. Das relativ hohe Alter ist bedingt durch die Absolvierung der gesetzlich vorgeschriebenen 12jährigen Schulzeit.

Personal und organisatorischer Rahmen:
Häufigkeit und Intensität des Auftretens von aggressivem Verhalten und der pädagogische Umgang damit ist u.a. abhängig vom System der sozialen Bezugspersonen in der Wohngruppe: Auf jeder Wohngruppe arbeiten - im Schichtdienst - insgesamt 7 Bezugspersonen (5 pädagogische Mitarbeiter und

1 bis 2 Nichtausgebildete), anwesend pro Schicht sind 2 bis 3 Personen.
Der Mitarbeiterstab setzt sich am Erhebungsstichtag (1.6.85) wie folgt zusammen:
Von 47 pädagogischen Mitarbeitern waren 3 Männer - 93% der Beschäftigten waren Frauen. Das durchschnittliche Alter betrug 31 Jahre; 33 Personen waren 30 Jahre oder jünger. Zu 60% waren sie vollzeit beschäftigt.

Die Fluktuation der Bezugspersonen auf den Wohngruppen, z.B. durch die täglichen Schichtwechsel, durch Mutterschaftsurlaub, Arbeitsplatzwechsel usw., wird erhöht durch die Fluktuation der Nichtausgebildeten (ZDL, Praktikanten usw.).
Die Qualifikation der pädagogischen Mitarbeiter ist breit gestreut:
- 5 Sozialarbeiter-/Sozialpädagoginnen/Heilpädagogen
- 16 Erzieherinnen
- 27 Krankenschwestern/Kinderpfleger, - Erziehungshelfer (-innen) usw.
Außerdem gehören dem pädagogische Mitarbeiterstab an:
- 1 Diplom - Psychologe
- 1 Diplom - Pädagogin als Erziehungsleiterin
- 1 Diplom - Pädagogin als Heimleiterin

Bis auf wenige Ausnahmen haben die pädagogischen Mitarbeiter direkt nach ihrer schulischen Ausbildung ihre berufliche Tätigkeit im beschriebenen Heim begonnen und sind seither mehrere Jahre hier im Dienst.

Anzahl, Qualifikation, Berufserfahrung, Alter und Fluktuation der pädagogischen Bezugspersonen sind die personalen Rahmenbedingungen, von denen u.a. Qualität, Intensität und Quantität aggressiven Geschehens abhängt, besonders hinsichtlich der Wirkungen und der damit verbundenen Lerneffekte für den Aggressor.
Ebenso hängt das individuelle Streßerleben und -verarbeiten der Bezugspersonen von deren Alter, Berufserfahrung, Körperstatur usw. ab.
Therapieplanung und -durchführung muß sich im Rahmen dieser personalen Bedingungen bewegen.

Die Sonderschule am Heim:
Von den 86 Heimbewohnern besuchten 76 die Heimsonderschule, 3 Behinderte besuchten eine Sonderklasse einer Gehörlosenschule; 7 Jugendliche wurden in einer Tagesstätte im Heim betreut, da sie wegen ihrer Behinderung und ihres Alters nie eingeschult worden waren.
Die Schule ist gegliedert in Unter-, Mittel-, Ober- und Werkstufe.

Ausgehen muß die Schule von den Besonderheiten im Lern- und Sozialverhalten geistig behinderter Kinder und Jugendlicher. Dieses ist gekennzeichnet durch folgende Merkmale: Die Lerninteressen sind direkt auf vitale Bedürfnisse (Essen, Trinken ...) bezogen.
Das Gelernte ist weitgehend an die ursprüngliche Lernsituation gebunden, Verallgemeinerungen fallen schwer.
Bei geringer Abstraktionsfähigkeit werden geistig Behinderte durch die konkreten Qualitäten der Lernobjekte, bzw. der Lernsituation angesprochen.
Sie sind nur begrenzt in der Lage, eine gestellte Aufgabe selbständig in Lösungsschritte zu gliedern.
Bestimmten Lernaufgaben gegenüber fehlt oft die nötige Spontaneität in Mitarbeitsbereitschaft und Lösungsflexibilität.
Das Lernen ist überwiegend handlungsbezogen.
Geistig Behinderte lernen sehr langsam, - ihre Gedächtnisleistung ist eingeschränkt. Deshalb benötigen sie häufige Wiederholungen.
Die Durchhaltefähigkeit und Konzentration läßt schnell nach.
Die sprachliche Aufnahme-, Verarbeitungs- und Darstellungsfähigkeit ist oft nur sehr begrenzt ausgeprägt.
Finden sich vereinzelt isoliert auftretende ausgeprägtere Fähigkeiten, so können in anderen Teilbereichen weitestgehende Ausfälle zu verzeichnen sein.

Personal und organisatorischer Rahmen:
Zum Zeitpunkt der Erhebung umfaßte die Schule 13 Klassen. Je nach Behinderungsgrad, bzw. Mehrfachbehinderungsgrad, war die Klassenstärke unterschiedlich und variierte von vier Schülern pro Klasse bis zu acht Schülern.

Die tägliche Schulzeit beträgt sieben zusammenhängende Stunden, von 8.30 Uhr bis 15.30 Uhr.
Das Kollegium der Schule zählte 30 Mitarbeiter (-innen), mit einem Durchschnittsalter von 34 Jahren. 1/3 davon waren Männer. Es setzte sich qualitativ wie folgt zusammen:
7 Sonderschullehrer (-innen)
23 pädagogische Fachkräfte: 4 Sozialarbeiter (-innen), 11 Erzieher (-innen) und 8 Krankenschwestern
Zusätzlich arbeiten in regelmäßigem Wechsel Praktikanten innerhalb der Schulklassen.

Die Sonderschule am Heim verfügt über Küche, zwei Speiseräume, Videozimmer, verschiedene Bastel-, Werk- und Werkstatträume, eine Gymnastik- und eine Turnhalle.

Über die Unterrichtsgestaltung in den Klassen- und Kursräumen hinaus werden die umliegende Landschaft, der eigene Garten und die nahe Stadt usw. in das Unterrichtsgeschehen mit einbezogen.
Die räumlichen, organisatorischen und personalen Bedingungen der Schule sind zum Teil erheblich anders als jene im Heim:
So verfügt die Schule über mehr männliche Beschäftigte, das Durchschnittsalter des pädagogischen Personals ist höher, es hat andere Schwerpunkte fachlicher Qualifikation, die Schule beinhaltet kleinere Bezugsgruppen mit relativ mehr Bezugspersonen, hat einen anderen Tagesablauf und, bezüglich Anzahl und Ausrichtung, andere Räumlichkeiten usw.
Entsprechend können sich Aggressionsgeschehnisse in Häufigkeit und Qualität oder Streßerleben und -verhaltensweisen - bzw. deren Interaktionen - in den verschiedenen Bereichen "Heim" und "Schule" unterschiedlich darstellen.

4 Grundlagen therapeutischer Intervention

Therapeutische Vorgehensweisen lassen sich in verschiedene inhaltliche Abschnitte unterteilen, die in der täglichen Arbeit zeitlich oft nebeneinander ablaufen:
Informationssammlung und Problemdiagnostik;
Bedingungsanalyse und Hypothesenbildung;
Zielbeschreibung und Gewichtung;
Therapieplanung und Durchführung;
Kontrolle, Bewertung und Änderung der Durchführung.

4.1 Probleme der Informationsgewinnung und Diagnostik

In den ersten Kontakten mit den betroffenen Bezugspersonen unmittelbar nach Konfliktsituationen ist schon die Frage: "Was ist geschehen?" problematisch. Die Schilderung der Erzieher sind in Momenten nach aggressiven Aktionen deutlich begleitet von Aufregung und emotionaler Betroffenheit:
Ging z.B. eine Glasscheibe zu Bruch oder hat der Erzieher eine autoaggressive Attacke abgefangen, sind seine Informationen über die Geschehnisse erheblich emotional gefärbt.

Ereignisse, die schon länger zurückliegen (Wie war denn Karl letzte Woche?),

unterliegen der aktuellen emotionsgefärbten Bewertung des Befragten.
Die subjektive Bewertung der aktuellen Situation durch starke emotionale Betroffenheit schränkt sachliche Distanz, Überblick und Relativierung des Geschehens erheblich ein: je angespannter eine Situation und je angespannter der Erzieher in der Situation, desto subjektiver und verzerrter dessen Aussage.

Erzieher schildern manchmal aggressive Attacken, z.b. Autoaggressionen, als recht unbedeutend, obwohl der Aggressor sich erheblich verletzte.
Undifferenziertheiten der Aussagen schaffen Informationsprobleme: "Ilse ist heute nicht so gut drauf."; "Karl hat gestern ordentlich geflippt."; "Paul war gestern total daneben."; "Fred ist seit Tagen zu."; "Gitte war heute unheimlich nervig."; "Bei Silvia ist alles prima, toi, toi, toi." usw.

Beschreibungen und Interpretationen von Aggressionssituationen sind vermischt: "Der proboziert den ganzen Tag und grabscht nur herum." "Bettina hat heute wieder jedes Essen geworfen. Das ist ein innerer Zwang, daß sie das tut."
Rückmeldungen über Verhalten und Stimmungen von aggressiven Problemkindern erfolgten fast ausschließlich über Situationen, in denen Negatives geschehen war.
Der Informationsfluß versandet schnell, wenn der aktuelle Konflikt beendet ist. Man erhält nur punktuell relativ kleine, meist besonders auffällige Abschnitte des Gesamtverhaltens des aggressiven Behinderten. Aussagen über aggressionsfreie, ruhige Zeiten, benötigen intensiveres Nachfragen - oft läßt sich nach akuten Problemsituationen oder bei starker Anspannung des betreffenden Erziehers nur wenig Positives über den Aggressor erinnern.

Systematische Beobachtungen über längere Zeit in verschiedenen Situationen bei einem Kind durch den behandelnden Therapeuten in Heim und Schule sind selten. Die hohe Anzahl gleichzeitig zu betreuender Problemfälle läßt meist nur wenige, für eine umfassende Diagnostik kaum ausreichende Verhaltensbeobachtungen zu.
Auch dann noch verfälschen die Anwesenheit eines Beobachters erheblich das Verhalten der Behinderten und der Mitarbeiter in den Beobachtungssituationen: "... wenn Sie da sind, ist Karl immer besonders lieb."

Der Erzieher bleibt die wichtigste Informationsquelle über die Geschehnisse. Seine Berichterstattung liefert darüber hinaus Informationen über dessen eigene Betroffenheit und Erlebnisweise.
Eine einigermaßen klare Problembeschreibung, Diagnostik, Zieldefinition, Therapieplanung und Durchführung, schließlich auch eine Bewertung des

Erfolgs oder Mißerfolgs therapeutischer Vorgehensweisen benötigen weniger subjektiv verzerrte Daten.

Zwar stehen dem Therapeuten oft Informationen über die Vorgeschichte, Arzt- und Klinikberichte, Zeugnisse und Entwicklungsberichte früherer Einrichtungen, Interviews mit Eltern oder auch früheren Mitarbeitern zur Verfügung - darüber hinaus Beschreibungen der aktuellen Problemsituation durch Gespräche mit den Erziehern, vereinzelte Verhaltensbeobachtungen und Videoaufzeichnungen, - all diese Informationen werden aber dem komplexen Geschehen vor, während und nach aggressiven Fehlverhaltensweisen in seinen unterschiedlichen Bedingungen, Wechselwirkungen und sozialen Interaktionen nicht gerecht.

Kaum deutlich werden in diesen Informationen Veränderungen in Häufigkeit und Intensität des Fehlverhaltens, oder längerfristige Schwankungen von emotionalen Zuständen, wie z.b. Unruhe, Stimmung, sozialer Aufgeschlossenheit usw. Auch eine langsame Anbahnung von Problemverhalten kann durch Ausschnittsbeobachtungen oder Ausschnittsschilderungen nur schwer deutlich werden, ebenso die Wirkungsweisen von Medikamentenänderungen, die Anwendung von Therapiemaßnahmen und deren Effekte, die Häufigkeit positiven Verhaltens usw.

Deshalb wurden nach und nach für die meisten der in Therapie befindlichen Kinder und Jugendlichen individuelle Verhaltenslisten entwickelt. Diese Listen werden im Heim täglich (von Früh- und Spätschicht getrennt) ausgefüllt, - auch in unproblematischen Zeiten bzw. guter Stimmung. Sie versuchen, Häufigkeiten, Intensitäten, Qualitäten und Begleitumstände von aggressivem Verhalten fallspezifisch zu erfassen.

Daneben wurden anfangs für eine Kontrolle der Medikation "Befindlichkeitslisten" entwickelt, die bei einigen Therapiefällen täglich ausgefüllt werden, und die emotionale Verfassung, Spannung, Unruhe, Wachheit, Aktivität, sowie Sozialkontakt und emotionale Labilität auf nach Intensitäten abgestuften Schätzskalen beschreiben.

Beispiele verdeutlichen die individuelle Ausgestaltung entsprechender Problembeschreibungslisten - und die wenig zeitaufwendige Durchführung (siehe Anhang A, B, D). In Gruppensitzungen mit allen beteiligten Heim- und Schulerziehern werden diese Listen besprochen, auf den Problemfall individuell verändert und anhand konkreter Verhaltensbeispiele, bzw. durch entsprechende Videoaufnahmen die Bedeutung der Rubriken und Skalen und deren Einteilung aufgezeigt.

Trotz eines sicher erheblichen Restes inter- und intraindividueller Verschiedenheit bei der Beschreibung des Verhaltens oder Erlebens eines Jugendlichen geben diese täglichen Rückmeldungen über längere Zeit (bei mehreren Jugendlichen liegen tägliche Daten über mehr als vier Jahre vor) dem Therapeuten validere Informationen als sporadische Befragungen, bzw. Ausschnittbeobachtungen. Sie sind schnell und überschaubar auswertbar und die wesentlichen Dimensionen des Verhaltens können kontinuierlich abgebildet werden.
Gibt es auch geringe Unterschiede in der Beschreibung der Intensität einer Befindlichkeit, so ist die Richtung der Ausprägung die entscheidende Information.
Häufigkeiten, Intensitäten und Qualitäten aggressiven Verhaltens, positives Verhalten, mögliche Auslöser usw. sind in einem Verlaufsdiagramm darstellbar. Die parallele Erhebung von Stimmung, Wachheit, Aktivität, Sozialkontakt, Spannung und motorischer Erregung geben, im Verlauf von Monaten gesehen, Hinweise:
auf "phasische Verläufe" von Unruhe und aggressivem Verhalten;
über die Wirkung "innerer Faktoren", wie Monatsregel, Schmerz, Medikation usw.; über die Wirkung "äußerer Faktoren" wie Personalveränderung, Gruppenwechsel, Ferienaufenthalte usw., und auch Änderungen im pädagogischen und therapeutischen Vorgehen.

Sie zeigen auch zeitliche Gemeinsamkeiten im Verlauf aggressiven Verhaltens und Veränderungen von Befinden, Unruhen usw.. Diese Verlaufsinformationen auf der Beschreibungsebene (keine interindividuelle Vergleichbarkeit) stehen - gesammelt und ausgewertet - ständig zur Verfügung.
Sie können zur Überprüfung der für die Therapie relevanten Thesen dienen, verändern diese, und kontrollieren letztlich die Effektivität therapeutischen Vorgehens.

4.2 Theorie zur Interaktion von Aggression und Streß

Aggression ist Interaktion:

Andauernde Aggressivität oder häufige und intensive Fremd- oder Autoaggressionen schädigen das soziale und emotionale Bezugssystem - andererseits ist ein gestörter Bezug zum behinderten Jugendlichen ursächliche, auslösende oder aufrechterhaltende Bedingung aggressiven Fehlverhaltens.
Aggressives Verhalten und problematisches Erzieherverhalten können in einer sich gegenseitig bedingenden Interaktion stehen.

Warum kommt es zu diesen häufigen, intensiven und bizarren Aggressionsformen?
Wie läßt sich das Verhalten der Bezugspersonen erklären?
In welcher Weise hängen intensive und häufige Aggressionsformen und problematische Erzieherreaktionen zusammen?

Über die Sammlung verschiedener Erklärungshypothesen und spezifischer Funktionsmodelle zu "Aggression" und "Streß" soll ein Modell der "Aggression - Streß - Interaktion" die Zusammenhänge darstellen.
Dieses Funktionsmodell faßt die Konzepte von LAZARUS (1966) und KAUFMANN (1965) zusammen und weitet sie aus.

Unterstellen wir jedem Individuum eine Abfolge psychischer Mechanismen, die als Funktionsreihe ganz oder teilweise jedem konkreten Verhalten zugrunde liegen. Für das Verhalten beider Interaktionspartner aggressiven Geschehens, für das Verhalten des Behinderten und das Verhalten der Bezugsperson, zeigt sich ein ähnlicher logischer Funktionsablauf:
REIZWAHRNEHMUNG - REIZBEURTEILUNG (1. Bewertung) - MOTIVIERENDER IMPULS - HANDLUNGSAUSWAHL (2. Bewertung) - HANDLUNG - BEWERTUNG DER KONSEQUENZEN (3. Bewertung).

In diese Bedingungsfunktionen von Verhalten wirken Faktoren der objektiven und sozialen Umwelt, der physischen und psychischen Befindlichkeit, Lernerfahrungen, Einstellungen usw.
Beide Modelle stellen im folgenden den jeweiligen Bezugsrahmen von Hypothesen dar, die für die therapeutische Arbeit mit aggressiven Behinderten und deren Bezugspersonen Erklärungen über Ursachen, Auslöser und Wirkmechanismen liefern und konkrete Ansätze für therapeutische und pädagogische Interventionen bieten.

4.2.1 Bedingungsmodelle aggressiven Verhaltens

BREZOWSKY (1985) und BURKHARD und KRECH (1985) u. a. führen Theorien über die Entstehung von Auto- und Fremdaggressionen aus.

Wir wollen uns hier primär auf die lerntheoretischen Entstehungsmodelle beziehen.
Wann, wie und unter welchen Umständen sich aggressives Verhalten in der

frühen Kindheit, - viele Jahre vor dem nun schon meist langjährigen Heimaufenthalt, entwickelt hatte, läßt sich nicht mehr sicher eruieren. Selbst die Zusammenhänge aktuellen aggressiven Geschehens lassen sich bei den sprachlosen oder erheblich sprachbeeinträchtigten schwer geistig Behinderten nur hypothetisch fassen.
Man hat sich mit momentanen Arbeitshypothesen zu begnügen, die im individuellen Einzelfall zu differenzieren und verifizieren sind. So erhält man eine individuelle Hypothesenkonstellation für einen bestimmten Zeitraum. Veränderungen der Zeit mögen die Qualitäten, die Gewichtungen und das Zusammenwirken innerhalb der Hypothesenkonstellationen ändern.

4.2.1.1 Sammlung verschiedener Hypothesen über auslösende, bedingende und wirkende Faktoren

Intensive Aggressionsformen in Heim und Schule für geistig Behinderte haben eine Vielzahl von auslösenden, bedingenden und wirkenden Faktoren, die sich unterteilen lassen (nach HEINRICH 1986):
a) äußere, objektive Bedingungen
b) körperliche Prozesse und Zustände
c) psychische Beeinträchtigungen und Störungen
d) soziale Bedingungen und Situationen
e) Lernerfahrungen durch Ausführung und Wirkung aggressiven Verhaltens

Das Zusammenspiel und die Bedeutung dieser Faktoren beim Entstehen aggressiven Verhaltens stellen anschließend verschiedene Funktionsmodelle von Aggressionen dar.

4.2.1.1.1 Hypothesen über äußere, objektive Bedingungen

Klimatische Änderungen, Wetterwechsel, Veränderungen des Luftdrucks, Schwüle oder andauernde Regentage erhöhen Anspannung und Unruhe und die Wahrscheinlichkeit aggressiver Verhaltensweisen.

Lärm macht aggressiv:
In Wohngruppen behinderter Kinder und Jugendlicher geht es oft, auch in konfliktfreien Zeiten, laut zu. Schreien als Selbststimulation, als Spielverhalten, als laute Gefühlsäußerungen oder als Kontaktrufe können andere Gruppenmitglieder nervös und aggressiv machen.

Als Paul ins Heim kam, stieß er wochenlang in Sekundenabständen schrille Schreie aus, eine intensive Belastung für Mitarbeiter und die anderen Kinder. Dora verfiel wieder in ihr früheres Verhalten und kratzte sich heulend das Gesicht auf.

Die Räumlichkeiten des Heimes und der Schule, der fast ständige Aufenthalt in Gruppenräumlichkeiten und Klassenzimmern, die geringen Rückzugsmöglichkeiten, der zeitliche Ablauf des Alltags, mit den Einhaltungen von Regelmäßigkeiten und Zeitgrenzen und/oder Veränderungen der räumlichen und zeitlichen Gewohnheiten führen zu erhöhter Aggressionshäufigkeit.
Manche Jugendliche reagieren auf den Schulbeginn nach den Ferien mit vermehrten Aggressionen; andere kommen gegen Ende langer Ferienzeiten immer mehr unter Druck, der sich in Aggressionen entladen kann.

4.2.1.1.2 Hypothesen über körperliche Prozesse oder Zustände

Organische Hirndefekte können zu erhöhter Unruhe, motorischer Erregung und emotionaler Gespanntheit führen. Anfallsleiden können, z.B. im Vorfeld epileptischer Anfälle, Unruhe und Aggressionsbereitschaft erhöhen.
Organische Bedingungen, wie z.B. das LESCH-NYHAN-SYNDROM können u.a. zu autoaggressivem Verhalten führen. (Dieses Syndrom wurde in der beschriebenen Heimpopulation nicht angetroffen, - siehe dazu: NEUHÄUSER "Das Lesch-Nyhan-Syndrom" (1986, Seite 289-290).

Schmerzen können aggressiv machen: die stark mitteilungseingeschränkten Kinder und Jugendlichen können körperliche Mißempfindungen (z.B. Verstopfungen, Schlafprobleme, grippale Infekte usw.), aber auch intensive Schmerzen oft nicht äußern. Erhöhte Häufigkeiten aggressiver Aktionen können Hinweise auf Schmerzzustände sein. Oft kann ärztliche Diagnostik, ohne sprachliche Äußerungen des Behinderten und nur auf Beobachtungen der Gruppenmitarbeiter beruhend, wenig Ursachen finden.

Hormonelle Veränderungen können Aggressionsbereitschaft erhöhen: z. B. beim Einsetzen der Monatsregel im Verlauf der Pubertät oder auch regelmäßig später, möglicherweise von Unwohlsein und Schmerzen begleitet.
Heinz ist sexuell erregt; und hat Verlangen, die junge Erzieherin anzufassen. Diese weist ihn zurück, und er schlägt sie daraufhin. Zum Problem der Sexualität Behinderter schreiben RETT und BATTISTICH (1977, Seite 810):
"Die Diskrepanz zwischen retadiertem Intelligenzalter und alterstsprechen-

der sexueller Reifung scheint das Zentralproblem der Sexualität geistig Behinderter zu sein, denn gerade daraus entsteht zwangsläufig ein zuweilen enormes Spannungspotential, das der geistig Behinderte nicht einmal zu erfassen, geschweige denn zu verarbeiten vermag."

4.2.1.1.3 Hypothesen über psychische Einschränkungen, Störungen oder Besonderheiten

Eingeschränkte intellektuelle Fähigkeiten, schnelle Irritierbarkeit, mangelnde gedankliche Verarbeitung und Übersicht führen, nicht nur in Konfliktsituationen, zu Gefühlen der Angst, Hilflosigkeit, Ausgeliefertheit. Entsteht "Panik", ist Aggression oft Hilferuf oder Gegenwehr. So kann ein Wechsel innerhalb eines gewohnten zeitlichen, räumlichen oder personellen Rahmens zu Irritationen führen, die den Behinderten überfordern.

Fehlende sprachliche oder gestische Ausdrucksmöglichkeiten sind bei manchen Behinderten eine enorme Kommunikationsbelastung, die sich in entsprechend frustrierenden Situationen ggfs. in erhöhter Aggressivität niederschlägt. Eingeschränktes Verhaltensrepertoire läßt aggressives Verhalten in bestimmten Situationen immer wieder auftreten: fehlen sozial akzeptable Streßbewältigungsformen, wird der Behinderte in Konfliktsituationen aggressiv. Entsprechende Lerneffekte verstärken diese Konfliktlösungsstrategie, - mangels Alternativen.

Rigide Ordnungsschemata, die offensichtlich Sicherheit verleihen, können durch kleinste Änderungen zusammenbrechen und zu heftigen Aggressionen führen.
Eingefahrene Reiz-Reaktions-Schemata können zerstörendes Verhalten bahnen, z.B. Bevorzugung bestimmter Aggressionsobjekte (Glasscheiben, Glastüren usw.).

Geringe Frustrationstoleranz kann bei Verzögerungen, Behinderungen einer Wunscherfüllung, bei Erwartungen oder Versagungen zu Tätlichkeiten führen. In Essenssituationen, in denen starkes Verlangen auf einengende Verhaltensregeln stößt (abwarten müssen, teilen müssen usw.) sind Frustrationen sehr häufig und entsprechend aggressive Fehlverhaltensweisen, wie auch bei Ankündigungen angenehmer Ereignisse.

Schnelle Erregbarkeit und impulsives Reagieren schaukeln oft schon geringe Verärgerungen schnell hoch zu tobenden Aggressionsausbrüchen.

Erhöhte Streßempfindlichkeit als subjektive Überforderung durch alltägliche Begebenheiten, z.b. laute Geräusche, hektische Abläufe, größere Menschenmengen und anderes, können zu Anspannungen und Aggressionen führen.
Traumatische Erfahrungen sensibilisieren die Wahrnehmung spezifischer Reize. Über "Klassisches Konditionieren" werden Ängste gelernt und generalisiert. Erhöhte Ängstlichkeit läßt schnell eine Bedrohung erwarten, Reize "normaler" Situationen führen schon zu heftigen körperlichen Abwehrmaßnahmen. Einige Heimbewohner haben entsprechende Lernerfahrungen vor ihrer Heimaufnahme machen müssen: sie wurden zu Hause geprügelt, eingesperrt oder sogar angekettet.

Wünsche nach Zärtlichkeit, nach häufiger Nähe und Körperkontakt usw. geistig behinderter Jugendlicher stehen in ihrer Intensität den Wünschen von Kindern nicht nach. Körpergröße und Aussehen der Jugendlichen lassen dies oft vergessen; Enttäuschungen können aggressiv machen.

Das Bedürfnis, Grenzen auszuprobieren: Aus Erkundungs- oder Neugierverhalten, um z.b. pädagogische Grenzen oder Unterschiede in Geboten oder Verboten bei unterschiedlichen Bezugspersonen auszuloten, wird aggressives Verhalten eingesetzt. Es kann "die explorative Tätigkeit selbst sein, die Befriedigung verschafft und sich damit selbst bekräftigt" (GRAUMANN 1971, Seite 32).
Enttäuschungen des täglichen Lebens können tief bewegen. Der oft krasse Widerspruch zwischen kindlichem Wunsch und institutioneller Wirklichkeit, mit den Regeln und Grenzen der Realität, führt zu Enttäuschungen. In kindlicher Betroffenheit wird getrauert, oder Wut und Trotz aggressiv ausgedrückt.
Gewöhnung an eine Sonderrolle führt zu hohen Erwartungen bezüglich Zuwendung, Beachtung, Mittelpunkt - sein, die im sozialen Leben der Gruppe oder Schulklasse auf Dauer unerfüllbar sind und Frustrationen und Aggressionen nach sich ziehen. Nicht nur neu aufgenommene Kinder oder Jugendliche direkt aus dem Elternhaus, auch Kinder mit regelmäßig langanhaltenden Heimataufenthalten in den Ferien, erleben dort häufig intensivste Verwöhnung: sie haben meist mindestens eine Bezugsperson in der Nähe, oft richten sich Eltern und Geschwister fast ausschließlich nach ihnen, nehmen besondere Rücksicht, befriedigen schnell Wünsche (z.B. durch Süßigkeiten), halten Anforderungen sehr gering und fordern wenig Aktivitäten. Auftretender Aggression wird schnell - um des lieben Friedens willen - nachgegeben.

Die täglichen Regeln und Anforderungen in Heim und Schule zu spüren,

Grenzen gesetzt zu bekommen und als Gleicher unter Gleichen gelten zu müssen, ist z.b. gerade nach Ferienaufenthalten ein harter Schlag für Kinder und Jugendliche mit hohen Erwartungen langjähriger Verwöhnung. Auch im Heim- und Schulalltag ergibt sich im Rahmen psychologischer oder pädagogischer Einzelbetreuung schnell eine Sonderrolle bezüglich Zuwendung, Beachtung usw. Ändert sich diese Situation, entstehen oft heftige Aggressionen.

Trennungsschmerz, Heimweh und Eingewöhnungsprobleme belasten den neuen Heimbewohner zusätzlich. Mancher protestiert oder weigert sich mit intensiven Aggressionen in der ersten Zeit des Heimaufenthaltes oder nach Ferienende.

Faktoren psychotischen oder autistischen Wahrnehmens, Erlebens und Befindens können zum Teil bizarre Aggressionen verursachen, oder für phasenweises Auftreten erhöhter Aggressivität verantwortlich sein und intensive Spannungen bewirken:
Maria, ein geistig behindertes, autistisches Mädchen, war wochenlang sehr unruhig, lief herum, zeigte ihre Bewegungsstereotypien, sprach fortwährend mit sich, suchte und floh in schnellem Wechsel soziale Kontakte, zeigte plötzlich deutliche Zeichen von Ängstlichkeit, z.B. vor der Wandtafel in der Schulklasse, jammerte, riß plötzlich sämtliche Blumentöpfe herunter, zerriß ihr Kleid und näßte ein.
Alfred, ein schwer geistig behinderter Junge mit starken autistischen Symptomen, konnte wochenlang recht guter Laune sein. Ohne daß für die Mitarbeiter in seiner täglich gleichbleibenden Umgebung Änderungen sichtbar wurden, erschien Alfred zunehmend müder und schlechter ansprechbar. Er aß weniger, zog sich viel zurück und sein Gesicht drückte Spannung und Mißstimmung aus. Ohne sichtbaren Anlaß schlug er sich, z.B. bei kleinsten Anforderungen, schreiend und manchmal stundenlang mit beiden Fäusten auf die Wangenknochen, stampfte und schrie dabei. Monate später konnte dieses wieder - bis zur nächsten Phase - aufhören.

Selbststimulation, die durch bizarre Qualitäten (z.B. Gegenstände in Auge, Ohr usw. stecken), durch Häufigkeit (z.B. stundenlang anhaltendes Hyperventilieren) oder Intensität (z.B. durch Kopfschlagen ein Waschbecken aus der Verankerung lösen) erheblich schädigen, können als Befriedigung von "Reizhunger", als Aktivität gegen "Reizarmut" verstanden werden.

4.2.1.1.4 Hypothesen über soziale Bedingungen und Situationen des Zusammenlebens

Ebenso wie objektive Bedingungen oft auf besondere Reizbarkeiten stoßen (hoher Lärmpegel trifft auf erhöhte Lärmempfindlichkeit), wird auch die Wirksamkeit sozialer Bedingungen durch die entsprechende Empfindlichkeit erhöht:

Rahmenbedingungen des Zusammenlebens im Heim:
In einer Wohngruppe leben 8 - 10 Kinder und Jugendliche. Sie werden von 5 - 7 Bezugspersonen betreut. Werden die 3 - 7 Schulerzieher in der Schulklasse der Heimsonderschule und die beiden Elternteile hinzugerechnet, hat jedes Kind mehr als 10 in den Ferien, an den Wochenenden und im Schichtdienst wechselnde Bezugspersonen.
Schwangerschaften der meist jungen Erzieherinnen, Neueinstellungen, Wechsel von Jahrespraktikanten und Zivildienstleistenden sorgen zusätzlich für Personalfluktuation.

So erhalten schwer geistig behinderte Kinder und Jugendliche im Heim trotz relativ hohen Personalschlüssels (verglichen mit Einrichtungen für erwachsende Behinderte) offensichtlich weniger kontinuierliche Zuwendung und Unterstützung, als lebten sie idealerweise in intakten und harmonischen Kleinfamilien.
Trotz des Bemühens der Erzieher fehlt oft in individuellen Problemzeiten des behinderten Jugendlichen (Pubertät, Krankheit, Eingewöhnung, Umstellung, traurige Verstimmung usw.), die mit hoher Anspannung, Mißempfindung und Reizbarkeit einhergeht, die Möglichkeit intensiver individueller Langzeitbetreuung. Erregungszustände oder intensive Mißempfindungen münden oft in aggressive Verhaltensweisen.

Wechsel des Bezugssystems kann aggressive Verhalten auslösen:
Das Altersspektrum innerhalb einer Wohngruppe ist weit gestreut. Hat ein Jugendlicher seine Schulpflicht beendet, verläßt er die Gruppe und wechselt über in eine Erwachseneneinrichtung für Behinderte.
Auf die neuen Belegungen oder notwendigen Umstrukturierungen reagieren manche Heimbewohner mit Aggressionen.

Sozialer Streß kann zu Anspannung, Erregung und Aggressionen führen: Nicht nur Heimbewohner mit autistischen Symptomen können auf die fremden Besucher bei Festen und Feiern mit panikartigen Aggressionen reagieren ...

Essenssituationen sind oft Situationen intensiven sozialen Stresses für Kinder, Jugendliche und die Erzieher. Die Erzieher verteilen das Essen, schneiden zurecht, füttern gegebenenfalls, wischen auf, reichen nach, geben Obacht, loben und ermahnen. Alle Gruppenmitglieder sitzen beisammen in unmittelbarer Nähe. Manchmal kommt es zu Aufgeregtheiten und aggressivem Verhalten, zumal eine Fülle von Aggressionsobjekten bereitsteht: Teller, Tassen, Besteck, Suppe, Nachtisch usw. Jede aggressive Handlung hat zwangsläufig sehr viel Beachtung.

Aggressionen können aggressiv machen: Im Umgang der Gruppenbewohner untereinander können - beginnend mit Unruhe, Lärm und Hektik - einzelne aggressive Aktionen schnell andere Gruppenbewohner anstecken.

Schwer geistig behinderte Kinder und Jugendliche haben oft aus sich heraus fast keinen sozialen und emotionalen Kontakt untereinander. Sie sind meist ausschließlich auf die Bezugspersonen ausgerichtet, ohne die Augen vor "Konkurrenten" verschlossen zu haben: Eifersucht kann aggressiv machen.

Hypothesen über die aggressionsauslösende oder verursachende Wirkung des Erzieher- oder Elternverhaltens
Das Erzieher- oder Elternverhalten erhält seine aggressionsauslösende oder -verursachende Funktion erst durch die subjektive, von der jeweiligen Situation, der aktuellen Befindlichkeit und der individuellen Lernerfahrung usw. abhängigen Bewertung des Behinderten.
Für die aggressive Reaktion des Behinderten ist also entscheidend, wie dieser das Erzieherverhalten erlebt, und wie er es verarbeitet.
Der Zusammenhang erfordert es auch hier wieder problematisches Verhalten zu betonen; - unproblematischer oder positiver Umgang der Bezugspersonen mit den ihnen Anvertrauten wird als bekannt vorausgesetzt.

Erfährt ein geistig Behinderter unterschiedlichen Umgang durch verschiedene Bezugspersonen, entstehen Irritationen durch z.B. unterschiedliche Erziehungsstile im Elternhaus, in Heim und Schule, werden Regeln und Anforderungen unterschiedlich gehandhabt, kann sich Aggressionsbereitschaft erhöhen.

Neue, dem Jugendlichen noch wenig bekannte Bezugspersonen (z.B. Praktikanten) machen den Heimbewohner neugierig, und können ihn reizen, aggressiv Grenzen ausprobieren zu wollen. Bietet ein Erzieher dem Behinderten kein eindeutiges und klares Grenzverhalten in Zuwendung und Distanz, erscheint er in seinen Geboten und Verboten widersprüchlich oder ausweichend, erlebt der

Behinderte seine Bezugsperson wechselhaft, können Irritation, Anspannung und Aggressionen entstehen, z.b. wenn der Erzieher zwischen rigidem Beharren auch auf unbedeutenden Regelungen und grenzlosem Nachgeben wechselt.

Ist die Beziehung der Betreuer zum Behinderten mehrdeutig, (sind Gefühlsäußerungen unverständlich, - verdecken Ironie und Zynismus Emotionen) oder ablehnend, überfordern Erzieher oder Eltern den geistig Behinderten in seinen intellektuellen, emotionalen, motorischen oder sozialen Fähigkeiten oder wird der Heimbewohner unterfordert, - werden Leerlauf und Langeweile zu wenig gefüllt - kann der Behinderte aggressiv reagieren.

Aggressionsauslöser können auch Anforderungen sein, etwas Angenehmes zu beenden oder etwas Unangenehmes zu tun.

Kommt die Bezugsperson zu nahe, wirkt sie als Aggressionsauslöser bei den einen - wendet sich sie ab oder geht sie weg, reagieren andere aggressiv.

Verhält sich die Bezugsperson in Konfliktsituationen ängstlich oder hilflos, ist sie im Alltag nervös, unruhig oder gehetzt, erlebt sie häufiger aggressive Konflikte, verglichen mit Zeiten, in denen sie als ruhig, souverän und ausgeglichen erlebt wird.
Oder verhalten sich Bezugspersonen selbst aggressiv (z.B. Schimpfen) können sie Aggressionen auslösen.

Individuell sehr unterschiedlich treffen meist mehrere Bedingungen, Ursachen und Auslöser zusammen, oft sind es die normalen Anforderungen oder Bedingungen des Alltags, die erst im Verlauf der Therapie als Ursache und Auslöser aggressiven Verhaltens erkannt und angegangen werden können.
In der akuten Aggressionssituation, unter dem Druck der Erwartung weiterer aggressiver Handlungen in der nächsten Zeit, setzt therapeutische Arbeit - parallel zur Suche nach Ursache und Erklärungen - vor allem bei den Wirkungen aggressiven Verhaltens im täglichen Bezugssystem "Wohngruppe" und "Schulklasse" an: Was hat der Behinderte davon, daß er sich aggressiv verhält?

4.2.1.1.5 Lernerfahrungen durch Ausführung und Wirkung aggressiven Verhaltens

Intensive und fortwährende Aggressionen laufen nicht im "luftleeren" Raum ab - sie treffen direkt oder indirekt immer das soziale System der Wohngruppe, der Schulklasse oder des Elternhauses.
Auch Aggressionen gegen Sachen, auch Autoaggressionen, treffen das soziale Umfeld und rufen deutliche Reaktionen hervor. Selbst wenn aggressives Verhalten nicht provokativ oder zielgerichtet eingesetzt wird, zeigt es Wirkung.

Betrachtet man die Wirkungen aggressiven Verhaltens als dessen Konsequenzen, stellt sich die Frage, wie der Aggressor diese Konsequenzen empfindet und was er durch die wiederkehrende Kombination von aggressivem Fehlverhalten und entsprechenden Konsequenzen lernt.
Die Lerneffekte durch Ausführung und Wirkung aggressiven Verhaltens können durch das Modell des operanten Konditionierens erklärt werden:
Gelernt wird beim operanten Konditionieren ein auf die Umwelt einwirkendes, operierendes Verhalten durch zufällige oder willkürlich eingesetzte, sich fortwährend oder zeitweise wiederholende positive oder negative Verstärkung. Operant konditioniertes Verhalten kann zusätzlich auf ähnliche Reize, Situationen und Reaktionen generalisieren, bzw. sich durch selektive Verstärkung auf spezifische Reize oder Reaktionen differenzieren.

Aggressives Verhalten wird positiv verstärkt:
Schließt sich an ein Verhalten eine angenehme Konsequenz, tritt dieses Verhalten zukünftig häufiger auf. Die angenehme Konsequenz wirkt als positive Verstärkung.
Die direkten Konsequenzen auf aggressives Verhalten werden - aus der Sicht des geistig behinderten Kindes oder Jugendlichen - durchweg positiv erlebt:
Fred packt den Erzieher am Hemdkragen, murmelt "Brot, Brot", und der eingeschüchterte Erzieher gibt sofort seinem Wunsch nach.
Als Karl ein Kind schlägt, nimmt ihn der Praktikant auf die Seite, streichelt ihm die Wange und erklärt ihm mit freundlichen Worten, daß er dies nicht tun dürfe.
Am häufigsten wirken Reaktionen der sozialen Umwelt als positive Verstärker: Zuwendung durch Ansprache, Aufmerksamkeit, körperliche Nähe usw.; strafende Blicke, warnende Worte, drohende Zeigefinger oder ein fester Griff wirken bei geistig behinderten Kindern und Jugendlichen mit den hier beschriebenen intensiven Aggressionsformen schon lange nicht mehr. In der Vergangenheit wurden zu Hause schon härtere Strafen, wie Schreien, Prügeln, Ein-

sperren, Festbinden usw. ohne Erfolg erfahren. Im Gegenteil: verblüfft stellen die Erzieher immer wieder fest - fragt man sie, ob der Aggressor ihre "negativen Konsequenzen", wie Ermahnungen, Schimpfen, Festhalten usw., wirklich als positiv oder negativ erlebt - daß ihr strafendes Verhalten aus der Sicht des Betroffenen meist als positiver Verstärker aufgenommen wurde.

Die Wahrnehmung des angerichteten Schadens scheint nach Aggressionsverhalten belohnend zu wirken, ebenso die emotionale Betroffenheit des Opfers: Karl sieht die Scherben, die durch seine Zerstörung des Fensters herum liegen - und versucht sie jedem zu zeigen.
Wilhelm kneift die Erzieherin in die Brust. Sie zeigt deutlich ihren Schmerz. Wilhelm lacht. Jene Erzieherin, die besonders deutlich ihren Schmerz und ihre Hilflosigkeit zeigt, wird von ihm am meisten gekniffen.

Körperliche Kämpfe zwischen aggressiven Jugendlichen und dem Erzieher lohnen sich, je länger sie dauern. Auch wenn der Aggressor schließlich bezwungen wird, erlebt er bei andauerndem Kampf Zuwendung, kleine Erfolge während des Kampfes, vor allem ein Training mit dem Erzieher als "Sparringpartner". Es bleibt manchmal nur noch eine Frage der Zeit, bis Körperkraft, Ausdauer und Technik bei fortwährendem "Training" den Jugendlichen selbst zum Sieger machen.

Aggressives Verhalten belohnt sich selbst: Die Ausführung einer aggressiven Handlung an sich ist positiv. Sie reduziert deutlich Spannung, verstärkt sich damit selbst, und wird in entsprechenden Situationen und Reizkonstellationen erneut ausgeführt:
Myriam liegt auf dem Teppich. Sie springt plötzlich auf, rennt ins Spielzimmer, tritt Anna ins Gesicht und verschwindet schnell wieder in ihrer Ecke auf dem Flur. Auf das Schreien von Anna kommt der Erzieher und die anderen Kinder gelaufen. Myriams Verhalten wird "ignoriert", sie wird in Ruhe gelassen, Anna wird getröstet. (Auf die Frage, wie Myriam dieses "Ignorieren" erlebt, antwortet der Erzieher: "Sie mag es eigentlich, wenn sie in Ruhe gelassen wird.")

Aggressives Verhalten wird negativ verstärkt.
Beendet ein Verhalten eine unangenehme Situation, nimmt dieses Verhalten in Zukunft in dieser Situation zu. Das Beenden einer unangenehmen Situation wirkt als negative Verstärkung.

Aufforderungen, einen angenehmen Zustand zu beenden (z.B. morgens Aufstehen oder mit dem Essen aufhören), oder Anforderungen, etwas Unangeneh-

mes zu tun (z.B. Aufräumen oder bei einer sozialen Aktivität mitmachen) treten im Heim- und Schulalltag zwangsläufig fortwährend auf - sie sind Grundlage pädagogischer Förderung und sozialer Integration.
Unangenehme Aufforderungs- und Anforderungssituationen sind Kampfplätze, in denen aggressive Verhaltensweisen häufig auftreten und negativ verstärkt werden:
Paul wirft die Teile seines Puzzlespiels durch die Klasse. Er soll sie aufheben, was er nicht will. Die Erzieherin nimmt ihn am Arm und will ihn zwingen, die Puzzleteile aufzuheben. Ihre Aufforderungen wiederholt sie fortwährend. Paul wehrt sich durch lautes Schreien, zappelt und will sich losreißen, um der unangenehmen Situation zu entkommen; der Kampf dauert eine halbe Stunde. Gegen Ende zeigt sich die gemeinsame Aktivität dergestalt, daß die Erzieherin Paul zwar noch festhält, aber selbst sämtliche Puzzlesteine schnell aufhebt, um endlich den Kampf zu beenden. Auf die Frage, ob Paul denn nun alles aufgehoben habe, antwortet sie: "Selbstverständlich!" Ganz erstaunt ist sie, als ihr die gegenteilige Beobachtung geschildert wird.

Unangenehme Situationen können durch aggressives Verhalten erfolgreich beendet werden:
Heinz wirft einen Blumentopf herunter, als die Erzieherin sich einem anderen Kind zuwendet, - sie kommt sofort zu ihm gelaufen und schimpft. Heinz lacht: nun hat er sie wieder und die frustrierende Situation, sie bei einem anderen Kind zu sehen, ist beendet.
Ali hält sich gerne allein auf. Am Mittagstisch, als er sich satt gegessen hatte, will er nicht mehr länger sitzen bleiben und warten, bis alle fertig sind. Er wirft den leeren Teller und wird hinaus geschickt: Dort wollte er hin.

Oft, unmerklich für die Bezugspersonen, wird durch negatives Verstärken häufig aggressives Verhalten belohnt.

Aggressives Verhalten wird intermittierend verstärkt.
Folgt einem Verhalten nicht fortlaufend und kontinuierlich eine negative oder positive Verstärkung, - wird Verhalten nur gelegentlich verstärkt - erhöht sich seine Häufigkeit. Intermittierend verstärktes Verhalten hält bei Aussetzen der Verstärkung länger an als kontinuierlich verstärktes Verhalten. Jahrelang anhaltende, ständig wiederkehrende Formen aggressiven Verhaltens oder bizzare und heftige Aggressionsformen können durch intermittierende Verstärkung aufgebaut und verfestigt worden sein:
Elli kann sehr laut und lange und schrill schreien. Sie will noch mehr Schokolade. Ihr Vater gibt ihr keine mehr, da sie schon sehr übergewichtig ist.

Der Vater berichtet: "Da schreit sie wieder, und ich gebe ihr keine Schokolade. Da schreit sie weiter und ich gebe ihr erst recht keine. Und sie schreit immer weiter und weiter und sie wird immer lauter und hört gar nicht mehr auf. Und über mir wohnen Leute und unter mir wohnen Leute und links und rechts wohnen Leute. Und wissen sie, was ich dann mache?" Er hat sich bei der Schilderung erregt aus dem Sessel erhoben. "Dann nehme ich alle Schokolade, die ich habe, und werfe sie ihr vor die Füße, und da hat sie sie, und dann kann sie wegen mir so viel Schokolade essen wie sie will!" - Körperlich ist Elli mittlerweile dem Vater überlegen, und kann ihre Anforderungen durch Ohrfeigen bekräftigen.

Durch intermittierende Verstärkung lernt der aggressive Geistigbehinderte, daß seine Bemühung, sein Kampf, letztlich doch Erfolg hat: er muß nur weiter kämpfen, seine Beharrlichkeit wird schließlich positiv oder negativ belohnt. Fehlgeschlagene Ignorierungsversuche aggressiven Verhaltens wirken intermittierend verstärkend - ebenso uneinheitliches Reagieren auf Aggressionen.

Aggressives Verhalten kann generalisieren:
Hat aggressives Verhalten in bestimmten Situationen bei bestimmten Personen Erfolg, wird es in ähnlichen Situationen und bei ähnlichen Personen wiederholt. Meist auch dort mit demselben Erfolg:
Eine neue Praktikantin verstärkte Karls Aggressionen durch intensive Zuwendung. Nicht nur bei ihr wurde Karl zunehmend aggressiver, auch bei den anderen Mitarbeitern probierte er erneut sein aggressives Fehlverhalten aus.

Aggressives Verhalten kann sich differenzieren:
Es ist verwunderlich, welch geschickte Formen von Aggressionen gewählt werden, um die "Effektivität der Wirkung" zu erhöhen: Karl kotete nicht nur in sein Zimmer, er deckte auch den Teppich darüber.
Veltina riß ihre Kleidung in Fetzen. Reagierte man früher durch schimpfende Zuwendung, ließ man sie später ohne Reaktion. Sie differenzierte ihr Verhalten derart, daß sie später Sesselpolster zerstörte, worauf man reagieren mußte.

Aggressives Verhalten kann über Lernen am Modell erworben werden. Lange rätselte man, wieso Karl nun seine Kleider zerreißt, bis man feststellte, daß er in seinem Gruppenkollegen Heinz ein Modell gefunden hatte. Dieser konnte damit die Aufmerksamkeit der Erzieher auf sich lenken, von Karl weg. Er handelte ebenso und hatte wieder die Zuwendung der Erzieherin.

4.2.1.2 Funktionsmodelle aggressiven Verhaltens

PETERMANN et al. (1984) stellt das Modell von KAUFMANN (1965) dar: Zwischen der Wahrnehmung eines als feindselig bewerteten Ereignisses und einer aggressiven Handlungsausführung läuft blitzschnell und unbewußt ein Entscheidungsprozeß über eine Reihe von Entscheidungsstufen. Bei der Entstehung aggressiven Verhaltens spielen neben dem situativen Bezugsrahmen auch die bisherigen Lernerfahrungen, kulturelle Normvorstellungen und Persönlichkeitsfaktoren eine Rolle.

Auf der Stufe der Wahrnehmung wird entschieden, ob ein Stimulus als bedrohlich gilt oder nicht.

Auf der Stufe der Handlungsauswahl entscheidet sich, wie das Individuum reagieren will, z.b. aggressiv oder nicht aggressiv. Die Wahl der entsprechenden Reaktionsweise hängt von "eingeschliffenen, hochgeübten und fast automatisch ablaufenden Verhaltensweisen ab" (PETERMANN 1984, S. 12).

Auf der Stufe der Hemmungspotentiale entscheidet das Individuum, nach den in der Vergangenheit erlebten Konsequenzen, ob es die ausgewählte Handlung auch ausführt: Folgte dem aggressiven Verhalten immer eine Strafe, kann dieses in seiner Ausführung gehemmt werden.

Auf der Stufe der Vorwegnahme der Folgen fällt eine "eher situationsorientierte Entscheidung: Man überprüft die Konsequenz der Handlung. Diese Entscheidung wird getroffen, in dem man sich die möglichen Reaktionen in der sozialen Umwelt auf die beabsichtigte Handlung vorstellt." (PETERMANN 1984, S.12).

Auf jeder Stufe können Entscheidungen an die vorangegangene Entscheidungsinstanz zurückgegeben werden, Neuentscheidungen, z.B. Umbewertungen sind die kognitive Konsequenz. Reaktionen auf ausgeführte Handlungen fließen in den zukünftigen Ablauf der Entscheidungsprozesse ein.

Weiten wir das beschriebene Prozeßmodell aus und differenzieren wir Bedingungen und Funktionen für das Zustandekommen von Aggressionsformen geistig behinderter Kinder und Jugendlicher: Am Beispiel spezifischer Entstehungsverläufe lassen sich für verschiedene Aggressionsformen typische Bedingungen abgrenzen und typische Funktionen feststellen:

a) Aggression als Reaktion auf Frustration
b) Aggression als Vermeidungsverhalten
c) Aggression als Explorationsverhalten
d) Aggression als Reaktion auf Bedrohung
e) Aggression als Ausdruck path. Erlebens und Befindens
f) Aggression als schädigende Selbststimulation

Die Entstehung aggressiven Verhaltens bei geistig Behinderten in einer konkreten Situation kann in ihrem abfolgenden Prozeß und in ihren Bedingungsfunktionen wie folgt dargestellt werden:

REIZWAHRNEHMUNG:

Äußere oder innere Reize werden bewußt oder nicht bewußt vom Individuum wahrgenommen.

1. BEWERTUNG:

In der Stimulusbeurteilung wird der Reiz nach Qualität, Intensität und Häufigkeit auf seine Relevanz hin geprüft: z.b. Schmerzen, beunruhigende Empfindungen, Lärm, Anforderungen, sozialer Streß, Bedrohung usw., Unklare, irritierende soziale Situationen oder Beziehungen mit unklaren Grenzen bekommen durch die subjektive Bewertung ihren individuellen und situativen negativen Wert. Faktoren der psychischen und physischen Befindlichkeit, der Motivationslage, der Lernerfahrung (Klassisches Konditionieren von Reizen) beeinflussen die Stimulusbeurteilung.

IMPULS:

Das Resultat der 1. Bewertung ist ein energetisierender Impuls, reagieren zu wollen.

2. BEWERTUNG:

In der "Handlungsauswahl" entscheidet sich, ob überhaupt und welche Reaktionsweise ausgeführt wird. In diese Bewertung fließen ein: Stärke des Impulses: Je intensiver der energetisierende Impuls, je weniger gesteuert erscheint das Verhalten, bis hin zu impulsiven Reaktionsformen; Umfang des Verhaltensrepertoires: je eingeschliffener, "automatischer" ein Reiz-Reaktionsmuster und je weniger Handlungsalternativen, desto wahrscheinlicher werden aggressive Reaktionsweisen; Lernerfahrungen: Die Bewertung der vergangenen und möglicher zukünftiger Folgen einer beabsichtigten Handlung, die Erfahrungen mit aggressivem und nicht aggressivem Verhalten, z.B. erlebte positive oder negative Verstärkung (Operantes Konditionieren) erhöhen die Auftrittswahrscheinlichkeit aggressiven Verhaltens. Erinnerungen an negative Sanktionen, das "Hemmungspotential", verhindern dessen Ausdruck. Intensive Gefühle der Angst und Unruhe können sich dadurch erhöhen. Situative

Faktoren: Unterschiedliche Personen und Situationen werden in der 2. Bewertung dahingehend beurteilt, ob sie die Handlungsausführung behindern oder erleichtern.

AGGRESSIONSHANDLUNG:

Auto-, Fremd- oder Sachaggressionen drücken u. a. Protest, Mißstimmung, Hilflosigkeit, Unruhe, Erregung oder Befriedigungsverhalten aus oder sind Provokationen, bzw. Aktionen, sich Zuwendung zu holen.

3. BEWERTUNG:

In der "Effektbeurteilung" werden die Konsequenzen auf teilweise oder vollständig ausgeführtes aggressives Handeln subjektiv bewertet: Spannungsabfuhr, "Schadenfreude", Zurücknahme von Anforderungen usw. werden als positive Konsequenzen rückgemeldet. Nichtbeachtung, Verhinderung von Entspannung, jede unangenehme Sanktion wird als negative Konsequenz rückgemeldet. Rückmeldungen können gespeichert werden oder direkt in eine neue Handlungsbewertung führen. Die meisten Reaktionen der sozialen Umwelt sind gemischt. Sie enthalten - aus der Sicht des Aggressors - angenehme (positive) und unangenehme (negative) Elemente.
Entscheidend bei der 3. Bewertung ist, ob und wie deutlich der positive oder negative Effekt einer Konsequenz überwiegt.

4.2.1.2.1 Aggression als Reaktion auf Frustration

Der Alltag in Heim und Schule beinhaltet neben angenehmen Erlebnissen zwangsläufig den Behinderten frustrierende Situationen: Frustrationen durch Versagungen (z.B. Abwendung) bewirken Protest, der sich in aggressivem Verhalten ausdrücken kann.
Bei geistig behinderten Kindern und Jugendlichen mit massiven Aggressionsformen stehen häufig soziale Frustrationen im Vordergrund.
Im folgenden sei der Entstehungsprozeß aggressiven Verhaltens auf Frustration bezüglich sozialer Zuwendung beispielhaft beschrieben: Die Struktur des soziales Systems der Wohngruppe oder Schulklasse ist dadurch definiert, daß mehreren Behinderten zwei Bezugspersonen zur Verfügung stehen. Die übliche Interaktionsform ist, daß Zuwendung und Kontakt der Bezugspersonen sich auf alle Behinderten verteilen. Diese Struktur und Interaktion ist für manchen Behinderten ständige Frustration.

REIZWAHRNEHMUNG:

Intensität, Qualität und Häufigkeit der "Nichtbeachtung", z.B. kurzfristiges Abwenden, Distanzieren oder Abwesenheit der Bezugsperson ist sozialer Auslöser.

1. BEWERTUNG:

Hauptfaktor der Stimulusbewertung ist ein unbefriedigter Wunsch nach Zuwendung. Ursache kann sein, zu wenig Beachtung im Bezugssystem oder im Extrem ein pathologisch hoher Zuwendungsbedarf. Langjährige Gewöhnung, in der Herkunftsfamilie Mittelpunkt zu sein und ständige Nähe mit intensiver Zuwendung, bzw. fortwährende soziale Beachtung zu erhalten, ist starkes Motiv, schon geringste Hinweisreize der Nichtbeachtung als extrem frustrierend zu erleben.

Selbst ständige Nähe kann dann Wünsche nach Steigerung der Zuwendungsintensität oft nicht genügend befriedigen ("Zuwendungssucht"). Die subjektive Wahrnehmung sozialer Interaktionen ist hoch sensibilisiert.

IMPULS:

Übersteigt die Beurteilung der frustrierenden Situation tolerable Grenzen, entsteht ein Impuls reagieren zu wollen. Beteiligte Gefühlsqualitäten sind Eifersucht, Einsamkeit.

2. BEWERTUNG:

Impulse mit hoher Energie fordern schnelles und massives Handeln. Die Reaktionsform mit maximaler Effektivität wird ausgewählt: "Aggression wirkt schnell, intensiv und zuverlässig". Jahrelange intermittierende soziale Verstärkung durch positive (z.B. freundliche) oder negative (z.B. schimpfende) Zuwendung, die vom Behinderten subjektiv als angenehmer bewertet wird, als Abwendung oder Nichtbeachtung, stabilisierte diese aggressive Kommunikationsform. Verhaltensdifferenzierungen durch Lernerfahrung erhöhen die Effektivität, - Generalisierungen weiten die Einsatzmöglichkeiten aggressiven Verhaltens aus. Ein nur zu gering ausgeprägtes Hemmungspotential läßt die beabsichtigte Handlung zu. Die für eine hohe Effektivität als günstig bewerteten situativen Faktoren, z.B. Essenssituationen, "reizbare" Erzieher usw. bestärken den aggressiven Handlungsimpuls.

AGGRESSION:

Auto-, Fremd- oder Sachaggressionen fordern, meist gezielt, soziale Reaktionen und können sich bis zum Verlust der Selbstkontrolle steigern.

3. BEWERTUNG:

Auf aggressive Aktionen wird - gut wahrnehmbar - intensiv sozial reagiert: Nicht nur die Bezugsperson muß sich dem Aggressor zuwenden - meist gibt es viele Zuschauer = Zuwender. Für den Aggressor tritt genau das ein, was er beabsichtigte: Die frustrierende Situation ist beendet. Schon Ansätze aggressiven Verhaltens werden auf diese Art frühzeitig belohnt und als Handlungsmöglichkeiten gelernt.
Die soziale Reaktion wirkt als Verstärker - angenehmer Nebeneffekt ist die Spannungsreduktion durch die Handlung selbst, oder die Wahrnehmung des angerichteten Schadens usw.

Fortwährende Aggressionen verändern das soziale Umfeld dergestalt, daß die Bezugspersonen nur noch sehr eingeschränkt, wenn überhaupt, in der Lage sind, natürliche, positive Zuwendung wie Zärtlichkeiten, beruhigende Ansprache, Lob usw. auszudrücken. Immer weniger natürliche positive Zuwendung erhöht beim Aggressor zwangsläufig den schon hohen Zuwendungsbedarf und seine Motivation, sich durch noch intensivere Aggressionen Aufmerksamkeit zu erzwingen. Fortgesetzte Verstärkung des problematischen Kommunikationsverhaltens des Behinderten und die sich beim Erzieher immer wieder bestärkende Befürchtung neuer Aggressionen ergänzen diesen Teufelskreis von Aggression und Frustration.
Aggression als Reaktion auf Frustration sozialer Zuwendung wurde Kampfmittel und ist Symptom einer kranken Beziehung von ständiger Aggression-Stress-Interaktion.

4.2.1.2.2 Aggression als Vermeidungsverhalten

Neben frustrierenden Situationen des Alltags müssen geistig behinderte Kinder und Jugendliche - wie auch andere Kinder und Jugendliche - eine Reihe von Anforderungen und Aufforderungen erfüllen, z.B. etwas Angenehmes beenden, um etwas Unangenehmes zu tun, - oder überhaupt erst Aktivität und Bewegung zu zeigen. Grundlagen pädagogischer Förderung sind u.a. Abbau von Passivität und Aufbau sinnvollen Handelns.

REIZWAHRNEHMUNG:

Der soziale Reiz trifft auf einen, den Behinderten im Moment zufriedenstellenden oder angenehmen Zustand.

1. BEWERTUNG:

Ausgeprägt ist das Bedürfnis nach Passivität: Oft sucht der Behinderte seine Ruhe, sitzt oder liegt bequem im Sessel, oder ist nur in seinen Stereotypien aktiv oder beobachtet die sozialen Abläufe um ihn herum. Die Aufforderung wird als unangenehm bewertet.

IMPULS:

Ein meist mäßiger Impuls, sich wehren zu wollen, ist begleitet von Gefühlen der Unlust oder Verärgerung.

2. BEWERTUNG:

Die Auswahl des Verhaltens richtet sich nach den erfahrenen oder zu erwartenden Effekten: langjährige Erfahrung negativer Verstärkung bildete eine Rangreihe sich steigernder Aggressionsintensitäten aus oder fast automatisch ablaufender Reiz-Reaktionsschemata.

AGGRESSION:

Einzelne, motorisch geschickt gesteuerte und sich in Intensität steigernde Sach- und Fremdaggressionen oder je nach Zeitdauer sich intensiver steigernde Autoaggressionen werden gezielt eingesetzt. Eine mittlere Erregung ist zu Beginn anzunehmen.

3. BEWERTUNG:

Schon auf geringe Aggressionsintensitäten - schon auf Anzeichen aggressiven Verhaltens - reagiert der "gestreßte" Erzieher mit teilweiser oder völliger Rücknahme der gestellten Anforderungen.
Gelegentlich erfolgt eine beruhigende Zusprache, um Schlimmes zu verhindern. Versucht die Bezugsperson, die Anforderungen beizubehalten, - und sendet sie zusätzliche Signale der Unsicherheit und Anspannung - kann sich Intensität und Häufigkeit aggressiven Verhaltens steigern.

Meist hat Fremd-, Sach- oder Autoaggression seine positive Wirkung: schließlich wird nachgegeben. Der Erzieher läßt den Behinderten in Passivität oder Stereotypien zurückfallen und ist froh über die wiedergewonnene Ruhe. Negative, z.T. intermittierende Verstärkung läßt aggressives Verhalten sich differenzieren und baut ein Spektrum an Aggressionsintensitäten auf.

4.2.1.2.3 Aggression als soziales Explorationsverhalten

Häufige provokative Aggressionen (z.B. provozierendes Einnässen, Kneifen, Bespucken, Geschirr langsam vom Tisch auf den Boden fallen lassen ...) bewirken besonders intensiven Ärger und hohe Anspannung bei den Bezugspersonen.

REIZWAHRNEHMUNG:

Reiz ist die Bezugsperson innerhalb einer sozialen Situation: wenn sie fremd ist, und/oder Unsicherheit, Belastetheit und Nervosität zeigt, wenn sie sich widersprüchlich und uneindeutig verhält (z.B. im Vergleich zu ihren Kollegen) wenn sie durch Gebote und Verbote wenig oder unklare Grenzen setzt usw.

1. BEWERTUNG:

Der Reiz trifft eine hohe Motivation: eine dranghafte Neugier an sozialen Interaktionen, die befriedigt sein will, - starkes Interesse, die soziale Situation, bzw. die Bezugsperson, auszuprobieren; eine Lust am Spiel mit den Reaktionen relevanter Personen nach eigenem Gutdünken; eine Suche nach stabilen sozialen Grenzen und Sicherheit ("testing the limits"). Als Hintergrund ist eine gestörte Sozialbeziehung anzunehmen, internalisierte soziale Grenzen fehlen mangels Erfahrung.
Der physiologische und psychologische Zustand erscheint unauffällig.

IMPULS:

Aus der Stimulusbewertung resuliert ein Impuls mäßiger Intensität, oft begleitet von Gefühlen freudiger Erwartung (Mimik!)

2. BEWERTUNG:

Auffallend hier die abwartende, differenzierte Wahrnehmung des günstigen

Augenblicks, bzw. die Konzentration auf die auf Provokation "ansprechbarste" Bezugsperson.
Mehrere aggressive Verhaltensweisen, die durch Lernerfahrung effektivsten und mit hoher Zielwahrscheinlichkeit in der Vergangenheit erfahrenen, stehen zur Verfügung. Sie werden spezifisch und gezielt eingesetzt.
Häufige und intensive positive soziale Verstärker stabilisierten, - ein zu gering ausgeprägtes Hemmungspotential verhinderte nicht - den Ausdruck des aggressiven Verhaltens.

AGGRESSION:

Sach- und fremdaggressives Verhalten als pathologisch soziales Erkundungsverhalten oder pathologisches Neugierverhalten oder soziale Provokation tritt gut gesteuert, motorisch geschickt und nur mäßig intensiv, aber immer wieder, oft häufig hintereinander, auf.

3. BEWERTUNG:

Neugierverhalten belohnt sich durch seine Ausführung; ein bedeutender zusätzlicher Verstärker ist die Reaktion der Bezugsperson: Jede Reaktion des "Aggressionsopfers" wird als relevant bewertet - ist sie doch Zeichen, daß sich die Provokation gelohnt hat; es sei denn, unangenehme Konsequenzen sind z.B. deutlich negative Reaktionen der Betreuer. Der Aggressor sucht meist intensiven Blickkontakt zur Bezugsperson und nimmt dessen Mimik deutlich wahr: Unsicherheit, Anspannung und Be-"troffenheit", bzw. der angerichtete Schaden sind positive Verstärker - und erneute Hinweisreize für den Stimulusbewertungsprozeß.
So wird provokatives Erkundungsverhalten immer wiederkehren und anhaltend wiederholt ...
Gelungene Provokationen aus Neugier usw. wiederholen sich und bewirken beim unsicheren, fremden oder angespannten Erzieher eine Zunahme von Nervosität, Reizbarkeit und problematischen Verhaltensweisen. Anhaltende oder gar zunehmende Verunsicherung und Erregung der Bezugsperson (als Streß-Symptome) sind Auslöser erneuter provokativer Aggressionen und deren Verstärker: Schnell entsteht ein Teufelskreis aggressiver Provokationen und problematischen Streßverhaltens der Erzieher.

4.2.1.2.4 Aggression als Reaktion auf Bedrohung

Als weiteres Beispiel eines möglichen Entstehungsverlaufs spezifischer Aggressionen sei aggressives Verhalten als Reaktion auf Bedrohung, Irritation und Streß dargestellt.

REIZWAHRNEHMUNG:

Auslöser sind soziale oder objektive Situationen und Geschehnisse: überraschende zeitliche Unregelmäßigkeiten; Änderungen der räumlichen und personalen Umwelt; Lärm; unüberschaubare soziale Situationen, z.B. Menschenmengen; Aggressionen verschiedenster Form ...

1. BEWERTUNG:

Die äußere Reizkonstellation wird als bedrohlich, als unangenehm, irritierend oder als streßvoll bewertet.
Die Rückmeldung von Schmerzreaktionen bei Aggressionen, die Zerstörung von Gewohnheiten oder inenren Ordnungsschemata usw., ergeben eine hohe "Bedrohungsbewertung". Hintergrund ist eine erhöhte Sensibilität auf Streßsignale, z.B. erhöhte Ängstlichkeit, und/oder eine verringerte kognitive Verarbeitungsmöglichkeit mangels Übersicht und Flexibilität. Lernerfahrungen weiteten relevante Hinweisreize aus. Die emotionale Verfassung vor Reizwahrnehmung ist unauffällig, - bei Erregungszuständen genügen dagegen schon unbedeutende Reizintensitäten.

IMPULSIVE AGGRESSIONEN

Ein Impuls sehr hoher Energie bewirkt - ohne Hemmung - eine meist ungezielte, überschießende, "impulsive" Reaktion mit heftiger Motorik, ohne daß eine Handlungsbewertung erfolgte. Die beteiligten Gefühlsqualitäten: Erschrekken, schnelle Anspannung, Wut, Angst, Hilflosigkeit.
Hauptsächlich erscheinen Fremd- und Autoaggressionen, die als Protest, Verteidigung oder panische Reaktionen zu werten sind. Sie sind meist verbunden mit einem Verlust der Selbstkontrolle. Die emotionale Stabilität bricht zusammen und heftige Gefühle können zusätzlich verunsichern.

3. BEWERTUNG:

Wenn durch aggressives Verhalten die Bedrohungs- oder Streß-Situation beseitigt oder eingeschränkt werden konnte und/oder das Gefühl der Aktionslosigkeit, Ausgeliefertheit, Angst handelnd vermindert wurde und/oder dadurch emotionale Spannung abgebaut werden konnte, erfährt dieses Verhalten eine positive Bewertung. Als Verstärker steht die spannungsmindernde Ausführung einer Aktion im Vordergrund und gegebenenfalls die Veränderung der Bedrohungssituation - die Reaktionen der Bezugspersonen haben kaum Verstärkerwert.

4.2.1.2.5 Aggressionen als Ausdruck pathologischen Wahrnehmens und Befindens

Einige intensive Agressionen geistig behinderter Kinder und Jugendlicher mit z.T. massiver autistischer Symptome haben spezifische Charakteristika, die über die beschriebenen Funktionsmodelle und Bedingungskonfigurationen hinausgehen. Meist sind keine außergewöhnlichen äußeren Reize feststellbar, manchmal gehen der aggressiven Handlung deutliche Zeichen emotionaler Mißstimmung voraus und die soziale Reaktion auf das aggressive Fehlverhalten ist relativ unbedeutend.

REIZWAHRNEHMUNG:

Starke innere Reize:
anhaltende oder wiederkehrende Schmerzzustände, z.B.
Einsetzen der Monatsblutung, Zahnschmerzen, usw. oder
psychotische Impulse oder
"normalerweise" unbedeutende äußere Signale ...

1. BEWERTUNG:

Mit erheblicher Kommunikationseinschränkung oder hohem Schweregrad der Behinderung geht die Unfähigkeit einher, körperliche oder seelische Empfindungen mitzuteilen.
Körperliche Zustände werden als unangenehm, schmerzhaft, erregend oder beängstigend wahrgenommen.
Behinderte mit psychotischen und/oder autistischen Wahrnehmungs- und Erlebensverzerrungen mögen innere Reize oder "unbedeutende" äußere Ereignisse als bedrohlich und belastend empfinden, z.B. im Sinne einer "Reizüberflutung".

Im Rahmen einer "Zwei-Prozeß-Theorie" stellen ROHMANN (1985) und ROHMANN und HARTMANN (1987) ein kognitives Modell der pathologischen Informationsverarbeitung bei Psychosen, - und beim frühkindlichen autistischen Syndrom vor. " Bei autistischen Kindern liegt nach Aussagen der Zwei-System-Theorie eine Störung der Informationsaverarbeitung zweier informationsverarbeitender Systeme (AFS und BFS) vor, die Neuheits-Bekanntheits-Relation als steuernder Mechanismus verläuft zufällig. Folge davon kann eine Über- bzw. Untererregung eines oder beider Systeme sein. Dadurch kommen Lernprozesse - wenn überhaupt - nur phasenhaft zustande. Über- und Untererregung eines oder beider Systeme sind möglicherweise vergleichbar mit der Über- und/oder Untererregung des gesamten Organismus". (S. 96) "Laut Zwei-System-Theorie werden mindestens zwei unterschiedliche Funktionssysteme angenommen:

1. Das A-Funktions-System (AFS); ein auf Neuheit reagierendes und Neuheit produzierendes hypothetisches Verarbeitungssystem und

2. das B-Funktions-System (BFS), als zweites System, das der Verarbeitung und Produktion bekannter Aspekte (z.B. Erfahrungen gelernter Strukturen) dient" (S. 23).

Die wahrgenommenen inneren oder äußeren Reize können zusätzlich auf einen phasenhaft labilen emotionalen Zustand mit hoher Erregung, intensiven Stimmungsschwankungen, depressiver Verstimmung oder einer angespannten Gesamtbefindlichkeit treffen, oder ihn mit verursachen. Das Fallbeispiel "Adam" (s.Kap. 6.2) stellt phasenhafte Verläufe von Stimmungs- und Spannungsveränderungen, begleitet von Änderungen autoaggressiven Verhaltens über mehrere Jahre dar.

IMPULS:

Ein heftiger Impuls, begleitet von deutlich negativen Gefühlen ängstlicher, erregter oder panischer Qualität verursacht eine direkte impulsive Reaktion - oft eine aggressive Handlung; eine kognitive Verarbeitung des Impulses in der Handlungsbewertung entfällt.

Die aggressive Handlung, meist Auto- oder Fremdaggressionen, können als Hilferuf, als Ausdruck von Panik, Schmerz und Angst, als ein "Sich-wehren-gegen-sich-selbst" verstanden werden. Zur Ausführung gelangt meist ein sich in Intensität und Häufigkeit steigerndes aggressives Verhalten.

Die Aggressionshäufigkeit kann phasenhaft ansteigend, sich erhaltend und wieder abfallend, manchmal plötzlich intensiv aufschließend und genauso plötzlich wieder verschwindend erscheinen.

3. BEWERTUNG:

Als positiv erlebter und damit verstärkender Effekt erscheint die Reduktion von Spannung, die Handlung aus sich heraus als Aktion gegen die Hilflosigkeit. Andererseits kann sich autoaggressives Verhalten in Intensität und Häufigkeit immer weiter steigern, - bei zunehmender Anspannung. Aufrechterhaltende Lerneffekte durch die soziale Wirkung des aggressiven Verhaltens haben, wenn überhaupt, eine untergeordnete Bedeutung.

4.2.1.2.6 Exkurs: Aggression als schädigende Selbststimulation

Sich mit sich selbst zu beschäftigen, sich Reize und Wahrnehmungen zu geben, ist offensichtlich natürlich: Selbstreizungen durch Laute, Bewegungen usw. finden sich nicht nur im Kleinkindalter. Intensive, langanhaltende Bewegungsstereotypien dagegen schränken die Wahrnehmung der Umwelt und die emotionale und kognitive Entwicklung ein. Als Aggression zu werten sind Stimulationen, die die eigene Person, das soziale System oder die dingliche Umwelt schädigen oder erheblich stören, z.B. intensive und/oder langanhaltende Aktivitäten gegen den eigenen Körper, mit oder ohne Gegenstände (sich selbst schlagen, beißen, einschnüren usw., Hyperventilieren), Schreien oder andere anhaltende und/oder ständig wiederkehrende lärmproduzierende Verhaltensweisen.

Unabhängig vom möglichen Motiv, sich durch Selbstreizung zu beschäftigen, gelten diese Verhaltensweisen von einem bestimmten Grad der Intensität, Schädigung und Häufigkeit als massiv störend.

Schädigende Selbststimulationen können als Ausdruck pathologischer Selbstwahrnehmung oder Reizverarbeitung verstanden werden. Sie sind hier, der Übersichtlichkeit halber, gesondert dargestellt und können als Untergruppe autoaggressiven, bzw. selbstverletzenden Verhaltens angesehen werden. Auf die Problematik "Autoaggression" (Prävalenz, Diagnostik, Erklärungsmodelle und therapeutische Interventionen) gehen umfassender ein: ROHMANN und HARTMANN 1988; FEUSER 1985; KANE 1986; KANE & HETTINGER 1987; BREZOVSKY 1985; OPITZ 1988; DURAND & CRIMMINGS 1988; GRIFFIN et al. 1986; GRIFFIN et al. 1987; LUISELLI 1986.

Das Funktionsmodell schädigender Selbststimulation könnte wie folgt aussehen:

REIZWAHRNEHMUNG:

Reizkonstellation der sozialen und/oder dinglichen Umwelt ist unauffällig; ebenso ist anzunehmen, daß auffällige innere Reize fehlen.

1. BEWERTUNG:

Die psychische Konstellation scheint sich derart darzustellen: das Individuum leidet an Reizarmut, bzw. Reizhunger (Reizdeprivation). Eine pathologische Reizverarbeitung (Reizfilter, Reizverzerrung) kann als Ursache angenommen werden.

IMPULS:

Anzunehmen sind Impulse, die zu Beginn relativ geringe bis mittlere Spannung haben, sich aber im Verlauf der anhaltenden Selbststimulationen und Bewertungen ständig in ihrer Spannungsintensität erhöhen.

AGGRESSION:

Selbststimulierendes bzw. geräuschproduzierendes Verhalten steigernder Intensität läuft fast "automatisch" ab. Das Individuum verfügt über keine Handlungsauswahl: es greift auf die einfachsten, aber effektivsten Aktivierungen des eigenen Körpers zurück; bei intensivster Anspannung können überschießende Aggressionen gegen andere Personen oder Gegenstände zusätzlich auftreten.

3. BEWERTUNG:

Die weiterhin verzerrte Wahrnehmung kann verhindern, daß der Reizhunger gestillt wird. Das Verhalten wird als unbefriedigend bewertet. (Zusätzliche Schmerzen können die bestehende Anspannung erhöhen). Möglicherweise kann die Steigerung der Intensitäten einen "point of no return" überschreiten und zum Verlust der Selbstkontrolle führen.
Können geringe oder mäßige Intensitäten selbststimulierenden Verhaltens noch vom Individuum als eher angenehm erlebt werden, (Mimik) - so erscheinen die intensiven, langanhaltenden und oft zu Verletzungen führenden massiv aggressiven Selbststimulationen als eher für das Individuum unangenehm

(begleitet von heftigem Schreien, Stöhnen, angespannter Mimik). Entspannung, Befriedigung und Ruhe ist Resultat von Selbstbefriedigung durch Reize geringer oder mittlerer Intensität; es zeigen sich Symptome von Er- "lösung" aus zwanghaftem Automatismus nach den intensiven Verhaltensausprägungen.

Die dargestellten Funktionsmodelle beziehen sich auf die unterschiedlichen Sinnzusammenhänge aggressiven Verhaltens.
Inhaltliche Überschneidungen sind nicht ausgeschlossen, da ein übergeordnetes theoretisches Konzept hier nicht angeboten werden kann.
Die Funktionsmodelle stellen keine Kategorien aggressiver Personen dar; aggressive Behinderte können zu unterschiedlichen Zeiten unterschiedlich "sinnvolle" Fehlverhaltensweisen zeigen. So können heftige selbstschädigende Reaktionen auf beängstigende innere Reize, z.B. Schmerzen oder Reaktionen auf Anforderungen als Protest sein; sie können der Selbststimulation gedient haben und in zwanghafte Selbstschädigung sich steigern; sie können Mittel sein, sich Zuwendung zu erzwingen usw. Ähnliches gilt für die Fremd- und Sachaggressionen.

Für die Planung konkreter Therapieansätze oder prophylaktischer Maßnahmen verdeutlichen die Funktionsmodelle in ihren unterschiedlichen Bedingungen und Funktionsabläufen differenzierte Erklärungsansätze, die, mangels empirischer Überprüfung, hypothetisch bleiben müssen.

4.2.2 Bedingungsmodell des problematischen Erzieherverhaltens

"Wie läßt sich problematisches Erzieherverhalten im Umgang mit aggressiven geistig behinderten Kindern und Jugendlichen mit zum Teil starker autistischer Symptomatik erklären?" Bezugspersonen unterscheiden sich untereinander und zu unterschiedlichen Zeiten darin, wie intensiv sie sich durch aggressives Verhalten belastet fühlen, und wie sie mit dieser Spannung umgehen. Ihr Empfinden und Handeln ist vom vergangenen und aktuellen Fehlverhalten des Aggressors abhängig, aber nicht nur:
Die Erfahrung des Mitarbeiters in der Institution Heim, bzw. Schule, die Erfahrungen in der Zusammenarbeit mit Kollegen und Vorgesetzten, die körperlichen und psychischen Verfassungen, fachlichen Fähigkeiten und Erfahrungen, die Kenntnis akzeptabler Problemlösungsstrategien, die individuelle Wichtigkeit von Werten und sozialen Einstellungen, - nicht zuletzt die

Beziehung zum behinderten Kind, bzw. Jugendlichen und zum aggressiven Problemfall beeinflussen das Denken, Fühlen und Handeln der von Aggressionen betroffenen Erzieher in der akuten Problemsituation und über sie hinaus.

In einer Aggressionssituation reagiert der Erzieher oft ohne langes Zögern. Die schnelle Abfolge von Wahrnehmung und Handlung beinhaltet eine Reihe verschiedener gedanklicher (kognitiver), gefühlsmäßiger (emotionaler), motivationaler und handelnder (motorischer) Prozesse, die in der akuten Situation meist vom betroffenen Erzieher gar nicht oder nur sehr eingeschränkt wahrgenommen werden können.

Die Konfrontation mit intensiv aggressiven Behinderten (mit-) verursacht Streß, wobei die häufigen und oft nicht ungefährlichen Aggressionsformen offensichtlich als Stressoren wirken. Die beobachtbaren und in Gesprächen geschilderten akuten und anhaltenden physischen und psychischen Reaktionsweisen der Bezugspersonen nennen wir Streßreaktionen. Streßerleben kann problematisches Erzieherverhalten bedingen.

"Streß bezeichnet ... recht unterschiedliche Gegebenheiten, wie direkte Einwirkung schädlicher Reize, körperliche Anstrengung, subjektive Bedrohung, physiologische Reaktionsmuster oder bestimmte psychische Zustände." (NITSCH 1981, S. 39). Streß kann positiven Funktionssinn haben und ist zum Leben notwendig.

Wir wollen uns im folgenden auf die negative, problematische Komponente von Streßerleben und Streßverhalten im Zusammenhang mit aggressivem Geschehen konzentrieren, und auf eine Darstellung und Erörterung verschiedener Aspekte der Streßforschung, unter anderem auf die Definitionsproblematik, die unterschiedlichen biologischen, psychologischen und sozialpsychologischen Modellvorstellungen verzichten (siehe dazu: NITSCH 1981).

Für die Erklärung von problematischem Erzieherverhalten bei massiven Aggressionen bietet sich das kognitive Streßmodell von LAZARUS an:

4.2.2.1 Das kognitive Streßmodell

Ausgehend vom Streßmodell SELYE's (1956), das die organischen (physiologischen) Prozesse bei Streß betonte, wurde der Betrachtungsschwerpunkt innerhalb der psychologischen Streßforschung immer mehr auf kognitive (gedankliche) Vorgänge verlagert, - vor allem beim psychologischen Streßmodell von LAZARUS et al. (1966).

SELYE definierte: "Streß als die unspezifische Reaktion des Organismus auf jede Anforderung, die an ihn gestellt wird." (1974, Seite 58).
Über ARNOLD (1960) hinausgehend differenzieren LAZARUS et al. (1966; 1971; 1978) die ablaufenden psychologischen, vor allem kognitiven Prozesse und beantwortet die Frage, wie der Prozeß der Bewertung einer Situation zu einem spezifischen Verhaltensmuster oder einer bestimmten Emotion führen kann. Die Bedingungen dieses kognitiven Prozesses sucht er in der Reizkonfiguration der Umwelt und in der jeweiligen psychologischen Struktur des Individuums.

Erst durch die subjektive Bewertung eines Individuums werden objektive Reize zu Streßreizungen und zu Auslösern von "Bedrohung", einem Gefühl der Spannung, z.b. in Erwartung oder im Verlauf einer schädigenden aggressiven Aktion. Geschädigt, beeinträchtigt, belastet, bedroht oder gestört, kann die Unversehrtheit oder das psychische Wohlbefinden der Bezugspersonen oder die für sie wichtigen Ziele, z.b. das Wohlbefinden der Behinderten, die entspannte familiäre Gruppensituation, eine geplante soziale Aktivität usw. sein.

Für LAZARUS (1978) ist Streß ein Beziehungsphänomen, in dem Bedingungen (Determinanten) des betroffenen Individuums mit den Bedingungen der Umwelt nicht nur "interagieren" (auf einander wirken), sondern sich im Verlauf des Anpassungsprozesses mit dem Einwirken der Person auf die Umwelt und in Übereinstimmung mit Rückmeldungen aus dieser in einem ständigen Prozeß der Wechselwirkung (Transaktion) befinden können.
Je nach Bereitschaft, individueller Persönlichkeit und Lebensgeschichte können Streßreaktionen, auch in gleicher Auslösesituation, individuell unterschiedlich sein.

LAZARUS nimmt zwei gedankliche Bewertungsvorgänge an:

1. Die Bewertung einer möglichen oder tatsächlichen Störung, Schädigung oder Bedrohung.
2. Die Bewertung und Abschätzung der Reaktionsmöglichkeiten, um mit der möglichen oder tatsächlichen Schädigung, bzw. Bedrohung fertig zu werden.

Jedem spezifischen Verhalten und Erleben des Individuums in einer Streßsituation, z.b. in einer Aggressionssituation lassen sich diese beiden Bewertungsprozesse unterstellen.
Für LAZARUS (1978) gibt es "Gründe für die Annahme, daß die jeweilige Art, wie Menschen Streß bewältigen, noch wichtiger für die Lebensmoral, die

soziale Anpassung und Gesundheit oder Krankheit sind, als die Häufigkeit und Schwere der Streßepisoden selbst." (Seite 241)

Bewältigungsbemühungen können sich auf die eigene Person oder den Umgang mit der Umwelt oder auf beides beziehen. Sie können eine vorausgegangene oder gegenwärtige Schädigung, bzw. Bedrohung angehen: Einen Verlust überwinden, durch Erholung ausgleichen oder neu interpretieren, - oder bei Bedrohung versuchen, den Status quo aufrecht zu erhalten, oder einer Schädigung vorzubeugen. Bewältigungsbemühungen können Versuche sein, individuelle innere Bedingungen (Überzeugungen, Werte, Reaktionsbesonderheiten) angesichts von unangenehmem Streß zu verändern, oder die äußere Umwelt aktiv anzugehen (eine Gefahr vermeiden oder ausräumen). Sie können darin bestehen, intensive Informationen zu suchen, oder mit unangenehmen Gefühlen umzugehen: Streßemotionen, wie Angst, Furcht, Schuld, Ärger usw. sind schmerzlich und quälend und überlagern häufig adäquate Anpassungsprozesse, in dem sie ablenken, oder die Wahrnehmung verzerren. Darüber hinaus bewirkt psychologischer Streß häufig eine physiologische Aktivierung, die z.B. als hohe Spannung und Erregung die individuelle psychische und physische Ausgeglichenheit stört oder derart stören kann, daß körperliche Erkrankungen folgen können. Bewältigungsversuche können auch darin bestehen, unangenehmen Streß, den man im Moment nicht ändern kann, durch Tolerieren zu ertragen und eine "positive Lebensmoral" aufrecht zu erhalten.

4.2.2.2 Bedingungsgefüge des problematischen Erzieherverhaltens

Nimmt eine Bezugsperson in einer bestimmten Situation ein spezifisches Ereignis, z.B. den Beginn einer aggressiven Handlung wahr, so wird dieser Reiz in der Regel im ersten Bewertungsvorgang, der AGGRESSIONSABSCHÄTZUNG, bezüglich seiner Schädigung, Belastung, Bedrohung abgeschätzt. In diesen Bewertungsvorgang fließen ein: Die Unmittelbarkeit einer aggressiven Konfrontation, die Uneindeutigkeit der Situation, die Einschätzung der eigenen Belastbarkeit, Werte und Überzeugungen, fachliche Kenntnisse und Erfahrungen.

Wirkte der bewertete Reiz bedrohend oder belastend, werden im zweiten Bewertungsvorgang, der BEWÄLTIGUNGSABSCHÄTZUNG, Wege und Mittel danach beurteilt, ob sie Schädigung, Störung oder Bedrohung beseitigen oder eindämmen können. In diese Bewertung fließen ein: Intensität der Spannung, Vorhandensein von Ansatzpunkten für gezielte Bewältigungsschritte, deren Realisierbarkeit, situationale Zwänge, Werte und Normen, psychische Eigenschaften.

Aufgrund dieser Bewertungen reagiert das Individuum in seinen körperlichen Prozessen, in seinen Gefühlen, in seinem Denken und in seinem Verhalten: z.b. durch direkte Aktionen, bzw. Aktionstendenzen, durch kognitive Umbewertung oder bei fehlenden Aktionen durch intensive Gefühle.

Über das beschriebene Modell von LAZARUS hinaus nehmen wir an, daß in einem dritten Bewertungsvorgang, der WIRKUNGSABSCHÄTZUNG, das Individuum die Effizienz eigenen Handelns beurteilt. Auch hier fließen situative und subjektive Faktoren ein: Die Reaktionen des Aggressors und der sozialen Umwelt, Erinnerungen an frühere Erfahrungen, Zielvorstellungen, moralische Werte und Einstellungen. Die Impulse aus diesem Bewertungsvorgang sind angenehm oder unangenehm: Sie bauen Spannungen ab oder auf, verringern oder erhöhen Unsicherheit, geben das Gefühl der Kompetenz oder Hilflosigkeit. Die Impulse aus der Wirkungsbewertung, bzw. entsprechende Gefühle, können langanhaltend - oder auf bestimmte Hinweisreize schnell wiederkehrend - erlebt werden. In erneuten Aggressionssituationen fließen sie in den ersten Bewertungsvorgang ein.

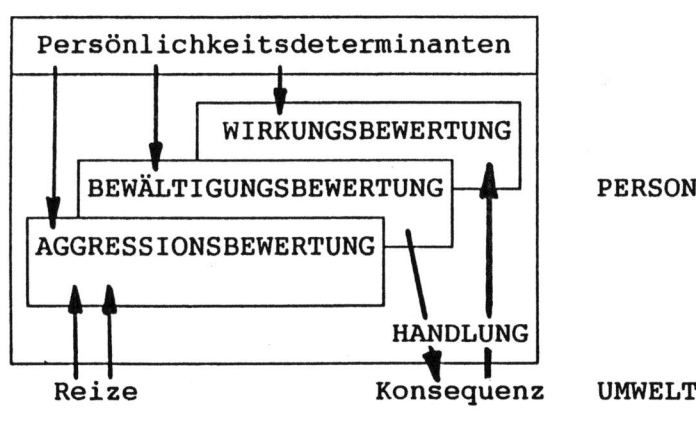

Abb. 1 Die Bewertungsprozesse in Abhängigkeit von Persönlichkeits- und Umweltfaktoren

Die skizzierten Bewertungsprozesse sind nicht als einfache Wahrnehmung objektiver Gegebenheiten zu verstehen, sondern subjektive Beurteilungen. Sie beinhalten kognitive Aktionen von Wahrnehmen, Gedächtnis, Beurteilungen, Gedanken usw. "Kognitiver Bewertungsprozeß" oder "Kognitive Abschätzung" werden im folgenden inhaltsgleich angewandt. - Der Übersichtlichkeit halber werden sie im vorliegenden Streßmodell als "Abschätzungen" bezeichnet.

4.2.2.2.1 Die Aggressionsabschätzung als 1. Bewertungsvorgang

"Wie bedrohlich, schädigend, belastend ist die Situation?"

Aktuelle Stimuli in einer Aggressionssituation können Hinweisreize sein, die der Bezugsperson unangenehme Zustände signalisieren. Die Spannung in Erwartung oder im Verlauf einer aggressiven Aktion entsteht aus der gedanklichen Vorwegnahme einer möglichen Schädigung oder Beeinträchtigung. Diese aktuellen Reize rufen die durch Erfahrungen entstandenen Erinnerungen wach; durch den Umgang mit aggressiven Situationen hat die Bezugsperson entsprechende Hinweisreize gelernt ("Klassisches Konditionieren").

Hinweisreize müssen nicht immer eine reale Konfrontation nach sich ziehen. Ihre negative spannungsauslösende Wirkung bleibt bestehen oder erhöht sich, auch wenn nur gelegentlich (intermittierend) die erwarteten Schädigungen oder Aggressionen folgen. Spezifische Verhaltensweisen, Lautäußerungen oder mimische Bewegungen eines häufig aggressiven Behinderten bewertet der Erzieher entsprechend: "Mir steht eine intensive Aggression bevor" oder "Ich werde provoziert".

Durch Reizgeneralisierung kann im Laufe der Erfahrung die gesamte Person des "Aggressors" oder sein Erscheinungsbild oder seine Anwesenheit für den Erzieher zum "Streßreiz" werden und ihn an vorangegangene negative Erfahrungen erinnern und weitere Aggressionen erwarten lassen. Die Erwartungsspannung aggressiver Schädigung senkt die Reizschwelle der betroffenen Bezugsperson: so können sogar objektiv völlig harmlose und sozial positive Verhaltensweisen eines potentiell aggressiven Jugendlichen vom Erzieher als Aggressionshinweise bewertet werden, zu entsprechender Anspannung führen, und im Sinne einer sich selbst erfüllenden Prophezeihung durch das Verhalten des Erziehers die erwarteten Aggressionen verursachen.

Der Erzieher X ist bevorzugtes Aggressionsobjekt von Wilhelm. Er wurde zunehmend unsicherer und ist im Umgang mit Wilhelm sehr angespannt. Der Junge nimmt dies offensichtlich wahr und provoziert ihn - lächelnd - weiter.

Bedingungen der Aggressionsabschätzung

"Wodurch erhalten Aggressionsstimuli oder Verhaltensweisen des Behinderten die Bewertung aggressiv, schädigend, bedrohlich, störend?"

a) Anspannung durch die alltäglich zu verrichtende Arbeit: Die ständige räumliche und zeitliche Nähe zum problematischen Behinderten versetzt manchen Mitarbeiter in andauernde Anspannung. Bis auf wenige Pausen befindet sich die Schulerzieherin täglich von 8.30 bis 15.30 Uhr in denselben Räumlichkeiten der Schule; die Gruppenerzieher befinden sich in der Spätschicht von 15.30 bis 21.00 Uhr durchgehend im Gruppengeschehen, an schulfreien Tagen ganztags.

b) Die Unmittelbarkeit einer aggressiven Konfrontation: Je näher unangenehme oder heftige Aggressionen, oder deren Hinweisreize zeitlich oder räumlich bevorstehen und je wahrscheinlicher ihr Eintreffen ist, desto stärker wird die betroffene Bezugsperson die Belastung erleben - es sei denn, sie hat in der Vergangenheit gelernt, ohne große Mühe und Betroffenheit mit diesen Situationen fertig zu werden. Entscheidend ist der subjektive Eindruck, den der Erzieher von Ort, Zeit und Wahrscheinlichkeit des erwarteten aggressiven Ereignisses hat.
Plötzliche körperliche Attacken (eine Ohrfeige, ein Fußtritt oder Bespucken) sind direkte, nahe, intensive Schädigungsreize - manchmal Ankündigungen sich steigernder Aggressionen. Sie lassen die Person, bzw. die Situation, eindeutig als "aggressiv" bewerten und führen zu intensiver Anspannung.

c) Die Uneindeutigkeit der Problemsituation: Je weniger eindeutig mögliche Aggressionsreize in einer angespannten Situation erscheinen, je eingeengter fühlt sich die Bezugsperson, eigenes Verhalten, das Verhalten des vermeintlichen Aggressors und die Geschehnisse insgesamt überblicken und lenken zu können. Ungewißheit führt zu einem Gefühl der Bedrängnis und erhöht die Erwartung aggressiver Reize.
Die - subjektiv bewertete - Spannung der Gesamtsituation erhöht die Streßwirkung von Aggressionshinweisreizen.
Anhaltender Lärm (z.B. selbstimulierende Schreie usw.), Unruhe in der Wohngruppe oder Schulklasse, hektisches Umherlaufen, kleinere Provokatio-

nen, machen die Situation für die Erzieherin immer undurchschaubarer. Neue Mitarbeiter (z.B. Jahrespraktikanten) erleben intensive Gefühle der Hilfslosigkeit, Unsicherheit und Spannung: weniger die Betroffenheit als Aggressionsopfer strengt sie an, die Reizkonstellation der gesamten Problemsituation überwältigt ihre Wahrnehmung.

d) Gewichtung von Aggressionsreizen und eigener: Belastbarkeit
Eine Bedingung für die Erwartungsspannung aggressiver Schädigungen liegt in dem Verhältnis, wie intensiv und massiv ein Aggressionsreiz angesehen wird, und wie die eigenen Bewältigungskräfte eingeschätzt werden.
Diese Abwägung bezieht sich nicht auf die objektive "Bedrohlichkeit" einer Situation, sondern auf die subjektive Sicht und auf die momentane Kraft und Belastbarkeit, Befindlichkeit usw., die sich der betroffene Betreuer im Moment zuschreibt.
Empfindet er sich durch akute Konflikte, äußere Ereignisse oder entsprechende Erfahrungen gespannt, belastet oder kraftlos, bekommt schon ein relativ kleiner Hinweis große Aggressionsbedeutung, führt zu hoher Belastungsbewertung und entsprechender Erwartungsspannung.
In diese individuelle und situative Einschätzung eigener Souveränität, Standfestigkeit, Sicherheit und Belastbarkeit münden eine Reihe instituioneller, sozialer und privater Erfahrungen, subjektiv wahrgenommen und verarbeitet: z.B. Unzufriedenheit mit den Arbeitsbedingungen (gleiche Tätigkeit bei unterschiedlicher Profession und entsprechender Entlohnung), Belastungen durch Schichtdienste, Wochenenddienste oder Vertretungen in Krankheits- und Urlaubsfällen usw.; Irritationen durch unklare Strukturen in der Verantwortungshierarchie; Überforderungen bei zu viel Selbstverantwortlichkeit; Unterforderungen durch einengende Kontrolle; Gefühle eingeschränkter institutioneller Mitbestimmung, ("Wir Erzieher sind ja bloß kleine Rädchen in der Maschine!"); Probleme im Verhältnis zu den Mitarbeitern, z.B. das Gefühl allein zu sein, dem Kollegen eigentlich nicht trauen zu können, oder in Konkurrenz zu stehen usw.; ebenso Anspannungen durch körperliche Mißempfindungen oder akute, psychische Störungen oder Erkrankungen; alltägliche Streßsituationen zu Hause oder am Arbeitsplatz; Gefühle von Anspannungen, Nervosität, Kraftlosigkeit usw. verschieben im aggressiven Konfliktfall die "balance of power" zu ungunsten des betroffenen Erziehers und stärken indirekt die Wirkung aggressiven Fehlverhaltens.

e) Werte und Einstellungen determinieren die Aggressionsabschätzung: Art und Stärke "bedrohter" persönlicher Einstellungen, Werte, Gefühle, Beziehungen (z.B. Engagement, Fürsorge, Vertrauen, Verantwortung, pädagogische

Erwartungen, Nächstenliebe, Moralvorstellungen, Selbstachtung, ästhetisches Empfinden, Selbstvertrauen, Stolz usw.), aber auch "bedrohte" konkrete Ziele (z.B. soziale Freizeitgestaltung, freundliche Gruppenatmosphäre, gemütliches Zusammensitzen und Musizieren usw.) lassen eine entsprechend störende Aggression intensiv wirken. Je wichtiger dem Erzieher diese Werte und Gefühle sind, je intensiver und belastender erlebt er entsprechende Bedrohungsreize.

Wird ein Behinderter als aggressiv bezeichnet, können eine Reihe negativer Zuschreibungen mitschwingen: "Er ist gefährlich gegen andere, ist böse, denkt nur an sich, weiß genau, daß er sich nicht so gemein verhalten soll, er kostet seinen Erfolg richtig aus" usw., - moralische Zuschreibungen, die schon bei geringen Auffälligkeiten eine intensive Aggressionserwartung und Anspannung bewirken können.

Eine enge emotionale Bindung an den Behinderten gibt dessen aggressiven Provokationen großes Gewicht. "Und früher war Veltina der Mittelpunkt der Gruppe!", schließt eine Erzieherin enttäuscht ihren Bericht über die aktuellen Fehlverhaltensweisen des Mädchens.

Hohe pädagogische Erwartungen, die Behinderte überfordern und sie aus Hilflosigkeit aggressiv werden lassen, erlebt der betroffene Erzieher als fortwährend enttäuschend. Die aggressiven Verhaltensweisen werden vor dem Hintergrund hoher Erwartungen intensiv unangenehm bewertet: "Wenn ich daran denke, daß Werner in einem Jahr die Schulpflicht beendet hat und er dann in einer Werkstatt für Behinderte zurecht kommen muß, und er in den letzten Tagen wieder so aggressiv und unruhig war, - da könnte ich gerade heulen, wenn ich daran denke. - Hat das denn alles noch Zweck?" Werners Fehlverhaltensweisen sind für die Erzieherin sehr wichtig. Sie reagiert - entsprechend belastet - und registriert überdeutlich jeden entsprechenden Hinweisreiz.

Schlimmer noch, als selbst Aggressionsopfer zu sein, erleben die Erzieher Angriffe gegen schwächere Gruppenmitbewohner. Die Anspannung ist sehr groß, wenn Karl die hilflose und körperlich sehr schwache Lore gegen eine Tischkante stößt. Auch seine Ohrfeige gegen Heinz im Rollstuhl treffen das Mitgefühl, die Fürsorge, die Verantwortung des Erziehers.

Erleben die Erzieher, daß ein Aggressor - ihrer Meinung nach - durch sein Lachen oder seine Mimik, Freude oder Spaß an seiner Aggression hat, wird sein Fehlverhalten als erheblich belastender erfahren.
Das Selbstwertgefühl der Bezugsperson ist intensiv getroffen: Karl näßte ein. Das wäre ein unangenehmes, aber ein in seiner Wohngruppe nicht außerge-

wöhnliches Problem. Daß er sich dabei breitbeinig mitten in den Aufenthaltsraum stellte, die Erzieherin anschaute und laut lachte, brachte sie in große Erregung. Die Gesamtaktion hatte für die Erzieherin hohen Aggressionswert.

Keine gefährlichen Aggressionen im Sinne körperlicher Schädigung sind Fehlverhaltensweisen, wie: "Die Erzieherin ins Gesicht spucken", oder "Willentlich das Essen über den Mittagstisch erbrechen". Sie führen bei den Bezugspersonen zu hohen Erregungsformen, die Konfrontationen mit heftigsten körperlichen Attacken nicht nachstehen: Erniedrigung, Scham und Ekel sind die emotionalen Reaktionen auf diese Angriffe gegen die eigene Würde.

f) Überzeugungen hinsichtlich des Umganges mit sich und der sozialen Umwelt wirken auf die Aggressionsbewertung: Relativ konsistente Eigenschaften einer Person, die sich unabhängig von den Erfahrungen mit aggressiven Behinderten im alltäglichen Leben zeigen, z.B. erhöhte Ängstlichkeit, soziale Verunsicherbarkeit, geringe Selbstwertzuschreibung usw.; problematische oder krankhafte psychische Zustände, z.B. Einsamkeitsprobleme, depressive Verstimmungen usw., lassen die eigene Person und die soziale Umwelt, als eher problematisch, unangenehm und belastend erscheinen.
Konfrontationen mit relativ geringen belastenden oder bedrohlichen Reizkonstellationen genügen, um schnell zu hoher Anspannung zu führen - die Reizschwelle für unangenehme Reize ist gering.

g) Fachliche Kenntnisse, Erfahrungen, intellektuelle Fähigkeiten wirken auf die Aggressionsabschätzung: Je größer die Kenntnis der Zusammenhänge, Abläufe und Wirkungen aggressiven Verhaltens, je klarer kann eine aggressive Situation eingeschätzt werden, und desto weniger scheinen persönliche Werte und Einstellungen beeinträchtigt - ausgenommen bei intensiven aggressiven Attacken.
Andererseits können unerfahrene, neue Bezugspersonen noch unvoreingenommen "natürlich" reagieren - und befinden sich noch nicht im Teufelskreis zunehmender Aggressionsbewertung.

Die vorgestellten Determinate der Aggressionsbewertung innerhalb der Aggressionssituation, wie auch in der Persönlichkeitsstruktur der betroffenen Bezugsperson, sind trotz verschiedenartiger Ausprägung als zusammenwirkend zu verstehen.

4.2.2.2.2 Die Bewältigungsabschätzung als zweiter Bewertungsvorgang

"Wie kommt es zur Reaktion auf die als aggressiv, schädigend oder belastend bewerteten Reize, bzw. Verhaltensweisen?"

Verschiedene Personen unterscheiden sich nicht nur inter- und intraindividuell in verschiedenen Situationen hinsichtlich Wahrnehmung und Bewertung von Streß - Stimuli und in der Spannung beim Erleben oder in Erwartung von Beeinträchtigungen, Bedrohungen oder Schädigungen, - sie differenzieren auch in ihren gedanklichen, gefühlsmäßigen und verhaltensmäßigen Reaktionen.

Nach oder während der Aggressionsabschätzung, sobald das Gefühl einer Spannung durch aggressive Bedrohung entsteht, werden physiologische und psychologische Prozese aktiviert, um die Aggressionssituation zu bewältigen, sie zu beenden oder ihr auszuweichen.

Bei intensivster Spannung und individueller Bereitschaft, impulsiv zu reagieren, erfolgt eine sofortige Aktion in die Umwelt hinein, bzw. auf den als Aggressor bewerteten Behinderten. Ohne Abschätzung im 2. Bewertungsvorgang, intensiv gefühlsbetont und ohne rationale Abwägung reagiert das Individuum "reflexartig".

Heftige körperliche Attacken lösen schnell körperliche Gegenaktionen aus, die als Notwehrmaßnahme Schutz und Sicherheit bringen sollen oder als Gegenaggression zu werten sind. "Als Monika mir ins Gesicht spuckte, ist mir einfach die Hand ausgerutscht. Das ging alles so schnell - und da war es leider passiert". Körperliche Kämpfe, mit beiderseitigem Einsatz aller verfügbarer Kräfte verwischen die Grenzen: Festhalten wollen, Kämpfen und Zurück-"Schlagen", sind nur schwer objektiv und subjektiv zu unterscheiden.

Im 2. gedanklichen Vorgang, der Bewältigungsabschätzung, stellt sich die Frage nach der vermuteten Effizienz, Güte und Sicherheit der eigenen Reaktionen auf die "Aggression". Nicht nur ob und wie reagiert werden sollte, auch die Vorwegnahme möglicher Konsequenzen der Umwelt, des Aggressors usw. auf die eigene Reaktion werden berücksichtigt.

a) Die Intensität des Impulses: Sämtliche Bewältigungsvorgänge sind abhängig von der Intensität der Anspannung, die aus der individuellen Aggressionsabschätzung erlebt wird. Je höher das subjektive Gefühl der Bedrängnis oder Bedrohung, je problematischer ist das individuelle Bewältigungsverhalten. Die verschiedenen Möglichkeiten der Reaktionen auf unangenehmen Streß gehen nach ihrer Angepaßtheit an die realen Erfordernisse und ihre Gefühlsbeteiligung kontinuierlich ineinander über: Das Spektrum individueller Reaktionen geht von einer gezielten Veränderung der Situation, (z.b. sinnvolle pädagogische Konsequenz) die von Emotionen mäßiger Stärke begleitet ist, aus, bis hin zu pathologischen Abwehrformen und Disorganisationen von Handlungen, bzw. völliger Handlungsunfähigkeit, begleitet von emotionaler Überwältigung, Hilflosigkeit und Angst.

"Primitive" Bewältigungsformen des Erziehers (z.B. körperlicher Angriff, Flucht, Beschimpfungen) entstehen bei hohen Bedrohungsgefühlen, wenn er bereit ist, sogar ihm wichtige Ziele (z.b. ethische Normen, pädagogische Selbstverständlichkeiten, Verantwortungsgefühle usw.) für die Bewältigung der intensiven Streß-Situation aufzugeben.

b) Ansatzpunkte gezielter Maßnahmen: Je unklarer und uneindeutiger eine gespannte Situation erscheint, je unklarer ist für den Betreuer, welche Bewältigungsstrategie angewendet werden kann und wie auf seine mögliche Reaktion wiederum reagiert werden wird: sowohl die soziale Umgebung kann strafend oder abwehrend reagieren, auch der Reagierende selbst bewertet seine Reaktionen: Selbstvorwürfe, Unsicherheiten oder Schuldgefühle können die Folge sein.

Am Beispiel einer hektischen Situation in einer Schulklasse, in der mit hoher Wahrscheinlichkeit aggressive oder provozierende Aktionen verschiedener Kinder von den Erziehern zu erwarten sind - wurde die Intensität der Aggressionsbewertung, der entsprechenden Anspannung des Schulerziehers deutlich. Dieselbe Situation erschwert der betroffenen Person, in Geduld und Überlegenheit pädagogische Maßnahmen zu finden und diese einzusetzen: die Anzahl unruhiger Kinder, die Schnelligkeit der Abläufe, die räumliche Unübersichtlichkeit usw., mögen verhindern, daß konkrete Ansatzpunkte für gezielte Reaktionen gefunden werden können.

c) Realisierbarkeit möglicher Bewältigungsformen: Verschiedene Reaktionsweisen auf die aggressive Situation werden nach ihrer möglichen effektiven Konsequenz beurteilt und entsprechend ausgewählt. Wichtig für die betroffene Bezugsperson ist, in der Lage zu sein, überhaupt etwas zu unternehmen, auch wenn die Aktion objektiv sinnlos ist.

Je eingeengter die Handlungsfähigkeit, d.h. je begrenzter die Anzahl alternativer Bewältigungsformen, je größer wird das Gefühl der Hilflosigkeit. Hilflosigkeit ist Machtlosigkeit. Aktionen reduzieren diesen Zustand und stärken das Selbstwertgefühl.

Die hohe Anzahl Behinderter pro Gruppe, die Dringlichkeit des Eingreifens, die Anspannung durch die aggressive Aktion usw., lassen dem Erzieher in den konketen Situation nur wenige Reaktionsmöglichkeiten.

Das Aggressionsopfer zu versorgen, größeren Schaden zu verhindern, die anderen Mitbewohner zu beaufsichtigen usw., lassen ruhiges Abwägen und sinnvolle pädagogische Reaktion oft nicht zu. Der Aggressor wird festgehalten, man wendet sich ihm zu, schimpft, oder läßt ihn sich aus der Situation entfernen usw., auch gegen besseres Wissen ("der freut sich doch dann, wenn er draußen auf dem Klo sich ausruhen kann!"; "über Schimpfen lacht der noch!") werden naive Reaktionsformen mit entsprechender Gefühlsbeteiligung immer wieder gezeigt; - für den Erzieher eine Flucht vor dem Gefühl der Hilflosigkeit, gar nichts tun zu können, dem Geschehen tatenlos zusehen zu müssen. Sinnloses Schimpfen, rigides Beharren auf unbedeutenden Anforderungen usw., erhalten ihren individuellen Sinn durch ihre Realisierbarkeit. Konfliktsituationen ohne Handlungsmöglichkeiten sind für den Erzieher kaum aushaltbar. Etwas "machen" zu können, verringert die "Macht"-losigkeit.

Im Verlaufe lang anhaltender, heftiger, immer wiederkehrender Konflikte erschöpfen sich meist die zur Anwendung kommenden pädagogischen Maßnahmen. Was bei "normalem aggressivem Fehlverhalten" fruchtet, hat bei den intensiven Aggressionsformen schon lange den pädagogischen Sinn verloren - oft wirkt die pädagogische Sanktion "positiv verstärkend" - und oft weiß das sogar der Ausführende.

Das Fehlen adäquater Reaktionsweisen hält das aggressive Fehlverhalten aufrecht und führt die Bezugsperson immer wieder in die Lage, in der Abschätzung der Bewältigungsformen Maßnahmen zu ergreifen die, wenn überhaupt, nur sehr kurzfristig wirken.

d) Situationale Zwänge: Soziale Normen in der aktuellen Situation können den offenen Ausdruck bestimmter Bewältigungsaktivitäten verhindern, oder zu intensiven inneren Konflikten führen. In die Bewertung möglicher Reaktionsformen auf Streß fließen Überlegungen ein, welche Handlungen sozial erlaubt oder verboten sind. Soziale Zwänge, Verbote und Gebote, Regeln und Absprachen treten in der spezifischen Streß - Situation gegen Handlungsimpulse der Erzieher.

Reaktionsweisen auf Aggressionen sind institutionell und juristisch eingeengt: Verboten sind körperliche Züchtigungen, Essenentzug usw.. Im privaten Bereich, bzw. in dessen sozialem Umfeld, wird eine "Ohrfeige" oft als normale und natürliche Konsequenz auf Aggressionen angesehen. Eine Tabuisierung dieses Themas möglicher "Übertretungen der Norm" führt zu Unsicherheit und Anspannung. Ist im Heim oder in der Schule ein Vorgesetzter anwesend, kann beim durch Aggression provozierten Erzieher zusätzlich Druck entstehen. Auch wenn er weiß, wie er sich ohne Beobachtung verhalten würde, zeigt er oft eine andere Reaktionsweise unter Beobachtung, um möglicher Kritik zu entgehen. Die Gefahr zu spüren, im Beisein anderer möglicherweise als stark emotional oder unüberlegt reagierend bewertet zu werden, lähmt mögliche effektive Handlungsstrategien.

Aggressionen "außer Haus", z.B. in der Öffentlichkeit im Cafe, im Warenhaus oder Autobus, versetzen die Erzieher oft in nicht geringe Konflikte und führen zu Hilflosigkeit und unangepaßten Reaktionsformen.
Eine Behindertengruppe von 10 Jugendlichen und 2 Betreuern ißt in einem Restaurant zu Abend. "Es klappte alles wunderbar", erklärte einer der Erzieher. "Die Jungs haben sehr anständig gegessen. Als wir fertig waren und uns unsere Mäntel anziehen wollten, lief Karl plötzlich weg an einen anderen Tisch. Dort saß eine ältere Dame und aß. Karl klaute sich einfach ein paar Pommes frites von ihrem Teller - aber da war ich schon da und hielt ihm beide Hände fest. Ich war ganz schön aufgeregt und dachte, was alles hätte passieren können. Mit der einen Hand, die das Messer hielt, versuchte er immer wieder loszukommen. Plötzlich hatte ich bemerkt, daß es die Hand der Frau war, die das Messer hielt. Von Karl hatte ich nur eine Hand ..." Wenn Karl im Eßzimmer der Gruppe aufgestanden und zum Nebentisch gelaufen wäre, hätte der Erzieher völlig anders gehandelt: er hätte der Aktion kaum Beachtung geschenkt und den Jungen zurückgerufen; des hätte genügt - seiner Erfahrung nach.
Seine Wahrnehmung und sein Handeln wurden u.a. durch hohe Aggressionserwartung "Karl wird Möbel und Personen attackieren!" - und subjektiv wahrgenommene soziale Werte in der Situation "Bloß in der Öffentlichkeit nicht auffallen!" bestimmt, - offensichtlich hatte es der Junge nur auf die Pommes frites abgesehen.

e) Individuelle Werte, Überzeugungen und moralische Normen wirken auf die Bewältigungsabschätzung: Soziale Zwänge und deren subjektive Bewertung reichen allein nicht aus, um eine Reaktionstendenz zu unterbinden - man könnte sich über sie hinwegsetzen, - innere Werte und Normen können dem Bewältigungsverhalten entgegenstehen und es verbieten.

Besondere moralische oder religiöse Einstellungen: "Ich darf nicht aggressiv sein!", "Aggressionen sind böse!", "Wut ist unmoralisch!", "Nächstenliebe heißt, man muß sich zurücknehmen!", "Man soll das Gute im Behinderten sehen, nicht das Negative!", "Ich muß mich beherrschen!", usw., können angesichts ständiger Aggressionen die Grenzen des Selbst, den Bereich eigener lebensnotwendiger Interessen und Werte erheblich zurückdrängen. Geduld mit dem Behinderten kann sich zur Duldung seines aggressiven Fehlverhaltens dehnen.

Rücksicht auf die problematischen Kommunikationsformen aggressiver Jugendlicher kann zur Rücknahme pädagogisch sinnvoller Grenzen führen; fortwährendes Nachgeben in Spannungssituationen kann ein Aufgeben pädagogischer Zielsetzungen sein.

Überzeugungen von sich selbst, Normen über (gegen) sich selbst: "Ich muß es alleine schaffen", "Ich darf keine Fehler machen", "Ich darf nicht schwach erscheinen!", schränken das Repertoire möglicher Reaktionsformen ein, und lassen den Betroffenen nur schwer oder recht spät Hilfe annehmen. Auch Scham, eigenes Versagen feststellen zu müssen; oder Angst, die Fassung verlieren zu können, hindern den Erzieher, sich Hilfe zuzugestehen. Schon das Eingeständnis des Erlebens von Belastungen kommt offensichtlich einem Geständnis von Schwäche gleich.

f) Psychische Eigenschaften: Eigenschaften, die sich in aktuellen Belastungssituationen zeigen - aber unabhängig davon schon vor diesen Situationen als relativ konsistente Persönlichkeitsmerkmale angesehen werden können - beeinflussen die individuellen Reaktionsweisen auf Streßreize. Impulsive Personen können in entsprechenden Situationen reagieren, ohne sich durch eine Bewertung der Konsequenzen dieser Reaktionen zu hindern. Bezugspersonen, die im Alltag Gelassenheit, Ruhe, emotionale Stabilität und Ausgeglichenheit ausstrahlen, können in Belastungssituationen eher standfest erscheinen und vernunftgelenkt handeln; ihre Reaktionsweisen werden eher gleichbleibend sein. Unsichere, ängstliche, nervöse, problembelastete Personen werden in Aggressionssituationen eher weniger überlegen und überlegt reagieren.

Streßreaktionen: Problematische Erzieherverhalten als Bewältigungsversuch

In den individuellen Bewertungsvorgang über die Auswahl einer geeigneten Reaktionsform fließen die Erfahrungen ein, die sich mit verschiedenen Verhaltensweisen in Belastungssituationen herausgebildet haben. Individuelle Überzeugungen darüber, wie effektiv oder ineffektiv, wie entlastend oder belastend eigene Bewältigungsstrategien im 3. Bewertungsvorgang in der Vergangenheit bewertet wurden, sind Grundlagen aktueller Reaktionsweisen auf Aggressionen.

Ständige Konfrontationen erschöpfen schnell das Repertoire normaler pädagogischer Reaktionen: die Kenntnisse über Umgang mit Aggressionen aus der Erzieherausbildung reichen nicht aus, mit den beschriebenen intensiven Aggressionsformen adäquat umgehen zu können. Die Erfahrung, den Erfordernissen der konkreten Problemsituation mit eigenen Kenntnissen und Fähigkeiten nicht oder nur ungenügend gewachsen zu sein, erhöht die Zweifel an der eigenen Kompetenz, erhöht Unsicherheit und Ratlosigkeit.

Problematische Verhaltensweisen der Bezugspersonen auf konkretes oder vermutetes aggressives Geschehen lassen sich grob zusammenfassen:
a) Kognitive Umbewertungen
b) Direkte Aktionen und Aktionstendenzen
c) Aktionslosigkeit

Wir wollen hier auf eine weitere Differenzierung (siehe LAZARUS, 1978) in unserem Zusammenhang der Übersichtlichkeit halber verzichten.

a) Kognitive Umbewertungen
Kognitive Umbewertungen der akuten Aggressionssituation sind rein gedankliche Manöver, die direkt die Bedrohungsbewertung verändern. Ihnen folgt keine motorische Aktion in die reale Situation hinein.
Abwehrende Neubewertungen von Streßsituationen sind alltäglich und natürlich. Sie erhalten in häufigen und aggressiven Auseinandersetzungen ihren Wert, in dem sie lange Zeit die psychische Kraft der Bezugspersonen und ihre Handlungsfähigkeit aufrechterhalten.

Kognitive Umbewertungen beziehen sich auf die äußeren Reize einer Situation. Sie sind gedankliche Reaktionen auf eine hohe Aggressionsbewertung, wenn keine direkten Aktionen möglich oder zugelassen sind. Sie verändern den ersten Bewertungsvorgang, die Aggressionsabschätzung: Reize, die als bedrohlich oder schädigend kennengelernt wurden, verlieren durch die abwehrende Neubewertung ihre negative Komponente. Das Individuum betrügt sich hinsichtlich der Einschätzung der objektiven Situation.
Diese Bewertungsprozesse bedienen sich verschiedener Abwehrmechanismen, z.B. Verleugnen: hier wird die Realität einer Situation schlichtweg abgeleugnet. Der Erzieher erlebt und verhält sich so, als gäbe es für ihn die aggressive Situation oder entsprechende Hinweisreize gar nicht; Vermeiden: Streßreize oder Streßsituationen werden aktiv gemieden, die Wahrnehmung wird umgeleitet an bestimmten gefährlichen Reizen vorbei; Verdrängen: angst- oder spannungsauslösende Ereignisse oder Hinweisreize werden "ver-

gessen", wirken aber offensichtlich unter der Ebene des Bewußseins nach.

Ob eine defensive Neubewertung äußerer Reize oder die Abwehr innerer Prozesse erfolgreich ist, zeigt sich am Fehlen unangenehmer Emotionen: Erfolgreich sein heißt, daß die Bedrohung oder die intensiven "negativen" Gefühle daraus völlig eliminiert wurden. Abwehrmechanismen erfordern Energie: "Ich bin abends so müde, daß ich nicht einmal mehr fernsehen kann. Dabei gab es überhaupt nichts Aufregendes". - Eine Abwehr ist erst dann zu erkennen, wenn sie nicht mehr erfolgreich ist. Ineffektive Abwehrmaßnahmen können zu anhaltender Anspannung und entsprechenden psychischen oder körperlichen Erkrankungen führen. Ein Zusammenbruch der Abwehr, das Erleben intensiver Gefühle, kann das Individuum schließlich nötigen, Unterstützung zu suchen - oder sein seelischer oder körperlicher Zustand, seine Veränderung in der Beziehung zu Kollegen, zu den Behinderten, sein problematisches Arbeitsverhalten usw., machen es offensichtlich, daß er dringend Hilfe bedarf.

b) Direkte Aktionen oder Aktionstendenzen
Direkte Aktionen oder Aktionstendenzen haben das Ziel, die erwartete oder akute Konfrontation abzuwehren, sie zu schwächen oder ihr auszuweichen. Sie zeigen sich im motorischen Verhalten oder tauchen, nach einem Verbot in der Bewältigungsabschätzung, als gehemmte Tendenzen nur noch in Phantasien, Träumen oder Wunschvorstellungen auf.
Gefühlsreaktionen gehen zum Teil mit direkten Aktionen, bzw. mit gehemmten Aktionstendenzen einher oder treten ohne sie auf. Gefühle können dem Individuum bewußt sein oder abgewehrt werden.
Reaktionen, in denen die Bezugsperson versucht, die eigenen Position zu behaupten:
Schimpfen, Strafen, Festhalten, ganz nah neben sich setzen, vor die Tür oder in die Ecke schicken, rigide auf pädagogischen Anforderungen beharren, besonders strenge Forderungen stellen, nicht aus den Augen lassen usw.
Diese Aktionen können begleitet sein von Ärger, Wut, Verzweiflung, Zorn und hoher Anspannung.
Reaktionen, in denen die Bezugspersonen versuchen, realen oder möglichen aggressiven Situationen auszuweichen:
Vermeiden bestimmter Anforderungen, Rücknahme von Aufforderungen in Konfliktsituationen, Nachgeben, Dulden, sich ignorierend abwenden, den Aggressor ins Bett schicken, klagend auf Abhilfe warten, sich zurückziehen, auf emotionale Distanz gehen, fliehen, sich enttäuscht abwenden, sich vermehrt um andere Kinder kümmern, fortwährend auf aggressive Hinweisreize achten, beruhigende Medikamente fordern, sichernde technische Hilfsmittel

oder Gruppenwechsel des Aggressors verlangen, einen Wechsel des Arbeitsplatzes anzustreben, sind von Gefühlen der Furcht, Vorsicht, Trauer, Enttäuschung, Resignation usw. begleitet.

Reaktion bewußt positiver Zuwendung in oder nach aggressivem Fehlverhalten, z.B. in den Arm nehmen, erklären, gut zureden, streicheln, gemeinsam den Schaden wieder gut machen usw., wirken bei immer wiederkehrenden provozierenden Aggressionen meist belohnend auf den Aggressor. Die Reaktionen des Erziehers sind begleitet von Anspannung.
Gehemmte Aktionstendenzen können in Gesprächen erschlossen werden. Die Schilderungen sind meist begleitet von intensiven Gefühlen des Ärgers, der Wut und Enttäuschung. Moralische Werte oder soziale Zwänge lassen eine direkte Aktion nicht zu, Wünsche und Phantasien ersetzen Handlungen und bauen Spannung ab.

c) Aktionslosigkeit
In der akuten Situation zeichnet sich Aktionslosigkeit durch völlige Abwesenheit irgendeiner Aktionstendenz aus. Sie entsteht in Situationen, die dem Individuum überhaupt keine Hoffnung auf Veränderung der Situation lassen und in denen auch kognitive Umbewertungen keine Entlastungen bringen.
"Ich bin richtig wütend auf sie. Auf sie ganz persönlich, weil sie mich so voll in Anspruch nimmt, und ich nichts dagegen machen kann. Da darf ich nicht einmal ein anderes Kind anschauen - schon schlägt sie sich wie verrückt. Sie will, daß ich mich nur noch nach ihr richte".

4.2.2.2.3 Die Wirkungsabschätzung als 3. Bewertungsvorgang

Wurde die Wirkung des problematischen Erzieherverhaltens auf den aggressiven Behinderten im Kapitel "Wirkung von Aggressionen" näher betrachtet, steht hier die Frage an, wie die Reaktionsweisen der Bezugspersonen von diesen selbst bewertet werden - und welche langfristigen Effekte sich einstellen.

Direkte Aktionen, Aktionstendenzen und Aktionslosigkeit unterliegen der 3. Bewertung, kognitive Umbewertungen erreichen diese Wirkungsabschätzung nicht.
Handeln ist Geschehen: auch "Aktionslosigkeit" ist Handeln. Es gibt kein Nicht-Reagieren, - auch wenn die Bezugsperson sich so verhält, als wäre nichts geschehen.

Auch beim "Ignorieren" handelt sie: sie kann die Situation und Interaktion weder sich noch dem aggressiven Jugendlichen entziehen. Wurden im 2. Bewertungsvorgang soziale und eigene Vorstellungen über mögliches Handeln abgewogen, liegt nun konkretes Tun oder konkretes Verhalten zur eigenen und fremden Beurteilung offen; durch Handeln gibt man sich zu erkennen. Konsequenzen der Umwelt daraufhin werden wahrgenommen oder erwartet, - begleitende Gedanken und Gefühle werden als angenehm oder unangenehm erlebt. Das Resultat der 3. Bewertung ist eine positive oder negative Selbstbeurteilung, die zu entsprechenden Gefühlen und Erwartungen führt.

In den 3. Bewertungsvorgang können situative und subjektive Faktoren einfließen:

a) Reaktionen des Aggressors und der sozialen Umwelt
Zeigt der Aggressor keine adäquate Reaktion auf erzieherisches Handeln, läßt sein Fehlverhalten, z.B. autoaggressives Schlagen, provozierendes Kneifen usw. nicht nach, oder zeigt er sogar Reaktionen, die als Belustigung über die Erzieherreaktion interpretiert werden, wertet der Erzieher sein eigenes Verhalten negativ, - vor allem, wenn ein als kompetent angesehener Kollege dieses Verhalten belächelt oder kritisiert. Eigenes Verhalten wird verurteilt, - die eigene Handlungskompetenz stark angezweifelt.

b) Handlungsziel
Das Hauptziel problematischen Erzieherverhaltens als Reaktion auf Streß scheint im Moment akuter Aggression zu sein:
Sicherheit durch Stillstand der Ereignisse.
Muß der Erzieher feststellen, daß er durch sein Verhalten die Aggression nicht beenden konnte, entsteht hohe Spannung und Hilflosigkeit.
Das Verhindern von Störungen oder Zerstörungen, das Aufhalten von Unruhe und aggressiver Aktivität sind situative und kurzfristige Notbefehle - weit entfernt von stiller Entspannung, konstruktiver Ruhe oder motivierter Anspannung gemeinsamer pädagogischer Gruppenaktivitäten.
Vor diesen Ansprüchen konstruktiver erzieherischer Arbeit "Ruhe", "Aufmerksamkeit", "Entspannung" scheint der Erzieher die Effektivität seiner problematischen Verhaltensweisen im Nachhinein zu messen: fortwährend mangelhafte oder ungenügende Selbstbeurteilungen sind die Folge.

c) Überzeugungen von sich selbst, Werte und Anschauungen
Entsprechend ihrer unkritischen Überzeugungen von sich, können Bezugspersonen ihr problematisches Verhalten als richtig und angemessen bewerten: in

folgenden Situationen werden sie entsprechend ähnlich reagieren; ihr Selbstbild bleibt unbelastet (objektiv problematische Erzieherreaktionen).

In der Mehrzahl der Fälle stehen andere Überzeugungen an: bei selbstunsicheren oder in der Situation überforderten Personen herrscht in der Konfliktsituation die Selbsteinschätzung vor, man sei dem Konflikt nicht gewachsen. Die uneffektive Erzieherreaktion verstärkt im Nachhinein wieder einmal die sich fortwährend selbst erfüllende Prophezeiung: "Ich schaffe es nicht und werde es nicht schaffen ...". "Ich konnte mich nicht mehr beherrschen, da habe ich ihn einfach angebrüllt ...".
Vor eigenen Normen werden diese Verhaltensweisen intensiv negativ bewertet - Selbstzweifel und Verunsicherungen erhöhen die Anspannung im täglichen Umgang mit dem "Aggressor".

d) Körperliche und psychische Befindlichkeit nach der Handlung
Eine intensive Anspannung im Verlauf und eine körperliche Erschöpfung nach einer aggressiven Auseinandersetzung wird deutlich negativ erlebt. Sie engt die Wahrnehmung ein und läßt positive Elemente der Situation oder eigenen Verhaltens außer Acht.
Auch wenn Anspannung und Erschöpfung nicht lange anhalten, ist dieses negative Erlebnis, vor allem wenn es wiederholt auftritt, ein bedeutender Teil des negativen Bildes, das der Aggressor beim Erzieher hinterläßt, - über sich und über ihn ...

Entspannung als Resultat erzieherischer Aktionen in, bzw. nach aggressiven Situationen ist angenehm. Geht sie zulasten des erzieherischen Auftrages (z.B. durch fortwährendes Zurücknehmen von Anforderungen in Konflikten) war das Erzieherverhalten objektiv problematisch.

e) Frühere Erfahrungen mit ähnlichen Reaktionsweisen
"Es hat doch alles keinen Zweck, wir haben doch schon alles probiert, es hilft doch nichts mehr ..."
Es stellt sich eine paradoxe Situation dar: obwohl das problematische Erzieherverhalten nach der Ausführung vom Erzieher negativ bewertet wurde, wird es in den folgenden Aggressionssituationen immer wieder gezeigt, z.B. Schimpfen; auf den Aggressor einreden; Festhalten usw.
Die Mechanismen der positiven und negativen Verstärkung halten diese Reaktionsformen in den akuten Konfliktsituationen aufrecht, - Rückmeldungen über die langfristige Ineffektivität eigenen Tuns intensivieren Gefühle der Sinnlosigkeit, Hilflosigkeit und Resignation.

"Direkte Aktionen "als problematisches Erzieherverhalten in der 3. Bewertung
Direkte Aktionen, in denen die Bezugspersonen versuchen, die eigene Position zu behaupten (z.b. durch Schimpfen, Schreien usw.) haben als pädagogische Konsequenzen auf die beschriebenen intensiven Aggressionsformen oft ihren Sinn oder ihre Nützlichkeit verloren.
Die bei den Bezugspersonen abgelaufenen Bewertungsprozesse ergaben offenbar eine hohe subjektive Aggressionsbewertung mit entsprechend intensivem Impuls in die Reaktionsabschätzung hinein.
Diese ließ keine Alternativen zu: die ausgeführten Aktionen konnten das ablaufende oder sich ankündigende aggressive Geschehen stoppen oder vermindern und führten beim Betreuer zu deutlicher momentaner Minderung von Spannung und Machtlosigkeit. Die angewandten problematischen Verhaltensweisen werden damit in Zukunft erneut ausgeführt werden.
Als "Zuwendung" oder "Ablehnung" können sie wiederum beim Aggressor positiv wirken oder - als negative Wirkung - Ursache erneuten aggressiven Verhaltens sein.

"Ausweichende Reaktionen" als problematische Erzieherreaktion in der 3. Bewertung
Der kurzfristige Effekt verminderter Anspannung durch Vermeiden möglicher Konfrontation (z.B. in Anforderungssituationen), oder "Flucht" vor akuten Aggressionen (z.B. als "Ignorieren", d. h. durch einen "Totstellreflex") kann langfristig - vor den eigenen Ansprüchen oder denen der Kollegen - zu negativer Selbstbewertung mit entsprechend negativen Gefühlen führen. Diese Erfahrung kann über die Stimuli der Situation (Räumlichkeit, spezifische Begebenheiten usw.) auch auf den "Aggressor" generalisieren.
In die neuerliche Aggressionsbewertung fließen diese langfristigen Erfahrungen ein und können früher unbedeutende Reize zu Aggressions-Hinweisreizen umfunktionieren.
Ein entsprechend vorsichtiger und eher gewährenlassender Umgang mit dem "Aggressor" lassen den Geistigbehinderten weiterhin Erfolge seiner aggressiven Verhaltensweisen, bzw. schon deren Ankündigungen erfahren. Erfahrungen verminderter Zuwendung, größerer Distanz und sich auflösender pädagogischer und sozialer Grenzen erhöhen die Auftrittswahrscheinlichkeit erneuter Aggressionen.

Das durch die institutionellen, sozialen, situativen und individuellen Faktoren bedingte problematische Streßverhalten läuft ab wie in einem Teufelskreis - immer wieder erscheint es als gleiches Problemverhalten: Schnelle und heftige Reaktionen lassen eine anhaltend niedrige Reizschwelle und ständig erhöhte

Erregbarkeit des Erziehers erkennen. In sich häufig wiederholenden, subjektiv als bedrohlich empfundenen Situationen und bei anhaltendem Mangel effektiverer Handlungsalternativen, wiederholt sich das durch kurzfristige Entspannung, Entlastung oder Beruhigung positiv oder negativ verstärkte problematische Erzieherverhalten, das auf Dauer mehr und mehr Kraft kostet. In gegenseitiger Interaktion mit dem "Aggressor" stellt es sich nur für diesen als "effektiv" dar - leider langfristig zu einem hohen Preis: Abwendung und Distanz der Bezugsperson.

"Aktionslosigkeit" als problematisches Erzieherverhalten in der 3. Bewertung
Die Streßreaktion "Aktionslosigkeit" als Ausdruck momentaner Hilflosigkeit und des Erschreckens läßt die Reiz-Reaktions-Kette offen: die Bezugsperson erfährt über sich - subjektiv - keine relevante Handlung; obwohl sie sich objektiv irgendwie verhält. Meist zeigt sie sehr deutlich in Mimik und Körperhaltung was in ihr vorgeht: Ärger, Angst, Erschrecken ...
Die aggressive Aktion des Behinderten bewirkte einen intensiven Impuls in der 1. Bewertung. Die Bewältigungsabschätzung ließ kein Handeln zu, bzw. fand kein adäquates Reaktionsmuster. Die entstandene hohe Anspannung hält über die Aggressionssituation hinaus an.

Wiederholen sich Situationen intensiver negativer Gefühle, und bieten sich in der Zwischenzeit keine alternativen Handlungsmöglichkeiten, wächst die Wahrscheinlichkeit direkter, unbeherrschter und fachlich bedenklicher Reaktionen: schon geringe Hinweisreize können in späteren Situationen zu intensiver Aggressionsbewertung führen und ohne Abwägung im 2. Bewertungsvorgang als impulsive Reaktionen sich entladen. Oder: Die anhaltende hohe Anspannung nach Erlebnissen der "Aktionslosigkeit" nimmt über die folgenden, ähnlich ablaufenden Aggressions-Streß-Situationen mehr und mehr zu. Es wachsen Unsicherheit, Resignation, negative Selbstbewertungen und ANGST: Angst vor dem Gefühl der Aktions- und Hilflosigkeit, Angst vor schmerzenden Gefühlen der Erniedrigung und Sinnlosigkeit, Angst vor der Scham eigener Aggressionswünsche. Anhaltender und immer wiederkehrender Aggressionsstreß stört den individuellen psychischen und physischen Funktionsmechanismus deutlich. Körperliche und seelische Störungen, Beeinträchtigungen oder Erkrankungen können Folgen sein.
Zwänge können zwar inneren Aufruf intensiver Gefühle bezwingen. Rigides Verhalten und irrationale Strenge sind deren konkrete Konsequenzen.
Abwehrmechanismen versuchen, das psychische Gleichgewicht aufrecht zu erhalten und "das Gefühl der Angst nicht ins Bewußtsein dringen zu lassen" (Zitat: LEVITT, 1971, S. 35).

Anders als die "kognitiven Umwertungen" des zweiten Bewertungsvorganges, die bedrohliche Außenreize innerhalb einer Aggressionssituation verdrängen oder verleugnen, versuchen die folgenden Abwehrmechanismen nach Entstehung von Angst - als eine, die immer wiederkehrende Hilflosigkeit begleitende Empfindung, - innere Impulse abzuwehren, sie zu verdrängen oder zu leugnen.

In der Projektion wird nicht die eigene Aggressivität auf das behinderte Kind bewußt, sondern der Geistigbehinderte wird durchgehend als aggressiv und böse wahrgenommen und die emotionale Bindung zu ihm mehr und mehr zerstört. Kann die Erkenntnis eigener Fehler nicht zugelassen werden, z.B. aus Angst vor Schädigung des Selbstbildes und des Selbstwertes, wird ein "Sündenbock" gesucht: die Schuld für auftretende Aggressionen des Behinderten und der unzulängliche Umgang damit, wird beim Kollegen, bei den Eltern usw. gesucht.

Reaktionsbildung unterdrückt eigene feindselige Impulse und nötigt, eine völlig entgegengesetzte Haltung einzunehmen: der Erzieher "empfindet Zuneigung, Liebe oder ein Anschlußbedürfnis, kurz angenehme Gefühle an Stelle der Feindseligkeit" (LEVITT, 1971, S. 47). Furcht vor neuen Attacken und ausgeprägte innere Werte lassen in Zukunft andere Bewältigungsformen nicht zu - intensive "positive" Zuwendung verhindert Gewissensbisse oder Schuldgefühle.

4.2.3 Die Interaktion von Aggression und Streß

Die Erklärungshypothesen zum aggressiven Fehlverhalten und die Bedingungsanalysen des problematischen Erzieherverhaltens sind spekulativ und unvollständig. Im individuellen Fall, in der spezifischen Beziehung und in der konkreten Situation bedürfen sie der kritischen Überprüfung - um konkrete Ansatzpunkte therapeutischer Veränderungen beim Behinderten und seiner Bezugsperson anzubieten.

Diese Erklärungshypothesen erhalten ihren Sinn erst im gegenseitigen Bezug aufeinander, - in der Analyse der spezifischen Wechselwirkungen von Bedingungen des Erzieherverhaltens mit den Bedingungen des Verhaltens des Behinderten und umgekehrt.
Der relativen Zwangsläufigkeit des problematischen Erzieherverhaltens kann eine relative Zwangsläufigkeit des Erlebens und Befindens des Aggressors gegenüberstehen, beide als Teufelskreise in sich geschlossen durch die be-

schriebenen inneren und äußeren Bedingungen und die Effekte der Lerngeschichte.

Ein Bild aus der Mechanik: Wie zwei ineinander verschränkte Zahnräder halten sich die Bedingungsgefüge der Aktionen und Reaktionen von Erziehern und Behinderten in Bewegung, Berührungspunkte sind ihre Signale und ihre Wirkungen.

Verlassen wir ein wenig die Betrachtung der Bedingungen, bzw. der Determinanten von Aggression und Streß, und wenden wir uns nun mehr der Wechselwirkung dieser Bedingungen zu.
LAZARUS et al. (1978) betonte für die Analyse von psychologischem Streß die Transaktion, als eine Beschreibung von sich wechselseitig bedingenden Prozessen.
HEINRICH (1978) kritisierte das relativ statische Streßmodell von LAZARUS (1966), und forderte die Einbeziehung eines größeren zeitlichen Rahmens bei der Analyse aktuellen Streßgeschehens.
Eine derartige Ausweitung des zeitlichen Spektrums bei der Betrachtung von Interaktionsprozessen vor aktuellem Streßgeschehen, und den Konsequenzen nach einem erlebten Streßzustand, beinhaltet die Frage nach Entstehung und Veränderung der beteiligten Determinanten. Ebenso können wir die Funktionsmodelle aggressiven Verhaltens in einem größeren zeitlichen Rahmen betrachten und auch hier die Wechselwirkungen bei Entstehung und möglichen Veränderungen im Interaktionsprozeß mit Streßerleben und Streßverhalten betonen.

Die folgende Abbildung stellt zwei, aus einem kontinuierlichen Zeitablauf ausgeschnittene, sich folgende Situationen (IV und V) dar. Sie soll die - stark vereinfachten - möglichen Wechselwirkungen bei Entstehung und Ausführung aggressiven Verhaltens eines Behinderten mit dem Ablauf von Streß und problematischem Verhalten eines Erziehers verdeutlichen und die damit einhergehende Veränderung, der das Streßerleben und Aggressionsverhalten bedingenden inneren und äußeren Faktoren aufzeigen.

Erzieher und Behinderter erleben eine Situation gemeinsam, aus der wir Abschnitt IV und Abschnitt V genauer betrachten wollen. Als "Umwelt" bezeichnen wir alle Begebenheiten, Dinge und Personen außerhalb von Erzieher und Behindertem. In jedem Situationsabschnitt können innere und äußere Reize zu Veränderungen der Bewertungsprozesse führen. Die jeweiligen Prozesse beim Erzieher ("Aggressionsabschätzung", "Bewältigungsabschätzung", "Wirkungsabschätzung") und beim Behinderten ("Stimulusbeurteilung", "Handlungsauswahl", "Effektbeurteilung") sind als Felder (erste und zweite und dritte Bewertung) dargestellt, auf die die jeweiligen Bedingungen wirken (z.B. individuelle psychische oder organismische Determinanten, Bedingungen der Umwelt, Wahrnehmung des Verhaltens des Interaktionspartners usw.).

Die Interaktion zwischen Erzieher und Behindertem ist durch Pfeile gekennzeichnet, ebenso Reize oder Wahrnehmungen aus der Umwelt, bzw. der jeweiligen "Innenwelt".

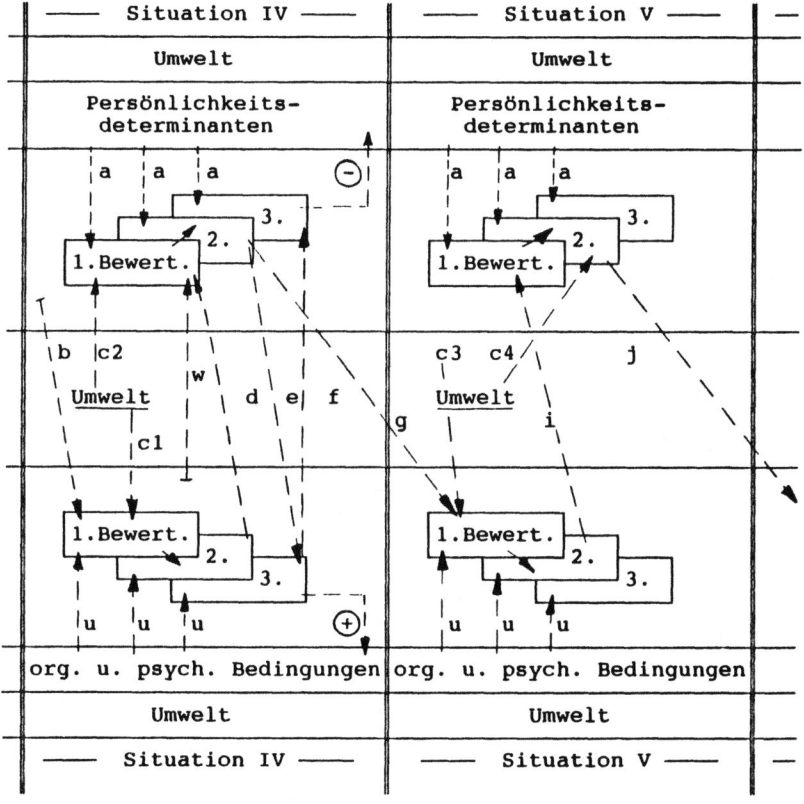

Abb. 2: Funktionsmodell des Zusammenwirkens von Aggression und Streß

a = individuelle Determinanten des Erziehers (z.B. Befindlichkeit, Ziele)

b = Signale des Erziehers zum Behinderten (z.B. Aufforderungen)

u = individuelle Determinanten des Behinderten (z.B. Lernerfahrungen) wirken auf dessen drei Bewertungsvorgänge

w = Signale des Behinderten zum Erzieher (z.B. Blickkontakt)

c = verschiedene Stimuli aus der Umwelt (z.B. Lärm)
Aggressives Verhalten mittel bis schwer geistig Behinderter kann, verglichen mit Aggressionsformen nicht behinderter Kinder und Jugendlicher vielleicht als dessen kleinkindgemäße Ausdrucksform interpretiert werden.

Möglicher Interaktionsablauf:
c1 und b und u treffen die Stimulusbewertung des Behinderten. Ein Impuls kann in dessen Handlungsauswahl zu einer Entscheidung für aggressive Verhalten führen.

d = Verhalten, daß als Auto-, Fremd- oder Sachaggression vom Erzieher wahrgenommen und neben individueller Determinanten (a) und Situationscharakteristika (c2) in der Aggressionsbewertung als stressend bewertet wird.

e = Der Erzieher kann mit einem problematischen Verhalten reagieren, das wiederum vom Behinderten in dessen Effektbeurteilung als "angenehm" bewertet wird. Seine Aggression war erfolgreich und wurde durch die Erzieherreaktion positiv oder negativ verstärkt. Diese Erfahrung verändert seine psychischen Bedingungen (Lernen).

f = Signale des Behinderten über den Effekt des Erzieherverhaltens (Befriedigung, Entspannung, Lachen) können rückwirkend in der Wirkungsbewertung dieses Erziehers zu negativer Beurteilung seines Handelns, zu Veränderungen seines Selbstbildes führen und als entsprechende negative Erfahrung in die künftigen Interaktionen mit diesem Behinderten eingehen.

g = erhöhte Ängstlichkeit oder Unsicherheit des Erzieherskönnten als Signale in einer folgenden Situation V in die Stimulusbewertung des Behinderten fließen und zu erneuten Aggressionshandlungen führen.

i = Der Erzieher nimmt erneut Aggressionsreize wahr.

Einschließlich Umweltvariablen (c4) und Persönlichkeitseigenschaften (a) bewertet er die Situation so, daß er sich erneut problematisch verhält (z.b. seine Mimik zeigt Zeichen von Betroffenheit).

j = Seine Signale können in der folgenden Situation erneut aggressives Verhalten provozieren usw.

Ein Beispiel:

Situation IV und Situation V sind zwei aufeinanderfolgende Momente während einer Essenssituation in einer Wohngruppe. Wir wollen sie wie Bilder eines verlangsamten Filmes im einzelnen betrachten.
Eine Erzieherin, Frau P., sitzt am Tisch in der Nähe von Max. Obwohl die anderen am Tisch eine nicht unbedeutende Rolle für Max spielen können (Lärm, Interaktionen untereinander oder mit dem Erzieher), müssen wir die Komplexität auf die Interaktion dieser beiden Personen, Frau P. und Max, konzentrieren. Betrachten wir einen Situationsausschnitt genauer: Max ist übergewichtig und hat nach Verzehr seiner Hauptmahlzeit noch Appetit. Er sieht das Nachtischschüsselchen vor sich auf dem Tisch, gefüllt mit Schokoladenpudding (c1), den er sehr gern ißt. Auf seinen Versuch hin, die Schüssel sofort leer zu essen, reagiert die Erzieherin mit der Ermahnung (b), langsam zu essen.
Für Max bewirkt die hohe Erwartung und seine geringe Frustrationstoleranz (u) einen intensiven Impuls, handeln zu wollen. In der zweiten Bewertung wählt er ein aggressives Verhalten als offensichtlich Nützlichstes aus, und kneift die Erzieherin in den Arm (d), die den Schmerz als deutliches Streßsignal wahrnimmt. Bei ihr folgt hohe Spannung - sie kennt Max, und hat in der Vergangenheit oft körperliche Kämpfe mit ihm erlebt (Erinnerungen).
Als individuelle Bedingungen gehen sie in den ersten und zweiten Bewertungsvorgang ein (a). Ihre Bewältigungsbewertung läßt nur zu, daß sie ihre Anforderung aufgibt und dem Jungen den Nachtisch zuschiebt "Da iß ihn, und laß mich in Ruhe", und deutliche Signale der Unsicherheit sendet (e).
Für Max hat sich die Aggression gelohnt, die positive Wirkung (+), wird als Lernerfahrung gespeichert. Für die Erzieherin war das Aufgeben eines Erziehungsziels auf Maxens Aggression hin und dessen lächelndes Gesicht (f), eine deutlich unangenehme Erfahrung (-), die das Verhältnis zu Max in den folgenden Tischmomenten deutlich veerspannt.
Ihre Signale der Unsicherheit (g), wirken in den nächsten Situationsausschnitt hinein. Max sieht noch Reste vom Schokoladenpudding in der Schüssel, die die Erzieherin nun seinem Tischnachbarn Peter zuschiebt - er habe so gut und lieb

gegessen. Dieses Signal (c3) frustriert Max erneut, zumal er auf Peter seit langem eifersüchtig ist. Max schlägt Peter und seine Handlung ist erneut deutliches Streßsignal für Frau P. (i). Für sie wird die Situation mit Max immer belastender, sie fühlt sich ihm nicht mehr gewachsen, zumal der Kollege schon ärgerlich fragt, warum sie denn nichts tue (c4). "Max, geh jetzt sofort in dein Zimmer", ruft sie, weiterhin verunsichert und verärgert, und rückt mit ihrem Stuhl zurück, um möglichen neuen aggressiven Aktionen zu entgehen (j). Max spürt deutlich die Furcht der Erzieherin. Er geht hinaus, wirft dabei noch einen Stuhl um und knallt die Tür.

Ohne Max als den "Schuldigen" darstellen zu wollen, zeigt die skizzierte Situation die enge Verzahnung der Interaktionen von Frau P. und Max. Verhalten und Erleben beider Interaktionspartner bedingen sich zum Teil gegenseitig, spezifische Reize wirken in folgende Situationsausschnitte hinein, negative und/oder positive Lerneffekte überdauern die aktuelle Situation und verändern innere und äußere Determinanten.

Offensichtlich wurde, daß aggressives Fehlverhalten nicht isoliert betrachtet, interpretiert oder therapeutisch angegangen werden sollte. Selbst eine Interaktion von Fehlverhalten und problematischer Erzieherreaktion kann nur Ausschnitt einer komplexeren, sich wechselseitig gestaltenden Interaktionsstörung sein: Verspannt, unnatürlich oder krank ist die Beziehung zwischen dem Behinderten und seiner Bezugsperson, wenn massive Aggressionsformen und/ oder häufiges problematisches Erzieherverhalten als dessen Symptome sichtbar werden.

Mannigfaltige physische und psychische Faktoren bei beiden prägen dieses dynamische Verhältnis, daß sich, eingebettet im jeweiligen sozialen System der Wohngruppe oder Schulklasse mit den räumlichen, zeitlichen, personalen und institutionellen Bedingungen immer weiter entwickelt.

5. Therapeutische Interventionen zur Veränderung von Aggressions - Streß - Interaktionen

5.1 Therapieplanung

Aggressionen und Streß aus Ausdruck oder Bestandteil problematischer Beziehungen und Interaktionen bedürfen einer Therapieplanung, die ihre Interventionen über die Behandlung eines einzelnen Symptomträgers (aggressiver Jugendlicher oder gestreßte Bezugsperson) hinaus darauf richtet, die Bezie-

hung der Interaktionspartner innerhalb ihres sozialen und objektiven Kontextes zu kurieren.
Nicht nur, daß die angestrebten einzelnen Therapieschritte zum Endziel "Integration" mehr oder weniger voneinander abhängig erscheinen; die Veränderung spezifischer Bedingungen oder Wirkungen führt mittelbar oder unmittelbar zu Veränderungen des gesamten Komplexes von Interaktionen oder Beziehungen im System "Wohngruppe", "Schulklasse" oder "Mitarbeiterteam".

Abgeleitet von der Hierarchie der Therapieziele ergeben sich folgende Interventionsnotwendigkeiten:

a) Bezüglich des Behinderten:
Technische und organisatorische Schutz- und Sicherheitsmaßnahmen verhüten weitere Selbst-, Sach- und Fremdaggressionen.
Verhaltenstherapeutische Interventionen im weitesten Sinne können Intensität und Häufigkeit massiver Agressionen abbauen, sozial akzeptable Verhaltensweisen auf- oder ausbauen und die Frustrationstoleranz erhöhen.
Medizinische Maßnahmen gehen schmerzende oder beunruhigende innere Reize oder Zustände an.
Veränderungen des Erzieherverhaltens verhindern weitere Verstärkung aggressiven Verhaltens und schenken mehr positive Zuwendung.
Stabilisierung oder Änderung objektiver Bedingungen, wie räumliche, zeitliche oder personelle Gegebenheiten, erhöhen Sicherheit und Entspannung.
Überprüfung des pädagogischen Förderprogramms verringert Über- und Unterforderung, nimmt Streß, sorgt für soziale Angleichung unter Berücksichtigung individueller Eigenarten, erhöht die Beschäftigungsmotivation und weitet das Repertoire erwünschter und lustvoller Aktivitäten aus.
Bewegungs-, Sport- oder Spielaktivitäten erhöhen das emotionale und körperliche Wohlbefinden und erweitern Sozialkontakte und Sozialverhalten.

b) Interventionsnotwendigkeiten bezüglich der Bezugspersonen:
Technische, organisatorische und institutionelle Maßnahmen gewährleisten Sicherheit und verändern Streßbedingungen; Training gezielter Verhaltensweisen erhöht die Handlungskompetenz in Konflikten und baut problematisches Erzieherverhalten ab; Aufklärung, Information und Weiterbildung lassen aggressives Geschehen und eigenes Problemverhalten erkennen und verstehen.
Psychologische Supervision von Gruppenprozessen verringert sozialen Streß, erhöht Solidarität und individuelles Sicherheitsempfinden: baut Resignation und Zweifel ab.

Psychotherapeutische Einzelgespräche helfen, emotionale und soziale Konflikte zu bewältigen.
Hilfestellung zur Klärung von Problemen zwischen den Bezugssystemen "Elternhaus", "Schule" und "Heim" und innerhalb der institutionellen Hierarchie erhöht Sicherheit und Kooperation.
Beratung zu Veränderung von Arbeitsorganisation und -planung schafft mehr Effektivität erzieherischer Arbeit und Zufriedenheit.

Die Planung therapeutischer Vorgehensweisen umspannt somit folgende mögliche Interventionsebenen:
Einflußnahme auf das Verhalten und Erleben des aggressiven Behinderten; auf Verhalten und Erleben der Bezugspersonen; auf Struktur, Organisation und Konzept der Institution; auf technische, räumliche und zeitliche Bedingungen; auf das System der Gruppenmitbewohner und Mitschüler; auf äußere Systeme, wie Elternhaus usw.
Die Maßnahmen und Möglichkeiten auf den unterschiedlichen Interventionsebenen erhalten ihren Sinn, bzw. ihre theoretische Begründung aus der Situation heraus (z.B. notwendige Sicherheitsvorkehrung), aus den vorgestellten hypothetischen Funktionsmodellen oder aus empirisch überprüften Therapiemodellen.

Die therapeutische Versorgung aggressiven Klientels in "klinischen Einrichtungen", wie z.B. Kinder- und Jugendpsychiatrien, Spezialabteilungen von psychiatrischen Landeskrankenhäusern, klinischen Instituten oder Kliniken innerhalb größerer Einrichtungen für Geistigbehinderte, ist oft unter unvergleichlich besseren finanziellen, personellen und konzeptionellen Voraussetzungen möglich, wie die Arbeit mit aggressiven Kindern und Jugendlichen (und Erwachsenen) in Heimen.

Bei optimaler finanzieller Ausstattung von Heimen mit problematischen geistig behinderten Kindern/Jugendlichen oder Erwachsenen könnten wesentlich besser sämtliche Ressourcen pädagogischer Förderbarkeit diagnostisch erschlossen und in spezifischen Trainings (Wahrnehmungs-, Sprach-, Spiel- oder Sozialtraining, Abbau autistischer Symptome usw.) ausgeschöpft werden, bzw. die Betreuer in die Lage versetzt werden, gezielte aggressionstherapeutische Interventionen am Einzelfall durchführen: den Klienten für bestimmte Zeiten aus seiner vertrauten Umgebung herauszunehmen und gezielte therapeutische Verfahren im Einzelkontakt durchzuführen, mit oder ohne Einbeziehung von Mediatoren ...

Diese Möglichkeiten sind in Heimen oft erheblich eingeschränkt, einzelne Sondergruppen oder therapeutische Intensivgruppen sind wegen hoher (Personal-)Kosten die Ausnahme. Vor diesem Hintergrund bietet sich der interaktionistische Ansatz an, z.b. das "Funktionsmodell von Aggression und Streß". Entsprechend gestaltet sich die therapeutische und beraterische Vorgehensweise: Aggressions- und Streßtherapie im Heim sollte immer heißen, im jeweiligen System zu intervenieren.

Therapieziele:

Wie KAMINSKI (1970) bemerkt, hat ausschließlich der Klient das vom Gesetz gegebene Recht, über sich selbst, sein Handeln und über die Ziele seiner Entwicklung zu entscheiden.
Andererseits ist dem Therapeuten zuzugestehen, nicht entgegen der eigenen Werthaltung zu handeln.
Diese Diskrepanz wird meist dadurch überwunden, daß Therapeut und Klient die Ziele der Therapie gemeinsam diskutieren und festlegen. Bei der Therapie von Aggression und Streß im Heim obliegt diese Zielsetzung in erster Linie den für den Behinderten verantwortlichen Personen und deren Wertstellungen und Erfahrungen.

Nicht nur, daß die Ziele des therapeutischen Geschehens einseitig von den Bezugspersonen, im Rahmen institutioneller Vorgabe, und dem behandelnden Psychologen bestimmt werden, - Therapieziele für den aggressiven Behinderten und Therapieziele für den Erzieher hängen größtenteils von einander ab und stehen in Wechselwirkung zueinander - sowie auch aggressives Verhalten und Streßerleben sich meist gegenseitig bedingen.

Ziel therapeutischen Vorgehens ist es, einen Zustand zu erreichen, indem sich der zu behandelnde aggressive Behinderte in seinem Bezugssystem weitestgehend wohlfühlt - und sich das Bezugssystem mit ihm weitestgehend wohlfühlt.

Parallel dazu soll in spannungsfreien, dauerhaften und regelmäßigen Kontakten zum Elternhaus die Verbindung zur Herkunftsfamilie aufgebaut und stabilisiert werden.

Die folgende Abb. 3 stellt hierarchisch geordnet die Zielpyramide der Aggressions-Streß-Interaktionen dar.

INTEGRATION

Sich in seiner Individualität angenommen und im sozialen System der
Wohngruppe und Schulklasse geborgen fühlen

Stabilisierung des emotionalen und körperlichen Wohlbefindens

Soziale Akzeptiertheit: Geduld, Verständnis
und menschliche Wärme spüren können

Akzeptanz von Regeln und Anforderungen

Erhöhung der Frustrationstoleranz

Beseitigung des durch Aggressionen
erworbenen sozialen Sonderstatus

Aufbau von sozial akzeptablen Verhaltensformen,
z.B. Ärger und Protest auszudrücken, Zuwendung
zu erreichen, Wünsche zu äußern

Emotionale Sicherheit durch Klarheit
und Beständigkeit objektiver und
sozialer Grenzen und Bedingungen

Entspannung durch Veränderung äußerer Stressoren,
z.B. irritierende, überfordernde Bedingungen

Befreiung von schmerzenden, belastenden
oder beängstigenden inneren Reizen

Abbau von Häufigkeit und Intensität der
intensiven Aggressionen und deren Modellfunktion

Beendigung der Verstärkung massiver Aggressionsformen

Verhütung weiter physischer und
psychischer Selbstschädigung

Hierarchie der Therapieziele für den aggressiven Behinderten

INTEGRATION

Sich mit seinen Fähigkeiten und Fehlern als Mitarbeiter im System der Kollegen - und als Bezugsperson in der Gruppe der Behinderten akzeptiert und wohl zu fühlen

Mehr Freude an der Arbeit

Mehr Einklang von moralischen Überzeugungen, fachlichen Fähigkeiten, sozialer und institutioneller Erwartungen mit eigenem Handeln

Abbau von Resignation und Perspektivenverlust: Aufbau von Möglichkeiten, Kraft, Sinn und Unterstützung zu finden

Erhöhung des Wohlbefindens durch Veränderung sozialer und psychischer Stressoren: Konkurrenz-, Leistungs- oder moralischer Druck, Verunsicherungen, Ängste ...

Abbau eigener Aggressivität, Reizbarkeit, Ungeduld ...

Sicherheit durch Erfahrung eindeutiger, institutioneller, sozialer und fachlicher Grenzen und Möglichkeiten

Versicherung im Kollegenteam und in der Institution: mehr Solidarität und anerkennende Leistung

Verständnis der Zusammenhänge von Aggressionen des Behinderten mit eigenem Verhalten und Erleben

Entspannung durch Veränderung objektiver, organisatorischer und institutioneller Streßbedingungen

Befreiung aus Hilflosigkeit und Unsicherheit: Erhöhung der Handlungskompetenz in Konflikten

Gewährleistung von Sicherheit

Hierarchie der Therapieziele für die Bezugsperson unter Streß

Eine realistische Integration in die bestehenden personalen, räumlichen und sozialen Bedingungen, in die Wohngruppe und Schulklasse mit männlichen und weiblichen, mehr und weniger stark Behinderten, stärkeren und schwächeren Mitbewohnern und mit unterschiedlichen Bezugspersonen darf die Erfordernisse und Bedingungen der zukünftigen Einrichtungen nicht aus den Augen verlieren: Die Zukunft verlangt mehr Selbständigkeit und mehr Akzeptanz von Regeln; mehr Gruppenbewohner und weniger Bezugspersonen sind Realität der Werkstatt und des Erwachsenen-Wohnheims...

Die Pyramide der in Beziehung zueinander stehenden Therapieziele gegen Aggressionen und Streß erhalten individuell und situativ unterschiedliche Gewichtung, je nach den zum Teil unterschiedlichen Bedingungen der Systeme "Schule", "Heim", "Elternhaus" ... Ihre Rangreihe ergibt sich aus der akuten und mittelfristigen Dringlichkeit.

Sicherheit und Schutz vor weiteren Selbst-, Fremd- oder Sachbeschädigungen zu gewährleisten und die negativen Folgen aggressiven Verhaltens und der problematischen Erzieherreaktionen direkt und akut zu verhindern (u.a. Verstärkermechanismen, Modellfunktionen, Stigmatisierungen ...) sind dringliche Basisziele therapeutischen Vorgehens, die für die Erreichung weiterer Etappen auf dem Weg zur emotionalen und sozialen Integration das Fundament darstellen (z.B. den Erzieher aus der Rolle des verunsicherten Reagierenden zu befreien und ihn zu souveränerem Handeln, gerade in Krisenzeiten, zu führen).

Den Teufelskreis von "Aggressionen und Streß" zu durchbrechen, heißt zuerst und vor allem, die Wirkungen aggressiven Verhaltens einzudämmen: So muß sich die therapeutische Vorgehensweise an der schwächsten Stelle des Bezugssystems orientieren (an den körperlichen und psychischen Fähigkeiten der Bezugspersonen, an der Verletzbarkeit der anderen Gruppenbewohner, an den räumlichen, zeitlichen und organisatorischen Bedingungen).

Therapeutische Arbeit im System der Wohngruppe und Schulklasse liefert nur Vorbedingungen, einen wichtigen institutionellen Auftrag zu erfüllen: Behinderte in ihrem sozialen Bezugsrahmen weitestgehend, ihren individuellen erreichbaren Zielen gemäß - pädagogisch zu fördern.
Prädisponierende, verursachende, auslösende und aufrechterhaltende Bedingungen von Aggressionen und Streß und deren Veränderungsmöglichkeiten rücken in der individuellen, bzw. gruppentypischen Therapieplanung in den Vordergrund.
Spätestens bei der Planung therapeutischer Vorgehensweisen ist die Frage zu

klären, welchen Arbeitsauftrag der Therapeut erhält, und wer ihn erteilt: Empfindet jeder betroffene Mitarbeiter das aggressive Verhalten eines Behinderten als veränderungsrelevant, - oder wird ein Therapieauftrag der Gruppe von "außen" (z.B. von der Heim- oder Erziehungsleitung, von den Eltern) aufgezwungen?
Kann jeder der betroffenen Gruppenerzieher akzeptieren, daß sich im Rahmen des Teamgesprächs über Aggressionen des Behinderten auch sein eigenes individuelles Verhalten und Erleben zur Diskussion steht?
Ein Mindestmaß an Problembewußtsein, an echter Mitarbeitsmotivation, an persönlicher Betroffenheit, an "Leidensdruck", ist notwendige Voraussetzung therapeutischer Beratung und einheitlichen Handelns.

5.2. Interventionsmöglichkeiten bei Aggressionen und Streß

5.2.1 Einflußnahmen auf Verhalten und Erleben des AGGRESSORS

Therapie aggressiven Verhaltens heißt nicht, Aggressivität oder aggressives Verhalten auszulöschen: Die hohe Bereitschaft, aggressiv handeln zu wollen und die Häufigkeit, Qualität und Intensität massiv aggressiven Verhaltens soll in ihren Ursachen, Auslösern und Wirkungen auf ein "normales" Maß und sozial akzeptable Formen abgebaut werden. Das normale Maß richtet sich nach den spezifischen Bedingungen der Systeme "Heim" und "Schule" für Geistigbehinderte, nach Elternhaus und der zukünftigen Behinderteneinrichtung.

Die personelle Ausstattung und konzeptionelle Gliederung der beschriebenen Institution "Heim und Heimsonderschule", lassen bei der hohen Anzahl von akut aggressiven Problemfällen nur wenig Einzeltherapie zu: die therapeutische Veränderung aggressiven Verhaltens geschieht fast ausschließlich im jeweiligen System "Wohngruppe" und/oder "Schulklasse" durch die dort tätigen pädagogischen Mitarbeiter u.a. unter Anleitung und Supervision des Heimpsychologen.

5.2.1.1 Exkurs: Psychopharmakologische Therapie im Heim

Medikamentöse Therapie ist alleinige Aufgabe des Facharztes. Im Heim ohne Arzt muß die Bezugsperson die Aufgabe des Informationsvermittlers übernehmen: Einerseits als Informationssammler durch eigene Beobachtungen, systematische Kontrollen oder Zusammenstellen von Informationen der verschiedenen Bezugssysteme; - andererseits in ausführlichem Informationsaustausch oder in Hypothesenbildung mit dem behandelnden Arzt im Ort, Kontrolle der Medikamenteneffekte und Begleiterscheinungen sowie entsprechende Rückmeldung.

Es gibt keine Medikation gegen Aggression: Ziel psychopharmakologischer Therapie bei massiven Aggressionen geistig Behinderter soll sein, hohe Anspannung, überschießende Motorik, intensive Unruhe, labile Stimmungen, Phasenhaftigkeit und psychotisches Wahrnehmen, Erleben und Empfinden als mögliche Mit-Bedingungen aggressiven Verhaltens dann einzuschränken oder zu beheben, wenn die Ausschöpfung organisatorischer, finanzieller, personeller, pädagogischer und psychotherapeutischer Möglichkeiten keine effektive Veränderung bewirkten und/oder eine Durchführung von pädagogischen und therapeutischen Maßnahmen erst durch den Einsatz medikamentöser Therapie ermöglicht werden kann, wobei darauf hingewiesen werden muß, daß mögliche gravierende positive Veränderungen der Rahmenbedingungen von Aggression und Streß (kleinere Gruppengröße, besserer Personalschlüssel, räumliche Ausstattung usw.) eine primär politische, d.h. finanzielle Entscheidung ist.

KEHRER (1989) geht auf die soziale Bewertung psychopharmakologischer Therapie ein und nennt Gründe für die weitverbreiteten negativen Vorurteile der Öffentlichkeit, auch der betroffenen Eltern oder Bezugspersonen: Unzufriedenheit; Beobachtung unerwünschter Nebenwirkungen; Befürchtungen von Charakterveränderungen des Patienten; Unkenntnis über Wirkungsmechanismen.

Oft würden einerseits Möglichkeiten von Medikation überschätzt - andererseits hat man einzelne hochdosierte Patienten in psychiatrischen Krankenhäusern vor Augen.

Da jede Medikamentenwirkung individuell verschieden sein kann (bis hin zu paradoxen, gegenteiligen Wirkungen) ist ein Medikamenteneffekt nicht vorhersagbar, zumal eine Reihe von "Umständen der Verabreichung (Darreichungsform, Art der Anwendung, Tageszeit, Mageninhalt, Wechselwirkung mit anderen Medikamenten) vor allem aber die biochemischen und psychopharmakologischen Eigenschaften" (HENNICKE 1989) eine genauere Vorhersage verunmöglichen.

"Um das richtige Psychopharmakon zu finden, muß man sich Zeit lassen, eventuell auch gewisse Nebenwirkungen in Kauf nehmen. Häufig klingen sie nach ein paar Tagen oder Wochen von allein ab. Jedenfalls sollte ein Psychopharmakon keinesfalls nach wenigen Tagen wieder abrupt abgesetzt werden, sondern höchstens ausschleichend reduziert werden; ebenso wie es einschlei-

chend eingenommen werden sollte. ... Die Hinnahme von Nebenwirkungen ist eine Frage der Verhältnismäßigkeit. Wenn der Effekt eines Medikaments überwiegend positiv ist, muß man überlegen, ob gewisse Nebenwirkungen nicht noch toleriert werden können." (KEHRER 1989, Seite 211).
Als Nebeneffekte einer gewünschten Wirkung können nach HENNICKE (1989) auftreten: Sedierung, Müdigkeit, Antriebsverarmung, dystrophische Verstimmung. Darüberhinaus ist leicht vorstellbar, daß die extrapyramidalmotorischen Nebenwirkungen (Bewegungsstörungen bis hin zu Spasmen der Muskulatur, des Zungen- und Schlundbereiches, des Gesichts, des Nackens und Rückens, Einschränkungen oder Verlust der Mitbewegungen der Extremitätenmuskulatur) und vor allem auch der vegetativen Nebenwirkungen (Akkomodationsstörungen, Speichelfluß oder Mundtrockenheit, autostatische Beschwerden, Magen-Darmstörungen) der Neuroleptika vom Behinderten sehr dramatisch erlebt und heftige psychische Reaktionen provozieren können. Sowohl Dosisreduktion oder Absetzen oder zusätzliche Gabe von z.B. Akineton können diese extrapyramidalen Nebenwirkungen verschwinden lassen.
Auf die Notwendigkeit eines genauen Behandlungsplanes mit genauer Beobachtung und schriftlicher Festlegung der Wirkungen, Nebenwirkungen und auch relevanter Ereignisse weist KEHRER (1989) hin.
HEINRICH (1988) zeigt, daß die relativ gleichbleibenden Bedingungen eines Heimes Medikamenteneffekte in ihrer Langzeitwirkung relativ gut überprüfen lassen: kontrollierte Veränderungen der Medikation, durch tägliche systematische Ratings, können behutsam den Tiefst- oder sogar Nullpunkt einer psychopharmakologischen Medikation erreichen und halten, bzw. wenn nötig, nach oben korrigieren.

Andererseits zeigten Erfahrungen mit aggressiven Heimbewohnern, daß nach stärkerer Erhöhung der sedierenden Medikation zwar Aggressionshäufigkeit und/oder Intensitäten nachlassen können, weiterhin die reduzierte Häufigkeit von Aggressionen aber zu eigener, fremder Personen- oder Sachschädigung führten und die negativen Nebenwirkungen hoher täglicher Dosen den Behinderten und dem sozialen System nicht zuzumuten waren.
Eine psychopharmakologische Therapie phasenhaft verlaufender Spannungs/ Autoaggressionszustände mit entsprechend veränderter Medikamentendosierung, sowie mit den verlaufsdiagnostischen und verhaltenstherapeutischen Möglichkeiten und Grenzen über vier Jahre hinweg, demonstriert das Fallbeispiel "Adam" (siehe Pkt. 6.2).
Die medikamentöse Therapie (u.a. aggressiver) autistischer Kinder und Jugendlicher unterscheidet KEHRER (1989): als "symptomatische Behandlung, d.h. die gezielte Einwirkung auf bestimmte Verhaltensweisen, wie z.B. Unruhe

und eine medikamentöse Veränderung von biochemischen Störungen, die dem autistischen Syndrom zugrundeliegen." (Seite 209).

Zur symptomatischen Behandlung werden Psychopharmaka eingesetzt, die auf das Erleben, Befinden und Verhalten einwirken: Neuroleptika wirken dämpfend auf spezifische psychotische Symptome (z.b. Wahn, Sinnestäuschung), auf Antrieb, Wachheit, Affekt, psychomotorische Erregtheit und anderes; Benzoediazepine sind Tranquilizer oder Beruhigungsmittel und wirken angst-, spannungslösend, emotional ausgleichend, muskelentspannend, Krampfanfälle verhindernd und anderes; Antidepressiva wirken stimmungsaufhellend, depressionslösend, antriebssteigernd oder -dämpfend.

Nach SASSE (1983) betäuben Tranquilizer, Neuroleptika und Thymoleptika nicht die Großhirnrinde, sondern wirken an tiefer gelegenen Zentren des Nervensystems: entweder schirmen sie Vermittlungsstellen, wie die formatio reticularis, welche das Gehirn in einem Wachzustand hält, vor übermäßiger Erregung (Reizüberflutung) ab, oder sie beeinflussen andere Zentren, z.B. das limbische System, welches für die Affektbetonung im Verhalten des Menschen verantwortlich ist.

"In Absetzphasen von Neuroleptika, die wir immer möglichst langsam - über Wochen im Falle von vorausgegangenen Langzeitgaben - durchführen, haben wir oft sehr günstige, bis zu mehreren Monaten anhaltende positive Verhaltensänderungen gesehen. Im Zusammenhang mit der Wirksamkeit von Neuroleptika in akuten Situationen praktizieren wir - bei notwendiger Indikation - eine sogenannte 'Schaukeltherapie', d.h., wir geben das Medikament mit raschem Dosisanstieg über wenige Wochen und schleichen es dann, idealerweise wenn die erwünschte Verhaltensänderung eingetreten ist, wieder aus." (HENNICKE 1989).

Für einen Teilbereich aggressiver Problematik Behinderter, für die Klientengruppe derer, die neben sach-, fremd- und autoaggressivem Verhalten auch intensive autistische Symptome zeigen -und bei denen spezifische Aggressionsfunktionen (z.B. Aggression als Ausdruck pathologischen Wahrnehmens und Befindens und/oder Aggression als Selbststimulation) unterstellt werden - eröffnen sich mit der eher kausal ansetzenden Neurotransmittertherapie (z.B. Fenfluramin, Endorphinblocker) nach KEHRER (1989) ein neuer Weg, nicht mehr einzelne Symptome medikamentös zu behandeln - sondern mehr an den Grundlagen, an gestörten biochemischen Prozessen im Gehirn anzugreifen. Fenfluramin senkt den Serotoninspiegel im Blut. Wenn auch zwischen dem Serotoninspiegel und der autistischen (bzw. aggressiven) Symptomatik keine eindeutige Beziehung besteht, zeigt jener relativ kleine Prozentsatz von Patienten, bei denen der Serotoninspiegel erhöht war, nach Gabe von Fenfluramin positive Veränderungen von Unruhe, Schlaflosigkeit, Aggressivität. Der Autor

berichtet von einer neuesten Übersicht (Du Verglas et al.) zur Wirksamkeit von Fenfluramin, nach der 1/3 der behandelten Kinder positive Effekte (Abnahme von Hyperaktivität und Stereotypien) zeigten, weist aber auch auf mögliche Nebeneffekte wie Teilnahmslosigkeit, Nahrungsverweigerung, Reizbarkeit usw. hin.
Neuere Medikamente (z.B. Naltrexon), die an den Endorphinen ansetzen (körpereigene Stoffe, die mit den Opiaten Ähnlichkeit haben, daher Opioide genannt) scheinen, wenigstens bei einem bedeutenden Anteil der damit behandelten Patienten, positive Effekte zu bewirken.
"Es hat sich gezeigt, daß die Blockierung eines Endorphins, des Dynorphins, sich insofern positiv auswirkt, als dadurch Lähmungserscheinungen und Schock verringert werden. Die gleiche Blockierung des Dynorphins soll nun Symptome des Autismus günstig beeinflussen. Es wird angenommen, daß autistische Kinder ein überaktives Opioit-System haben, das mit Sozialverhalten, aber auch mit Schmerzverarbeitung zusammenhängt. Für die Behandlungspraxis bedeuten diese neuen Erkenntnisse, daß man versuchen kann, durch Blockierung der Endorphine, zunächst des Dynorphins, Besserungen des Verhaltens und Rückgang von Autoaggressionen zu erreichen." (KEHRER 1989, Seite 219).
Literaturhinweise zum Stand der Erforschung des Endorphin-Antagonisten (Naltrexon) bietet Kap. 5.2.1.3.2.

5.2.1.2 Übersicht über aktuelle psychologische Verfahren zur Aggressionstherapie

Die unterschiedlichen Funktionsmodelle aggressiven Geschehens erfordern eine Palette unterschiedlicher, aufeinander bezogener Maßnahmen: In der Literatur sind therapeutische Vorgehensweisen bei Aggressionen bezüglich des theoretischen Konzeptes und bezüglich der Zielgruppe breit gestreut:
PETERMANN (1984) stellt ein primär kognitiv orientiertes therapeutisches Aggressionskonzept für geistig normale Kinder und Jugendliche vor.
FACION (1986) berichtet über eine Musik-Körper-Erfahrungstherapie, u.a. zum Abbau aggressiver Verhaltensweisen bei autistischen und entwicklungsgestörten Kindern.
PREKOP (1984) stellt eine "Festhaltetherapie" für Autisten u.a. mit autoaggressiven Verhaltensweisen dar.
ROHMANN, HARTMANN und KEHRER (1984) und ROHMANN und HARTMANN (1985) stellen eine "Modifizierte Festhaltetherapie" bei autistischen Kindern vor, die einen Abbau negativistischer (u.a. aggressiver) Verhaltensweisen beinhaltet.

GOTTWALD und REDLIN (1975) führen zur Verhaltenstherapie geistig behinderter Kinder neben dem Einsatz positiver und negativer Verstärkung erwünschten Verhaltens folgende Verfahren auf, aggressives Fehlverhalten abzubauen: Löschung, Bestrafung Typ 2 (Beendigung einer angenehmen Situation, z.B. durch Time out).

LISCHKE (1975) nennt spezielle Therapieverfahren zum Abbau aggressiven Verhaltens:

a) Positive Verfahren zum Auf- und Ausbau nichtaggressiver, alternativer oder mit Aggressionen unvereinbarer Verhaltensweisen durch differentielle Bekräftigung;

b) neutrale Verfahren des Löschens und Ignorierens;

c) aversive Verfahren: u.a. time-out, aversive Konditionierung durch Strafreize, Überkorrektur und response cost (Wegnahme positiver Verstärker).

KANE (1978) beschreibt die vier wichtigsten verhaltenstherapeutischen Techniken als Löschung, Korrektur, Ausschluß und Wutreduktionsverfahren zum Abbau aggressiven, selbstaggressiven und hyperaktiven Verhaltens bei Geistigbehinderten.

THOMPSON und GRABOWSKI (1976) nennen Löschung aggressiven Verhaltens durch time-out und in Extremfällen durch Einsatz von bestrafenden Elektroschocks als Verfahren der Verhaltenseliminierung bei geistig behinderten Kindern in Kombination mit Aufbau inkompatibler Verhaltensweisen.

BURKHARD und KRECH (1985) referieren verschiedene Falluntersuchungen und stellen folgende "Methoden zur Beeinflussung fremd- und sachaggressiven Verhaltens" dar:

a) Modellierung aggressiven Verhaltens, Modellierung positiver Verhaltensweisen;

b) Veränderung des Territorialverhaltens;

c) Verbesserung der Bedingungen der Lebensumwelt;

d) Verstärkungsverfahren: u.a. Kombination verschiedener Ausschluß- bzw. Entzugsverfahren mit differentiellen Verstärkerprogrammen, z.B. physische Fixierung, time-out, Entzug von Spielzeug kombiniert mit materieller Verstärkung, Token-Systems usw., Kombination von Fixierung, gezieltem Zuwendungsentzug und positiver Verstärkung durch Nahrungsgabe und sozialer Zuwendung: Kombination von materieller Verstärkung und Bestrafung usw.

e) Löschungsverfahren (Ignorieren, u.a. durch Zuhilfenahme technischer Sicherheitsvorkehrungen);

f) Ausschlußverfahren (Beendigung von Essen, Musik hören, Spielen, Benutzung eines time-out-Raumes)

g) Bestrafung durch aversive Stimuli (Elektroschock, Lärm, Handschläge).

Was BREZOVSKY (1985) für die Therapie von selbstverletzendem Verhalten beschreibt, kann auch für fremd- und sachaggressives Verhalten übernommen werden: Neben medikamentös unterstützender Therapie schlägt er folgende verhaltenstherapeutische Verfahren vor:
Löschung, differentielle Verstärkung anderen Verhaltens (DRO), differentielle Verstärkung inkompatiblen Verhaltens (DRI), Entzug positiver Verstärker (time-out, response cost), Strafmethoden (aversive Reize: Rasierschaum, Zitronensäure, Eiswürfel, Laufen, Verhüllen des Gesichtes, Spritzen mit Wasserstrahl, Haare ziehen) und die Anwendung (und ethische Problematik) elektroaversiver Behandlung, Überkorrektur, Wiederherstellung, positive Übung, Pflichtentspannung, Autismusreversionsmethoden oder Handbewußtseinstraining, kontingentes Festhalten bzw. Fixieren, Wutreduktion und negative Übung dar. Er weist darüber hinaus auf die Notwendigkeit technischer und organisatorischer Sicherheitsvorkehrungen hin.

BREZOVSKY (1978) berichtet eine Verhaltenstherapie fremdaggressiven Verhaltens durch ein Token-System, bei dem Belohnungen durch symbolische Wertmarken gegeben werden. STRIEBEL (1978) stellt in einer Fallstudie eine Behandlung aggressiven Verhaltens durch ein Training in Selbstkontrolle vor. BERNHARD-OPITZ (1988) zeigt verhaltenstherapeutische Interventionen bezüglich verschiedener Funktionen autoaggressiven Verhaltens Geistigbehinderter, die auch zum Abbau fremd- und sachaggressiven Verhaltens übernommen werden können: Aufbau neuer Kommunikationsverhaltensweisen und Abbau von Fehlverhaltensweisen u.a. durch Aufmerksamkeitsentzug, Unterbrechen von Handlungsketten usw.
KEHRER (1989) geht auf den Umgang mit aggressivem Verhalten autistischer Kinder/Jugendlicher ein: er betont die dringend notwendige Konsequenz auf intensiv aggressives Fehlverhalten, in dem Eltern, Geschwister und Betreuer "es keinesfalls hinnehmen (sollten), daß der Autist ihn schlägt, beißt, kratzt oder sonstwie malträtiert. Denn wenn das im Intimbereich geduldet wird, so ist auch zu befürchten, daß außerhalb des Haushaltes ähnliche Aggressionen auftreten." (Seite 250). Der Autor beschreibt Vor- und Nachteile verschiedener Behandlungsverfahren: u.a. Fixierung, Elektroschock, Löschung unerwünschten Verhaltens durch Verstärkerentzug, Aufbau inkompatiblen Verhaltens, sinnvolle Ermüdungsbeschäftigungen und die Musik-Körpererfahrungstherapie. Ausführlich stellt er die psychopharmakologische Therapie dar und weist auf die notwendige Kombination pädagogischer, verhaltenstherapeutischer und medizinischer Vorgehensweisen hin.
Die Autoren verhaltenstherapeutischer Vorgehensweisen befürworten überwiegend eine Kombination von löschenden oder aversiven Konsequenzen auf

Fehlverhalten und systematischem Aufbau alternativen Verhaltens durch Verstärkung.
Die Falldarstellungen beziehen sich allermeist auf therapeutische Vorgehensweisen am Einzelfall, meist im typischen Therapiesetting: einzelnes zu behandelndes Kind in Interaktion mit ausgebildetem Therapeuten.

Wir wollen uns im folgenden auf die theoretische und praktische Darstellung lerntheoretisch begründeter Verfahren beschränken, die die Interaktion von Aggression und Streß in den verschiedenen Bezugssystemen (Wohngruppe, Schulklasse, Elternhaus) berücksichtigen und von jeder Bezugsperson in der alltäglichen Realität des Gruppen- bzw. Schullebens einheitlich und kontrollierbar angewendet werden können.

5.2.1.3 Aggressionstherapie in den Systemen "Wohngruppe" und "Schulklasse"

Sowie es kein inter- und intraindividuell gleiches Konstrukt "Aggression" gibt, so wenig gibt es für Sach-, Fremd- und Autoaggressionen spezifische Therapieformen. Je nach Konfiguration der Bedingungen und Wirkungen erhält konkret aggressives Verhalten seine therapeutische Relevanz: Planung therapeutischer Interventionen richtet sich nach den Funktionszusammenhängen aggressiven Verhaltens im Kontext sozialer Interaktionen. So kann z.B. die gleiche verhaltenstherapeutische Maßnahme bei einem Individuum innerhalb eines spezifischen Funktionszusammenhanges sinnvoll Aggressionen abbauen; bei demselben Individuum in einem anderen Funktionszusammenhang eingesetzt, Aggressionen positiv oder negativ verstärken. Ebenso kann eine Therapiemaßnahme in der Interaktion innerhalb eines Systems "Wohngruppe" sinnvoll angewendet werden, in dem anderen System "Schulklasse" dagegen als undurchführbar gelten.

5.2.1.3.1 Grundannahmen verhaltenstherapeutischer Maßnahmen

Die in einer Langzeiteinrichtung durchführbaren therapeutischen Maßnahmen bezüglich der Veränderung des Verhaltens und Erlebens beim aggressiven Behinderten sind vielfältig. Die möglichen räumlichen, organisatorischen und personellen Änderungen, der Einsatz von Sicherheitsmaßnahmen oder medizinischer Maßnahmen kommen im jeweiligen Sinnzusammenhang zur Darstellung.

Therapeutische Maßnahmen bezüglich des Aggressors und Interventionen bezüglich der Bezugspersonen können zusammen die Aggressions-Streß-Interaktion verbessern und wirken auf Erleben und Verhalten des Behinderten und der Bezugspersonen. Eine ausschließliche Betrachtung der Wirkung einzelner Maßnahmen auf einzelne Personen (z.b. Medikation des Aggressors oder dessen time-out-Anwendung; Einzeltherapie mit einer Bezugsperson usw.) ließen deren oft maßgebliche Wechselwirkungen auf Verhalten und Erleben der anderen Interaktionspartner innerhalb des Bezugssystems unberücksichtigt, - und deren relevanten Rückwirkungen.

In Anlehnung an GOTTWALD und REDLIN (1975, S. 11) lassen sich verhaltenstherapeutische Maßnahmen als Handlungskonsequenzen wie folgt einteilen:

<u>AKTION</u>

keinerlei Konsequenzen
Löschung

<u>KONSEQUENZ</u>

Einsatz angenehmer Konsequenzen Positive Verstärkung (+)	Einsatz unangenehmer Konsequenzen Bestrafung Typ I (-)
Beendigung angenehmer Konsequenzen Bestrafung Typ II (-)	Beendigung unangenehmer Konsequenzen Negative Verstärkung (+)

Abbildung 4: Übersicht über Verhaltenskonsequenzen

Als Grundannahmen operanten Konditionierens gehen GOTTWALD und REDLIN (1975) davon aus, "daß neutrale Ereignisse keinen Lerneffekt bewirken und das Ausmaß des Lernens um so geringer ist, je später die Konsequenzen eintreten." (S. 10)
Sind die Lernmechanismen bei Entstehung aggressiven Verhaltens in Kapitel

4.2.1 (s.o.) näher beschrieben - werden im folgenden Therapieschritte zur Umkehrung oder Löschung dieser Lernerfahrungen vorgestellt:

Bestrafung Typ 1: Hat eine Aggression immer eine unangenehme Konsequenz, tritt sie in Zukunft seltener auf.

Bestrafungen des Typs 1 sind z.B. aversive Stimuli, wie Schimpfen, Schlagen, Strafraum, elektrische Schläge usw.
Strafende Vorgehensweisen können schwerwiegende Nebenwirkungen haben: z.B. Angst vor der strafenden Person. Ein Einsatz strafender Konsequenzen ist daher nur unter streng kontrollierten Bedingungen therapeutisch sinnvoll.

Bestrafung Typ 2: Wird als Konsequenz auf eine Aggression eine angenehme Situation beendet, verringert sich die Häufigkeit der Aggression.

Da diese Konsequenz unangenehm ist, wird sie als Bestrafung Typ 2 bezeichnet (z.B. Ausschlußverfahren in den verschiedensten Durchführungsarten).
Wird ein Kind beim Essen aggressiv und deshalb hinausgeschickt, läßt die Aggression bei Tisch mit der Zeit nach, vorausgesetzt, daß das Kind die Essenssituation als angenehm und das Hinausschicken als unangehm erlebt. Inwieweit positive (verstärkende) Elemente die negativen (bestrafenden) Elemente einer Erzieherreaktion "Ausschluß" übertreffen, ist situativ und individuell unterschiedlich und der angestrebte Abbau aggressiven Verhaltens kann ins Gegenteil umschlagen.

Löschung: Hat ein aggressives Verhalten über längere Zeit keine Konsequenzen, dann hört es auf. Beispiel: Ruft ein Kind einem Erzieher Schimpfwörter nach und reagiert dieser nicht, nimmt diese Verbalaggression mit der Zeit ab.

Verstärkung: Positive Verstärkungen (z.B. durch soziale Zuwendung) und negative Verstärkung (Beendigung unangenehmer Zustände, z.B. Fixierung) werden gezielt zum Aufbau aggressionsalternativen Verhaltens bzw. zur Ausführung sozial akzeptablen Verhaltens eingesetzt.

Der Einsatz von verhaltenstherapeutischen Techniken und von psychopharmakologischer Medikation (auf die häufig notwendige Krampfmedikation wird hier nicht eingegangen) richtet sich nach Sinnhaftigkeit im jeweiligen Funktionszusammenhang aggressiven Geschehens.
Aus zwingenden Gründen verläuft Hypothesenbildung, Bedingungsanalyse

aggressiven Verhaltens und deren therapeutische Inangriffnahme gleichzeitig ab:
Eine Erstellung einer für die Diagnose relevanten "Base-Line" aggressiven Verhaltens ohne irgendwelche Erzieherreaktionen ist in den Systemen Wohngruppe und Schulklasse nicht möglich. - Treten z.b. 30 Sach- und Fremdaggressionen eines Behinderten pro Tag auf, ist sofortiges Eingreifen gefordert. Das nach Wahrscheinlichkeit effektivste Verfahren wird vorerst gewählt. Eine systematische tägliche Kontrolle und die folgenden Besprechungen im Erzieherteam kristallisieren das relevante Verfahren schließlich heraus.

5.2.1.3.2 Interventionen innerhalb spezifischer Funktionsmodelle von Aggression

Intensiv aggressives Verhalten ließ sich in verschiedenen Funktionsmodellen darstellen (Vermeidung, Frustration usw.). Dabei wurden jedem Funktionsmodell drei Bewertungsschritte unterstellt: die Stimulusbewertung, die Handlungsauswahl und die Effektbeurteilung.
Diese Bewertungsprozesse und deren Bedingungen sind zu beeinflussen.
Im Verlauf eines allgemeinen Funktionsmodells aggressiven Verhaltens ist im folgenden das, verglichen mit therapeutischen Institutionen zwar erheblich eingeschränkte, doch für den Rahmen von Heim und Schule mögliche und relevante Repertoire spezifischer Interventionsmöglichkeiten aufgeführt und den unterschiedlichen Funktionszusammenhängen zugeordnet.
Je nach Funktionszusammenhang haben Veränderungen dieser Bewertung, bzw. deren Bedingungen unterschiedliches Gewicht:
Aggressionen durch pathologische Wahrnehmungen, Erleben oder Befinden benötigen primär umfassende Veränderungen der Bedingungen der (inneren) Stimuluskonfiguration; Aggressionen als Provokationen hingegen fordern (neben Veränderungen der sozialen Bedingungen) primär eine Veränderung der Wirkungsmechanismen in der Effektbeurteilung.

Veränderungen der ersten Bewertung: STIMULUSBEURTEILUNG

"Können die für aggressives Verhalten verantwortlichen inneren oder äußeren Bedingungen oder Reizkonstellationen vermieden oder beseitigt werden?"

Veränderungsmöglichkeiten der Stimulus-Bewertung des Funktionsmodells:
a) Aggression als Reaktion auf soziale Frustation

Aufbau und Stabilisierung von freiwilliger positiver Zuwendung durch die Bezugspersonen. Aufbau und Festigung der Beziehungen zu bestimmten Bezugspersonen.
Erhöhung der Frustrationstoleranz: Schrittweiser Abbau des möglicherweise überhöhten Zuwendungsanspruchs und der sozialen Sonderrolle durch Gewöhnung an die "Normalität". Ausschleichen der extrem nahen und ständigen Bezugspersonenkontakte.
Angleichen der sozialen Bedingungen in den verschiedenen Bezugssystemen.
Organisatorische Veränderungen zum Abbau unnötiger Eingewöhnungszeiten am Ende der Ferien usw.

Veränderungsmöglichkeiten der Stimulus-Bewertung im Funktionsmodell:
b) Aggression als Vermeidungsverhalten

Schrittweise Erhöhung der Frustrationstoleranz durch positive Verstärkung ertragener Frustrationssituationen.
Überprüfung des Förderplans hinsichtlich der Anforderung auf Überforderung und Unterforderung.
Abbau von Langeweile durch gezielte Aktivitäten, Vereinheitlichung und Verdeutlichung von Anforderungen (anstelle vieler Anforderungen, die größtenteils wieder zurückgenommen werden müssen, Beschränkung auf wenige Anforderungen, auf deren Erfüllung aber bestanden wird).

Veränderungsmöglichkeiten der Stimulus-Bewertung im Funktionsmodell:
c) Aggression als soziales Explorationsverhalten

"Reiznahme": Änderung der entsprechenden sozialen Auslöser durch Mitarbeitertraining: sicheres, ruhiges, handlungsfähiges und souveränes Auftreten der Bezugspersonen auch in Konfliktzeiten. Einheitlichkeit und Eindeutigkeit des Erzieherverhaltens, z.B. bei Anforderungen und Zuwendung. Verringerung der Fluktuation. Einhalten klarer Regeln und Absprachen durch die Bezugsperson. Wenn nötig: Personalwechsel, d.h., können Aggressions-Streß-Teufelskreise nicht mehr aufgearbeitet werden, ist der Wechsel der Bezugsperson oder der Behinderten aus diesem sozialen System nötig. Nach Stabilisierung der sozialen Beziehungen schrittweise Einführung neuer Mitarbeiter (z.B. Praktikanten usw.).

Veränderungsmöglichkeiten der Stimulus-Beurteilung im Funktionsmodell:
d) Aggression als Reaktion auf Bedrohung

Vereinheitlichung der Bedingungen der verschiedenen Systeme (Gruppe, Schule, Elternhaus). Vorbereitung auf bevorstehende Ereignisse und schrittweise Annäherung an beängstigende Situationen (wenn möglich, systematischer Abbau von Angst- und Streßsignalen).
Abbau von Hektik, Spannung und Aggressivität der Bezugspersonen. Abbau der Aggression der Mitbewohner.
Rücksicht auf autistische Symptome: Schaffung von Rückzugsmöglichkeiten und Rückzugszeiten. Für den Behinderten klar überschaubare zeitliche, räumliche und personale Regelmäßigkeiten (Sitzordnung, Tagesablauf, Rituale usw.).

Veränderungsmöglichkeiten der Stimulus-Berurteilung im Funktionsmodell:
e) Aggression als Ausdruck pathologischen Wahrnehmens und Befindens:

Veränderung von Schmerz-, Spannungs- und Erregungszuständen durch Behandlung bei entsprechenden Fachärzten: bei akuten, feststellbaren Schmerzen kurzfristige Gabe von Schmerzmitteln. Veränderung der Antiepileptikadosis bei ungenügend eingestellter Krampfmedikation, Hormonpräparate bei Störungen der Mensis usw.
Psychopharmaka als nicht dämpfende Neuroleptika mit starker antipsychotischer Wirkung aber ohne antidepressive Wirkung und als dämpfende Neuroleptika mit mittlerer oder geringer antipsychotischer Wirkung, mittelstarkem bis starkem Dämpfungseffekt und leicht antidepressiver Wirkung können (in relativ niedriger Dosis) zur Anwendung kommen. In seltenen Einzelfällen kann die Gabe von Antidepressiva erfolgen.
Auf die Möglichkeiten, vor allem autoaggressives Verhalten medikamentös einzuschränken, sei hier besonders hingewiesen: Vor dem Hintergrund, daß autistisches und autoaggressives Verhalten möglicherweise mit dem Endorphinspiegel im Gehirn zusammenhängt, kann bei einer Gabe von Opioid-Antagonisten (z.B. Naltrexon) wenigstens bei einem Teil der Betroffenen mit einer Verringerung autistischer und autoaggressiver Symptomatik gerechnet werden. Hoffnungen darauf stützen sich auf neuere Untersuchungsergebnisse, denen bisher leider nur sehr kleine Stichproben zugrunde liegen (siehe CAMPBELL, ADAMS, SMALL, TESCH & CURREN 1988; DEUTSCH 1986; SAHLEM & PANKSEPP 1987; SZYMANSKI, KEDESDY, SULKES & CUTLER 1987). Eine Übersicht bietet KEHRER (1989). Schlafregulierung durch u.a. Sport, Spaziergänge, Beschäftigung.

Rücksichtnahme auf die akuten Erkrankungen, Rücknahme von Anforderungen, mehr Zuwendung, Sonderstatus des "kranken Kindes".
Veränderungen der Organismusvariable wirken sowohl auf die subjektive Reizwahrnehmung und Reizbewertung als auch auf die Intensität des energetisierenden Impulses.

Veränderungsmöglichkeiten der Stimulusbeurteilungen im Funktionsmodell:
f) Aggression als schädigende Selbst-Stimulation:

Sensibilisierungsübungen zur verbesserten Wahrnehmung der eigenen Befindlichkeit: Alternative (Basale) Stimulation, Ablenkung und Aktivierung.
Als Ursache von Aggressionen und/oder hohen Spannungszuständen durch pathologisches Wahrnehmen und Empfinden oder als schädigende Selbststimulation können unter anderem Störungen in der Stimulusbewertung angenommen werden, deren Resultate Reizüberflutung, bzw. Reizarmut sind.

Die inadäquate Verarbeitung "normaler" Alltagsreize als Störung der Informationsverarbeitung zweier informationsverarbeitender Systeme bei Autisten kann nach ROHMANN (1985) therapeutisch beeinflußbar sein.
Durch die nach verhaltenstherapeutischen und informationsprozeßverarbeitenden Kriterien modifizierte Festhaltetherapie (MFT) "kann möglicherweise das Erregungsniveau auf ein mittleres/leicht erhöhtes Maß reduziert oder erhöht werden, so daß Kopplungen beider Systeme weniger zufällig verlaufen können. Die Folge wäre eine erhöhte Lernbereitschaft des Kindes oder mit anderen Worten, das Kind wird in die Lage versetzt, neue Informationen mit bekannten Strukturen zu verknüpfen ... Durch die Methode des therapeutischen Haltens wird über die Regulation des Erregungsniveaus das Kind in die Lage versetzt, neue Informationen als Folge einer weniger zufälligen Kopplung angemessener zu verarbeiten, so daß ein sichtbarer Lernerfolg beobachtbar sein muß." (ROHMANNN 1985, Seite 96).
So werden, autistische Kinder gezwungen, sich mit einer für sie schwierigen Situation auseinanderzusetzen. Als Indikator für eine erfolgreiche Verarbeitung einer komplexen Situation ist die Beruhigung des Kindes anzusehen.

Die modifizierte Festhaltetherapie kann bei jüngeren, geistig Behinderten mit autistischen Symptomen in der Institution Heim und Heimschule angewendet werden.
Dabei muß gewährleistet sein, daß so wenig wie möglich wechselnde Bezugspersonen die MFT kontinuierlich anwenden können. Schichtdienst, Ferien und Urlaugsregelungen lassen folgende organisatorische Lösung zu: ein bis

zwei Bezugspersonen der jeweiligen Schulklasse und zwei Bezugspersonen der jeweiligen Wohngruppe teilen sich nach Absprache die tägliche Therapiedurchführung. Das Festhalten wird von Bezugspersonen durchgeführt, die über langjährige Erfahrung in der Behindertenarbeit verfügen; dem zu therapierenden Kind, bzw. Jugendlichen emotional nahe stehen und ihm kräftemäßig gewachsen sind; die das Engagement aufbringen, über mehrere Monate ein gezieltes Verfahren anzuwenden und die gegenseitig vertrauensvoll, akzeptierend und solidarisch miteinander umgehen. Diese Mitarbeiter machen sich durch Lektüre und Diskussionen fachkundig; - Videoaufnahmen verdeutlichen Anwendungsmöglichkeiten und Probleme. Eine kontinuierliche Supervision soll gewährleistet sein.

In der Beschreibung der praktischen Durchführung folgen wir ROHMANNN (1985, Seite 99).
Der Behinderte wird auf den Schoß des Erziehers gesetzt - bzw. liegt auf einer weichen Unterlage auf dem Boden und der Erzieher sitzt bäuchlings auf dessen Hüfte, - so daß die Möglichkeit besteht, Blickkontakt mit dem Behinderten herzustellen.
Der Behinderte legt die Arme um den Körper der Bezugsperson, diese umarmt ihn, wobei dessen Arme entweder durch indirektes Festhalten der Arme bzw. der Hände oder durch die Umarmung fixiert sind; oder dem auf dem Boden liegenden Jugendlichen sind die Arme gestreckt eng am eigenen Körper liegend durch die Oberschenkel des über ihm knienden Erziehers fixiert.
Zeigt der Behinderte bei der Durchführung angemessene Verhaltensweisen, z.B. Ausdruck von Wohlbefinden oder konstruktive soziale oder sprachliche Äußerungen, werden sie durch sprachliche Erwiderung und Wiederholung in einem ruhigen, freundlichen Ton verstärkt. Alle physischen Widerstände oder sprachliche Mißfallensäußerungen werden dagegen ignoriert.
Der Mitarbeiter sollte zum Zeitpunkt der Therapiedurchführung entspannt und ruhig sein. Zu Beginn der therapeutischen Maßnahme empfiehlt es sich, daß eine weitere Bezugsperson in erreichbarer Nähe ist, um mögliche "Befreiungen" des Behinderten zu verhindern.
Die Therapiedurchführung sollte entweder vormittags oder am frühen Nachmittag stattfinden.
Sie sollte in den ersten Wochen ungefähr 30 Minuten betragen, später bis zu 45 Minuten, wobei besonders darauf zu achten ist, daß der Behinderte nur in einer entspannten und beruhigten Phase wieder losgelassen wird.

Veränderungen der zweiten Bewertung: HANDLUNGSAUSWAHL

"Kann mittelfristig die Handlungskompetenz des Aggressors so geändert werden, daß Verhaltensimpulse zu aggressivem Verhalten gehemmt - dagegen alternatives Verhalten ausgeführt wird?"
Veränderungen der Handlungsauswahl beinhalten bei allen Funktionsmodellen einerseits eine Erhöhung des Hemmungspotentials durch eine Veränderung der Erwartung zukünftiger Konsequenzen auf intensiv-aggressives Verhalten (siehe dazu "Effektbeurteilung" weiter unten) und andererseits eine Ausweitung der zu Aggressionen alternativen Verhaltensweisen und sozial akzeptabler Formen aggressiven Verhaltens: Stampfen, Schreien, Weinen, Hin- und Herlaufen, in die Luft springen, Schimpfen, Schnaufen, Springen, Rennen, ... die sich durch ihre Ausführung selbst verstärken können.
Ebenso steht eine Ausweitung sozial akzeptabler Formen an, z.B. durch Sport, Bewegung, Training usw., um Spannungen und sich aufbauende Erregung umzuleiten.

Kurz- oder mittelfristige Veränderungen der räumlichen oder personellen Situation oder eine vorübergehende Einführung von technischen Sicherheitsvorkehrungen oder -maßnahmen können Ansatzpunkte aggressiven Verhaltens verringern - und nehmen dem Behinderten die Wahl ab, sich für ein bestimmtes aggressives Verhalten zu entscheiden: zusätzlicher Einsatz von Mitarbeitern, Entfernen von Bildern an den Wänden, Sicherheitsfensterglas, vorübergehende Anwendung von Plastikgeschirr, Esseneinnahme am Extratisch, zerreißfeste Kleidung, Fixierung, Gehwagen (gegen "sich fallen lassen") usw.

Die pädagogische Arbeit mit geistig Behinderten ist u.a. charakterisiert durch eine geduldige Planung, Zielverhalten in kleinen Schritten durch ständiges Wiederholen usw. aufzubauen. Sie greift dabei auf Methoden der Verhaltenstherapie zurück:
Belohnung als sozialer Verstärker (Lob, Zuwendung) oder materielle Verstärker (Süßigkeiten) oder Handlungsverstärker (Spiele) werden gezielt und systematisch eingesetzt; - lerntheoretisch begründete Maßnahmen des "shaping" (Verhaltensausformung), des "prompting" (Hilfestellung durch Erzieher), des "fading" (schrittweiser Abbau von Hilfestellungen) oder "chaining" (Verkettung von Verhaltensweisen) kommen mehr oder weniger systematisch in Heim und Schule zur Anwendung.

Im Rahmen einer Erweiterung der Handlungskompetenz durch positive Verstärkung (in einzelnen Fällen auch negative Verstärkung) kann jedes nicht-aggressive Verhalten belohnt (DRO = differential reinforcement of other behavior) oder speziell erwünschte Verhaltensweisen (anstatt Fremdaggressionen: freundlicher Kontakt; statt lautem Schreien: leises Sprechen; statt Autoaggressionen: Fußstampfen) als DRI (differential reinforcement of incompatible behavior) belohnt werden.

Veränderungsmöglichkeiten der Handlungsauswahl im Funktionsmodell:
a) Aggression als Reaktion auf soziale Frustration.

Auf und Ausbau sozial akzeptabler Verhaltensweisen, sich Zuwendung holen und Zuwendungswünsche ausdrücken: Schmusen, Streicheln, an die Hand nehmen, Blickkontakt herstellen, auf die Bezugsperson zugehen, mit anderen Behinderten gleichzeitig Zuwendung erhalten, gemeinsam singen und spielen, Spaziergänge, Sand- und Wasserspiele im sozialen Kontakt.
Soziale Kommunikationsmöglichkeiten ausbauen (Sprachtraining, Training von Zeichen und Symbolen aus der Gehörlosensprache. Konkrete Ansätze zum Ausbau kommunikativer Fähigkeiten liefert KANE und HETTINGER (1987, siehe weiter unten), schrittweise dazu Distanz trainieren und Eigenaktivität und Selbstbeschäftigung fördern (soziales Spielen, Singen, Musizieren, Tanzen).
Sozial akzeptables Protestverhalten auf- und ausbauen.

Veränderungsmöglichkeiten der Handlungsauswahl im Funktionsmodell:
b) Aggression als Vermeidungsverhalten:

Als positive Verstärker von schrittweisem Ausbau des Arbeits- und Leistungsverhaltens können in der Heim- und Schulsituation verschiedene Belohnungen eingesetzt werden: soziale Zuwendung, Spiel, Nahrung, Süßigkeiten, Musik hören, fernsehen, Ruhepausen und in wenigen Einzelfällen "Token-Systeme", d.h. Spielmarken als jeweilige Belohnung, die bei einer bestimmten Menge ein angenehmes Ereignis, eine Belohnung nach sich ziehen.
Schrittweiser Aufbau von Motivation, den eigenen Fähigkeiten gemäß sinnvoll aktiv zu sein.

Veränderungsmöglichkeiten der Handlungsauswahl im Funktionsmodell:
c) Aggression als soziales Explorationsverhalten:

Veränderung des Erzieherverhaltens: sicheres und souveränes Auftreten dämpft die Lust, provokatives Verhalten auszuführen.Umleitung der sozialen Neugier in Spiel- und Kontaktverhalten durch schrittweisen Auf- und Ausbau unter primär sozialer Verstärkung (Lob, Zuwendung, Zärtlichkeit).

Veränderungsmöglichkeiten der Handlungsauswahl im Funktionsmodell:
d) Aggression als Reaktion auf Bedrohung.

Zulassung von individuellen Schutzmaßnahmen und Fluchtverhalten (sich Hände verstecken, sich zudecken, soziale Isolierung suchen, Zwangsobjekte "Fetische" erlauben). Erhöhung des Sicherheitsgefühls durch Nähe zur Bezugsperson. Nach Beendigung der Bedrohungssituation abrupter oder schrittweiser Abbau entsprechender Schutzmaßnahmen.
Stabilisierung bzw. Abreaktion panischer Erregung durch entsprechende Sicherheitsmaßnahmen (Festhalten, motorisches Abreagieren im Freien): gefährliches auto-, sach- oder fremdaggressives Verhalten an der Ausführung hindern, bzw. in ungefährliche Verhaltensweisen umlenken, alternative Formen der Spannungsabfuhr, wie Schreien und Stampfen, mit entsprechendem Selbstbelohnungseffekt zulassen. Weitere alternative Formen der Spannungsabfuhr zeigen KANE und HETTINGER (1987, siehe weiter unten).

Veränderungsmöglichkeiten der Handlungsauswahl im Funktionsmodell:
e) Aggression als Ausdruck pathologischen Wahrnehmens und Befindens.

Aggressives Verhalten durch körperliches und psychisches Mißempfinden: Schmerz, psychotische Impulse usw. ist entscheidend in der ersten Bewertung anzugehen: sind die "Ursachen" behoben, bzw. verringert, stellt sich das Problem der Handlungsauswahl weniger gravierend. Alternative Möglichkeiten sich abzureagieren sollten trainiert werden, z.B. durch geleitete, ungefährliche Motorik (Laufen, Hüpfen, Schreien, Stampfen), wobei gefährliche Aggressionsweisen - wie oben beschrieben- an ihrer Ausführung gehindert werden sollten.
(siehe alternativen Spannungsabbau nach KANE und HETTINGER, 1987, weiter unten).

Veränderungsmöglichketen der Handlungsauswahl im Funktionsmodell:
f) Aggression als schädigende Selbststimulation.
Umleitung von aggressiven Stereotypien in inkompatibles Verhalten: Körpererfahrungsübungen.
Gehen wir davon aus, daß intensive Aggressionsformen als Reaktion auf Frustrationen oft die Funktion haben können, den Mangel sozialer Kommunikationsfähigkeit auszugleichen, oder schädigende Selbststimulationen als mangelnde Fähigkeit zu verstehen sind, Reize adäquat zu verarbeiten, so stellt sich die Frage, wie dieses erheblich eingeschränkte Verhaltensrepertoire erweitert werden kann.

ROHMANN und HARTMANN (1987) stellen im Rahmen eines Therapiekonzeptes für autistische und/oder autoaggressive Kinder und Jugendliche primär körperzentrierte Methoden vor: Häufig sei der Körper des autoaggressiven Kindes, vor allem des schwerst geistig Behinderten, das einzige Kommunikationsmittel. Die dem Kinde innewohnenden und von ihm genutzten Kommunikationskanäle (kinästhetischer und taktiler Kanal) sind für den Therapeuten die ersten Zugänge, in dem Wahrnehmungen dieser Bereiche gezielt variiert werden. Wenn der Klient in den Bereichen Kinästhetik und Taktion erreichbar wurde, kann er über neue Erfahrungen sein Wahrnehmungsspektrum ausweiten.

Auch KANE und HETTINGER (1987) betonen die kommunikative Funktion selbstschädigenden Verhaltens und wollen sie durch alternative Kommunikationsformen ersetzen. Offensichtlich bietet dieser Zugang auch Anwendungsmöglichkeiten bei schwer geistig Behinderten, die neben autoaggressivem Verhalten auch Sach- und Fremdaggressionen gleichen Funktionszusammenhangs zeigen: Durch Anbieten einfacher (basaler) Stimulation im gemeinsamen Umgang mit Gegenständen schaffen die Therapeuten eine motivierende und klar strukturierte Interaktionssituation. Alle Äußerungsformen, die das Kind zeigt, werden aufgenommen und positiv beantwortet. Auf dieser gemeinsamen Basis werden dann einzelne interaktive Verhaltensweisen gefördert. In einem dritten Schritt wird der Transfer der gelernten Verhaltensweisen in die Alltagssituation geübt, so daß an Stelle aggressiver Verhaltensweisen alternative Kommunikations- und Handlungsmöglichkeiten im Umgang mit Personen und Gegenständen erworben und stabilisiert werden. Erst danach wird - soweit noch erforderlich - das Problemverhalten direkt angegangen. Die Therapie bietet einfache Stimulationen (taktile: Massagegerät, Schaukeln im Hängesitz oder auf einem Gymnastikball; akustische: Geräusche einer Spieluhr, eines Beckens; visuelle: Seifenblasen, Windrad usw.). Nach einem Angebot hat der Klient die Möglichkeit, weitere Angebote erneut aufzunehmen oder seinen Stereotypien nachzugehen. Jede Fördereinheit beinhaltet diesen Wechsel von Angebot und Pause.

Umlenkung massiven Aggressionsverhaltens:

Massive Aggressionen als Ausdruck sich aufbauender oder anhaltender intensiver Spannung oder Erregung im Zusammenhang mit Bedrohung, pathologischem Empfinden oder schädigender Selbststimulation können durch den Ausbau intensiver körperlicher Tätigkeit und entsprechender angenehmer

Spannungsreduktion deutlich verhindert oder verringert werden. KANE und HETTINGER (1987) bieten in einem weiteren Förderprogramm die Möglichkeit, angenehme, unschädliche Stimulation und Wohlbefinden durch körperliche Aktivierung zu erreichen. Bewegung und körperliche Aktivitäten (z.B. Laufprogramme, anstrengende Gartenarbeit, körperbelastende Hausarbeiten, Trampolin- oder Airtramp springen) bieten nicht nur geistig Behinderten mit selbstverletzenden Verhaltensweisen länger anhaltende Entspannung - offensichtlich stellen sich auch in der therapeutischen Behandlung sach- und fremdaggressiver Behinderter durch den gezielten Einsatz körperlicher Aktivierung Möglichkeiten, ihr Verhaltensrepertoire auszuweiten und positiven sozialen Kontakt zu erleben.

Beachtet werden sollte bei körperlicher Aktivierung, daß zwar eine körperliche Belastung, aber keine völlige Ermüdung eintritt, daß sie Spaß macht, oder zumindest nicht unangenehm ist, daß Dauer und Intensität langsam aufgebaut werden und ein positiver Kontakt zum Betreuer hergestellt, bzw. aufrechterhalten bleibt.

Programme zur Ausweitung des Verhaltensrepertoirs:
Als Alternative zu Aggressions - Streß - Interaktionen lassen sich gezielt Förderprogramme zur Ausweitung der lebenspraktischen Fähigkeit und der Selbständigkeit einsetzen. In entspannter emotionaler Beziehung und unter klaren räumlichen und zeitlichen Bedingungen gibt die Bezugsperson Vorgaben, in kleinen Schritten bestimmte Ziele zu erreichen.
Entscheidend ist neben einem effektiven Aufbau speziellerFähigkeiten und Fertigkeiten die Erfahrung einer positiven sozialen Interaktion. Der Übungsprozeß stärkt die Beziehung, das Erreichen schon kleiner Übungsziele ist ein gemeinsames positives Erlebnis.
KANE und KANE (1976) stellen differenzierte Therapieprogramme zur Ausweitung lebenspraktischer Fertigkeiten geistig schwer Behinderter unter anderem als Sauberkeitstraining, als Training von An- und Ausziehen usw. vor.
RICHTER (1980) bietet differenzierte Programme zur Selbständigkeitserziehung schwer Mehrfachbehinderter im Körperpflegebereich (Händewaschen und -abtrocknen, Zähneputzen, Haarebürsten usw.).

Veränderungen der dritten Bewertung: EFFEKTBEURTEILUNG

Die Interventionen zur Veränderung der Handlungsauswahl stehen dem Auftrag und der Ausbildung der pädagogischen Mitarbeiter (Erzieher, Lehrer, Heilpädagogen usw.) nahe; die Aufgabe des Therapeuten beschränkt sich hier meist darauf, entsprechende Motivationen zu erhalten und das erzieherische Vorgehen zu koordinieren und zu systematisieren.

Anders dagegen stellt sich der therapeutische Einsatz im Aufbau von Hemmungspotentialen durch die Veränderung der Lernmechanismen in der "Effektbeurteilung" dar: Eindämmung und Abbau intensiver Aggressionsformen und die Veränderung der Interaktion von Aggression und Streß erfordern qualitativ und quantitativ andere Vorgehensweisen wie der Umgang mit Aggressionen "normaler" Qualität, Quantität und Intensität, vor allem unter Berücksichtigung des relativ hohen Durchschnittsalters (17 bis 18 Jahre) und des entsprechenden körperlichen Entwicklungsstandes.

Prinzip einer therapeutischen Veränderung der Effektbeurteilung sollte sein, die vom Aggressor subjektiv bewertete, fortwährende oder intermittierend erfahrene positive oder negative Verstärkung als Konsequenz auf versuchtes oder ausgeführtes aggressives Verhalten in der akuten Situation derart umzugestalten, daß der subjektiv als angenehm empfundene Effekt völlig fehlt (Löschung) oder durch subjektiv unangenehm empfundene Effekte (Bestrafung Typ 1 oder Typ 2) ersetzt oder überlagert wird.
Veränderungen der Bedingungen der Effektbeurteilung sollten nicht losgelöst werden von Interventionen zur Veränderung der Stimulus- und Handlungsbewertung.

Im beschriebenen Heim und Schule wenden die Bezugspersonen folgende verhaltenstherapeutisch begründete Vorgehensweise systematisch und zum Teil in Kombinationen an:

I. Löschung durch Nichtbeachten: Ignorieren als Reaktion ist das Fehlen jeglicher positiver oder negativer Konsequenz auf aggressives Verhalten. Vereinzelte neue Aggressionsformen können ignoriert werden, z.B. ungefährliche Aggressionen.
Emil zerriß fortwährend seine Pullover und seine Hosen, lief zu den Erziehern und zeigte ihnen lächelnd die Fetzen. Schimpfen usw. hatte keinen Erfolg. Nachdem zehn gleichaussehende Garnituren Oberwäsche gekauft worden waren, konnten die Erzieher, nachdem Emil seine zerfetzte Kleidung zeigte, ohne weiteren Kommentar dem Jungen eine neue Garnitur in sein Zimmer legen, und ihn ohne ärgerliche Gefühlsregungen auffordern, sich in seinem Zimmer anzuziehen. Außerdem war "Kleidung" in der nächsten Zeit kein Gesprächsthema, wenn der Junge in der Nähe war. Nur zwei weitere Garnituren wurden danach noch zerrissen.

Aus der Notwendigkeit, bei einem fremd- und autoaggressiven Jungen schweren Kopfverletzungen vorzubeugen, wurde ein Sicherheitshelm konstruiert. Dieser Schutz nahm darüber hinaus dem Erzieher den Druck, fortwährend aufpassen zu müssen. Je nach Intensität konnten die Bezugspersonen dadurch das Kopfschlagen ignorieren oder durch Verwarnen oder sozialen Ausschluß angehen. Der Sicherheitshelm ist aus 5mm Streifilen, wurde nach Gipsabdruck der Kopfform passend angefertigt, hat eine dünne Schaumstoffpolsterung und über den ganzen Kopf verteilt Luftlöcher.
Er schirmt den Schädel über der Fläche des Haarwuchses und um die Ohren herum ab. Für den Behinderten unzugänglich ist die Stoffschlaufe, die unter dem Kinn über zwei Ösen unter den Ohren um den Helm herum läuft und hinter dem Hinterkopf durch einen "Clip-Verschluß" nur vom Erzieher zu schließen und zu öffnen ist. Bei völliger Bewegungsfreiheit des Kopfes und ausreichendem Schutz (selbst intensivste Kopfschläge, die ein verdübeltes Waschbecken aus der Wand brachen, verursachten bis auf gerötete Druckstellen keine weiteren Verletzungen mit Helm), ist nur das Aussehen des Plastikhelms störend. Die Intensität und Häufigkeit der Autoaggression nahm unter anderem durch begleitende Medikation stetig ab. Bei anhaltender Stabilisierung eines autoaggressionsfreien Zustandes bei normalem Umgang mit dem Jungen in seinem Bezugssystem, kann der Helm später systematisch und in kleinen Schritten abgebaut werden.

Massive Aggressionen mit zum Teil langjähriger Lernerfahrung bei verschiedenen, wechselnden Bezugspersonen haben ein weites und spezifisches Wirkungsspektrum: sowohl Steigerung der Intensität und Häufigkeit, als auch die Ausweitung der Qualitäten sind Effekte intermittierender (positiver und negativer) Verstärkung. Eine Löschung durch Ignorieren heißt für den Erzieher, das ganze Spektrum von Fehlverhaltensweisen erwarten zu müssen, es erscheinen lassen und reaktionslos hinzunehmen. Eine Einstellung, die schnell an persönliche, institutionelle und sicherheitsmäßige Grenzen stößt. Daher: In nur wenigen, klar eingrenzbaren Situationen kann Ignorieren effektiv eingesetzt werden.

II. Entzug angenehmer Konsequenzen: Angenehme Konsequenzen entziehen heißt, materielle (z.B. Süßigkeiten), soziale (z.B. Zuwendung) oder Handlungsverstärker (Bewegung, Spiele usw.) ganz oder teilweise auszuschließen, zu unterbrechen oder zu beenden. "Response-cost" und "time-out" in ihren verschiedenen Formen sind die lerntheoretisch begründeten Therapieverfahren.

a) Response-cost: Ein möglichst systematischer, einheitlicher und direkt auf das Fehlverhalten folgender Entzug materieller Verstärker. Der Alltag des Heim- und Schullebens beinhaltet einige natürliche, als Verstärker wirkende Situationen und Bedingungen. Diese zu beenden oder kurzfristig zu unterbrechen kann von den Bezugspersonen an Ort und Stelle oft kontingent auf aggressives Verhalten eingesetzt werden: So kann eine angenehme Beschäftigung, wie Musik hören oder fernsehen oder Teilnahme an einem Spiel usw. nach Aggression für kurze Zeit oder ganz unterbrochen werden, bei Fremdaggressionen kann der Aggressor z.b. von seinen Süßigkeiten dem Aggressionsopfer geben; weniger stark Behinderte können Sachschäden zum Teil von ihrem Taschengeld mitfinanzieren; Aggressionen bei Tisch können durch eine kurzfristige Unterbrechung des Essens beantwortet werden, in wenigen Ausnahmefällen, wenn Token-Systeme (Spielmarken mit Münzcharakter) verwendet werden, müssen Tokens abgegeben werden. Dies kann für bestimmte Aggressionsformen, Intensitäten oder Häufigkeiten durch unterschiedlich viele Tokens geschehen. Oder die durch Aggression zerbrochenen Gegenstände werden direkt weiter benutzt (z.B. ein zerbrochener Teller kommt als Tellerscherbe wieder auf den Tisch, die nun vorübergehend als wesentlich eingeschränkter Behälter für das Essen dient).
Je einheitlicher und systematischer das response-cost Verfahren angewandt wird, umso effektiver ist es.

b) Time-out: Time-out ist der Entzug sozialer Verstärker als kurzfristige soziale Abwendung oder sozialer Ausschluß aus der Gemeinschaft oder der jeweiligen Interaktion. Die Formen von Ausschluß oder Abwendung lassen sich in einer Rangreihe darstellen: sich mit dem Stuhl von der Gemeinschaft abgewendet in die Ecke vor die Wand setzen müssen; aus dem Raum auf den Flur, ins Freie oder ins eigene Zimmer geschickt werden; im jeweiligen Raum bleiben müssen, während alle anderen den Raum verlassen; als Extremform des time-out ist der Ausschluß in einen time-out-Raum gedacht.

Oft haben die weniger intensiven Formen des time-out ihre negative Komponente verloren, der Aggressor kann aus der Raumecke oder von seinem Stuhl aus weiterhin aggressiv sein, er kann auf dem Flur oder in seinem eigenen Zimmer Sachschäden anrichten oder sich verletzen, er kann weglaufen usw. Können diese Formen der Isolierung nicht angewandt werden, empfiehlt sich die Nutzung des time-out-Raumes. Konsequent und direkt auf - durch die Erzieher unter Supervision vorher einheitlich festgelegtes - Fehlverhalten wird der Aggressor in einen Raum gebracht, der jede Form von positiver Verstärkung ausschließt: Der Raum ist ohne relevante positive oder negative Reize, gegen Verletzungen oder Zerstörungen sicher, einsehbar, z.B. durch einen Froschaugenspion in der Tür, beheizt und beleuchtet. Ohne Kommentar, und möglichst ohne Hinweise auf eine Betroffenheit des Betreuers wird der Aggressor in den Raum gebracht. Nach einer festgelegten, relativ kurzen Zeit, oder nach Ende seiner tobenden oder ärgerlichen Reaktion kann er den Raum wieder verlassen. Jedes nicht-aggressive Verhalten (Zuwenden, Mitgehen, eine Tätigkeit beginnen usw.) direkt danach, wird durch den Erzieher belohnt (Lob, Zärtlichkeiten usw.). Der Behinderte kommt in die ununterbrochen weiterlaufende soziale Situation zurück, nichts erinnert mehr an seine vorhergehende Aggression.

Die Dauer des Ausschlusses variiert individuell: In der Literatur (BREZOVSKI 1985, KANE 1978) werden Ausschlußzeiten von 2 bis 15 Minuten, bzw. 10 bis 15 Minuten empfohlen. Die Autoren zitieren Fallberichte, in denen Zeiten von einer Minute bis im Extremfall von 24 Stunden angegeben werden.

Je nach Reaktion im time-out-Raum (Ruhe, Weinen, Schreien, Toben, Autoaggressionen, Einkoten usw.) variieren die Ausschlußzeiten beim beschriebenen Klientel von ungefähr 2 Minuten bis 90 Minuten.

Jede time-out-Durchführung wird dokumentiert: Name des time-out-Durchführenden, Auslösesituation, Dauer des time-out-Aufenthaltes, Besonderheiten im time-out-Raum, Art der Verstärkung des positiven Verhaltens danach (siehe dazu Anhang C).

Ein time-out-Verfahren kann nur effektiv wirken, wenn der Ausschluß aus einer für den Aggressor angenehmen Situation erfolgt, und die Rückführung des Aggressors aus dem time-out-Raum in eine angenehme Situation geschieht.

Wird das time-out-Verfahren eine Zeit lang angewandt, können Ermahnungen als Hinweisreize einmal vor jede konkrete Durchführung gesetzt werden.

Eine sachlich genaue, in ihren Bedingungen festgelegte und kontrollierbare Nutzung einer time-out-Durchführung mit time-out-Raum bietet folgende Vorteile: Der betroffene Behinderte kann nicht weglaufen, sich selbst, andere oder Gegenstände beschädigen. Das Verfahren kann auf relativ niedrigem Aggressionsniveau angewandt werden.

Der Teufelskreis von Aggressivität, sozialer Verstärkung dieser Aggressivität durch Beachtung usw. wäre gebrochen. Der Behinderte und der Erzieher trennen sich, bevor sich dieser Teufelskreis hochschaukelt.

Aus der Hilflosigkeit des Betreuers bei einem tobenden Kind wird gezieltes Handeln, noch ehe der Betreuer selbst intensiv in einen Kampf verwickelt wird. Der Lerneffekt aggressiven Verhaltens bei anderen Kindern ist sehr gering, denn das Modell ist fort.

III. Einsatz unangenehmer Konsequenzen: Unangenehme Konsequenzen sind direkte Aktionen der Bezugspersonen auf versuchtes oder ausgeführtes aggressives Verhalten, die vom Aggressor als Strafe, als deren Androhung, als Erleben von unangenehmem Zwang oder unfreiwilliger Beschäftigung unter mehr oder weniger massivem Druck des Erziehers erlebt werden.
Als "Strafen" wirken: (körperliche Züchtigung und Essensentzug sind verboten) Schimpfen, Schreien, Ermahnen, in Ausnahmefällen (z.B. bei körperlichen Kämpfen) auch das Spritzen mit kaltem Wasser ins Gesicht.

a) Unangenehme oder unfreiwillige Beschäftigungen: Unter Zwang "Flur- oder Treppenlaufen": mit Einsatz der Körperkraft des Erziehers wird der Aggressor gezwungen, schnell über eine Strecke zu laufen und sich anzustrengen. Die Maßnahme kann auch auf verbale Anweisungen des Erziehers vom Aggressor allein ausgeführt werden. (Mögliche körperliche Kämpfe während des Treppenlaufens erhöhen die Unfallgefahr!). Diese Erzieherkonsequenz auf ausgeführte Aggressionen soll vom Aggressor als unangenehm erlebt werden. Sie wird in anderem Sinnzusammenhang (z.B. bei Provokationen) angewandt und ist nicht zu verwechseln mit dem Aufbau von Körperaktivierung als angenehme Alternative zu aggressivem Verhalten.

b) Wiederherstellungsverfahren: Die provokativ verschüttete Mahlzeit muß vom Boden, vom Stuhl, von den Kleidern aufgewischt werden; eine eingekotete Hose oder das kotverschmierte Zimmer muß gesäubert werden usw.

c) Überkorrektur: Hier muß der Aggressor sein Fehlverhalten korrigieren und einen Zustand herbeiführen, der weit über die vorherige Situation hinausgeht: Wirft ein Behinderter einen Stuhl, muß dieser Stuhl wieder aufgerichtet und sämtliche anderen Stühle des Raumes ordentlich aufgebaut werden.
Beide genannten Verfahren des Wiederherstellens und der Überkorrektur haben den Nachteil, daß sie die direkte Anwesenheit des Betreuers benötigen, ein Zustand, der vom Aggressor oft als positive Zuwendung erlebt wird.

d) Pflichtentspannung: In seltenen Fällen wird der Aggressor ins Bett geschickt und muß dort längere Zeit bleiben. Bei Gefahr von Autoaggressionen durch Schlagen mit dem Kopf gegen Wände und Kanten, kommt ein Helm zur Anwendung, - ein flexibler Bauchgurt kann größere Sachschäden vermindern.

e) Kontingentes Festhalten: Der Aggressor wird, je nach Kraft und Körpergröße von einem oder zwei Bezugspersonen festgehalten, z.B. im Sitzen, und seine Hände werden von dem hinter ihm stehenden Erzieher hinter der Stuhllehne gehalten; im Stehen, der Erzieher steht hinter dem Aggressor und hält dessen einen oder beide Arme angewinkelt hinter dem Rücken. Bei Gefahr von Kopfstößen kann der nach hinten gewinkelte Arm des Aggressors leicht in Richtung Kopf gehoben werden, was eine Beugung des Oberkörpers nach vorne bewirkt. Es ist wichtig, daß die diesen Griff anwendenden Erzieher gegenseitig an sich selbst diese Methode praktizieren, um mögliche Gefährdungen, die Schmerzgrenze und die Praktikabilität herauszufinden.

Bei Gefahr extremer körperlicher Kämpfe kann im Liegen gehalten werden, der Aggressor liegt auf einer weichen Unterlage bäuchlings, der Erzieher sitzt auf dessen Rücken und hält dessen Arme auf dem Rücken verschränkt.

Ein unsachgemäßes Festhalten kann Zwängen oder Wünschen nach Zuwendung entgegenkommen: Das Festhalten eines Armes eines sich selbst schlagenden Jungen durch die neben ihm sitzende Erzieherin kann von diesem als angenehmer sozialer Kontakt erlebt werden. Hat er Wünsche nach diesem Körperkontakt, deutet er das Kopfschlagen an und schon "hat er seine Bezugsperson in der Hand".

Die Zeiten des kontingenten Festhaltens können sehr kurz sein (10 sec.) bzw. dauern, bis der Aggressor sich völlig beruhigt hat (Erschlaffung der Muskulatur!).

Kontingentes Festhalten als sofortige Erzieherreaktion auf Aggression hat eine sichernde und strafende Funktion. In anderem Sinnzusammenhang (Therapie von Informationsverarbeitungsstörungen bei autistischen Symptomen) wird die Festhaltetherapie (z.B. MFT nach ROHMANN 1985) nicht kontingent auf Aggressionen eingesetzt.

f) Negative Übung: Ein eng umschriebenes aggressives Verhalten kann durch systematisches Wiederholen verlernt werden. Eine fortwährende, unfreiwillige Ausführung bewirkt eine Sättigung und eine Ermüdung des Aggressors. Emil zerstört immer wieder seine Schaumstoffmatratze. Nach erneuter Zerstörung wird die Matratze, sein Bettzeug usw. aus seinem Zimmer entfernt. Er erhält eine ungefähr 1 qm großen Schaumstoffrest - den er in kleine Stücke reißen muß. Erst wenn er diese für ihn unangenehme Aufgabe erledigt hat, kann er sein Zimmer verlassen und es wird wieder wohnlich eingerichtet.

g) Paradoxe Intervention: Hier wird das abzubauende aggressive Verhalten vom Erzieher geradezu provoziert: Schon Ansätze oder erste Ausführungen von Aggressionen (Stuhlwerfen usw.) können vom Erzieher mit Nachdruck weiter gefordert werden: Wirf den Stuhl! usw.
Der provokative Effekt von Aggressionen bezüglich sozialer Zuwendung wird

schnell verlernt. In der sozialen Gemeinschaft einer Wohngruppe oder Schulklasse können negative Modell-Lerneffekte diese Vorgehensweise unmöglich machen.

h) Einschluß in den "Verhinderungsraum" (time-out-Raum): Ähnlich wie beim time-out-Verfahren im time-out-Raum wird der Aggressor eingeschlossen. Hier wirkt der Umstand des Einschlusses negativ, nicht die Trennung (Ausschluß) aus der sozialen Gemeinschaft. Dieses Verfahren ist anzuwenden, wenn Fremdaggressionen in körperliche Kämpfe ausarten, die den Aggressor selbst oder andere gefährden. Die Voraussetzungen klarer, einheitlicher Festlegungen des jeweiligen Aggressionsverhaltens, der Zeitdauer usw. sind gleich dem time-out-Verfahren dringend notwendig, ebenso die Dokumentation. Verhindert wird massiver Schaden, wenn andere Verfahren nicht angewandt werden können (z.B. wegen starker Körperkraft, Erregung usw.).

Für jedes dieser strafenden Therapieverfahren ist es notwendig, daß anschließend die Beziehung zwischen Aggressor und Bezugsperson wieder hergestellt wird.

i) Mit den weniger stark geistig Behinderten ist es notwendig, nach der akuten Aggressionssituation in einem Gespräch die Vorgänge kognitiv aufzuarbeiten, die Beziehung wieder herzustellen (der Aggressor kann lernen, z.B. sich zu entschuldigen), und konstruktive Wiedergutmachungen (Auto des geschädigten Erziehers waschen, Unterstützung oder Hilfestellung oder Übernahme von Tätigkeiten des Aggressionsopfers usw.) anzubieten.
Gelegentlich kann ein Bezugsperson, die über langjährige Berufserfahrung verfügt und zum Aggressor eine besonders nahe Beziehung hat, die Aufgabe des Ansprechpartners in Konfliktzeiten übernehmen. Gespräche über Konflikte, aggressives Verhalten und dessen negative Wirkungen auf das soziale Bezugssystem werden ausschließlich von ihr mit dem Aggressor geführt - Zeit und Themen richten sich dann nach der besten Ansprechbarkeit des Behinderten.

j) Ermahnungen haben erst dann ihre Wirkungen und ihren Sinn, wenn der ermahnende Erzieher ernst genommen wird. Eine Ermahnung ist eine symbolisierte Grenzziehung, die häufig erst nach Erleben dieser angekündigten Grenze akzeptiert wird.

k) Die Aggressionen, die aus steigernder Spannung und Erregung sich entwickeln, benötigen Ablenkungen oder Beruhigungen im Vorfeld: sich aufschau-

kelnde Konflikte können durch einen Themenwechsel beendet werden, der Erzieher kann sich aus der Konfliktsituation entfernen, der Behinderte kann durch andere Tätigkeiten oder durch beruhigende Zusprache abgelenkt werden. Aber: Wenn eine aggressive Handlung bereits ausgeführt ist, kann diese Zuwendung während eines Ablenkungsversuches schon als Verstärkung wirken.
Wichtig beim Einsatz unangenehmer Konsequenzen oder Entzug angenehmer Konsequenzen ist die Überprüfung, daß diese vom Aggressor im Sinne des Erziehers erlebt werden. So kann time-out schnell ins Gegenteil verkehren, wenn ein Behinderter massive Aggressionen einsetzt, um dem sozialen Streß einer Tischsituation zu entgehen und die Einsamkeit des time-out-Raumes sucht.
Frühzeitiges Reagieren schon auf geringe Intensitäten aggressiven Verhaltens erleichtern der Bezugsperson die Ausführung entsprechender Verhaltensweisen und ermöglichen dem Aggressor das veränderte Erzieherverhalten adäquat wahrzunehmen und zu verarbeiten.
Den Lerngesetzen gemäß kann uneinheitliches und/oder nicht konsequent oder kontinuierlich ausgeführtes Löschen oder Bestrafen (Typ 1 oder Typ 2) als intermittierendes Verstärken aggressiven Verhaltens wirken.

Die hier vorgestellten Erfahrungen werden vor allem unter dem Gesichtspunkt angewandt, daß sie die Interaktion von Aggression und Streß verändern. So kommt dem kontingenten Festhalten und dem time-out- und Verhinderungs-Verfahren bei massiven Aggressionen ihre besondere Bedeutung zu: Sie haben interaktionistische Relevanz, ihre Anwendung zielt auf die Beseitigung der verstärkenden Wirkungen von Aggressionen und andererseits auf die Veränderung der Bedingungen des problematischen Erzieherverhaltens durch Ausweitung adäquater Handlungskompetenz. Diese Verfahren ermöglichen dem Erzieher, sachlich begründet und in fairer Ausführung seine Souveranität und Handlungsfähigkeit deutlich zu machen.

Verfahren zur Änderung der Effektbeurteilung, vor allem mit strafender Wirkung, sollten nach folgenden Gesichtspunkten ausgewählt werden:
Berücksichtigung der Individualität, Lerngeschichte und Eigenarten des zu behandelnden Behinderten; Vorliegen einer dringenden Behandlungsnotwendigkeit; Einbettung in den Gesamtbehandlungsplan zur Integration des Behinderten; Vorliegen von psychologischen Hypothesen über Funktion und Wirkungsweise des individuellen, aggressiven Fehlverhaltens; Ableitung der Maßnahme aus dem Kontext der Interaktion von Bezugsperson und Behinderten; Berücksichtigung alternativer Behandlungsformen, die bei ähnlichen

Funktionszusammenhängen aggressiven Geschehens zur Verfügung stehen; Rückgriff auf soliden theoretischen Hintergrund; Vorliegen von positiven Erfahrungen; hohe Erfolgswahrscheinlichkeit; Gewährleistung einer kontrollierten, intersubjektiv gleichen Durchführung unter Benutzung von Kontrollisten; Abwägen von Vor- und Nachteilen des Einsatzes oder Nichteinsatzes des Verfahrens beim speziellen Individuum; Kenntnis der Grenzen und Möglichkeiten des Verfahrens; empirische Überprüfbarkeit und statistische Auswertbarkeit; emotionale und fachliche Akzeptanz des Verfahrens durch alle beteiligen Bezugspersonen; Einverständnis der Sorgeberechtigten; Berücksichtigung situativer Zwänge (Gefährdung anderer Kinder) und Abwägung alternativer, technischer oder räumlicher Möglichkeiten; Gewährleistung von Sicherheit; rechtliche und versicherungsrechtliche Abklärung; schließlich ist die Durchführung so zu gestalten, daß die Menschenwürde des Behinderten geachtet wird.

Eingliederung der therapeutischen Verfahren in die jeweiligen Funktionsmodelle:

Veränderungsmöglichkeiten der Effektbeurteilung im Funktionsmodell:
a) Aggression als Reaktion auf soziale Frustration.
Kontinuierliche oder intermittierende intensive soziale Zuwendung auf aggressives Verhalten muß als Verstärker abgebaut werden: sämtliche Konsequenzen mit für den Aggressor positiver Zuwendung sind zu unterlassen, übende oder wiederherstellende Verfahren nur, wenn deren negative Effekte den positiven Zuwendungseffekt überwiegen.
Ignorieren ist möglich unter bestimmten Bedingungen, bei Autoaggressionen empfiehlt sich als zusätzliche Schutzmaßnahme ein Helm.
Time-out als Verstärkerentzug, kontingentes Festhalten bei gefährlichen Aggressionen.

Veränderungsmöglichkeiten der Effektbeurteilung im Funktionsmodell:
b) Aggression als Vermeidungsverhalten.
Entzug der gewohnten negativen Verstärkung (Rücknahme von Anforderungen). Anforderungen sollten bestehen bleiben, wobei die Festlegung notwendiger Anforderungen in Krisenzeiten bezüglich Inhalt und Häufigkeit kontrolliert werden müßte.
Ignorieren von ungefährlichen Aggressionen bei gleichzeitig geduldigem Beharren auf der gestellten Anforderung. Den Aggressor ausreagiern lassen und nach Beruhigung Forderungen erneuern, bis zur Ausführung. Ausgeführte Anforderungen (Überwindung von früherem Vermeidungsverhalten) sind zu

verstärken. Als negative Reaktion auf gefährliche Aggression: Kontingentes Festhalten oder Verhinderungsraum. Wird durch Vermeidungsverhalten Schaden angerichtet, ist zu überdenken, ob eine Anwendung von response-cost oder Wiederherstellungsverfahren, die sowieso gering ausgeprägte Leistungsmotivation weiter beeinträchtigen.

Veränderungsmöglichkeiten der Defektbeurteilung im Funktionsmodell:
c) Aggression als soziales Explorationsverhalten.
Je soziale Reaktion ist belohnende Reaktion auf diese Provokationen: zu raten sind sämtliche Formen von time-out, wenn möglich Ignoriern, oder Strafreize als deutlich negative Konsequenzen. Wegräumen der Schäden durch den Erzieher, damit der Aggressor nicht erinnert wird (Belohnungseffekt). Hier bieten sich paradoxe Intervention, Überkorrektur und Wiederherstellungsverfahren an.

Veränderungsmöglichkeiten der Effektbeurteilungen im Funktionsmodell:
d) Aggression als Reaktion auf Bedrohung.
Wenn möglich ignorieren, ablenken, die Situation, die Örtlichkeit oder die betroffene Bezugsperson wechseln; auf steigende Spannung achten und beruhigend zureden, Körperkontakt anbieten, zurückweichen lassen; nach Aggressionssituationen versuchen, Entspannung und Beruhigung zu schaffen. In Notfällen zur Sicherheit Festhalten unter beruhigender Zusprache und die Situation verändern, bzw. versuchen, schrittweise sich der Bedrohung anzunähern.

Veränderungsmöglichkeiten der Effektbeurteilung im Funktionsmodell:
e) Aggression als Reaktion auf pathologisches Erleben und Befinden bzw.
f) schädigende Selbststimulation.
Wenn möglich ignorieren, versuchen, durch Personen- und Raumwechsel zur Beruhigung beitragen. "Selbstentspannung durch Aggressionsausführung", durch kontingentes Festhalten verhindern, wobei andere Formen der Aggressions- bzw. Spannungsreduktion, wie Schreien, Stampfen usw. verbal vom Erzieher verstärkt werden sollten.

Bei massiven körperlichen Kämpfen, egal welcher Funktionsmodelle, ist Sicherung vor Schaden das erste Gebot: Festhalten, time-out- bzw. Verhinderungsraum können die Maßnahmen der Wahl sein.

Die in den drei Bewertungsprozessen aggressiven Verhaltens (Stimulusbeurteilung, Handlungsauswahl und Effektbeurteilung) wirkenden Bedingungen sind oft änderbar: Den jeweiligen Funktionsmodellen wurde ein Katalog von Maßnahmen vorgestellt, die im organisatorischen Rahmen eines Heimes, bzw. einer Schule angewandt werden können: Veränderung von inneren und äußeren Reizkonstellationen, Aufbau eines Hemmungspotentials, Abbau der Wirkungsweise aggressiven Verhaltens, Ausweitung des Handlungsrepertoirs durch Förderung alternativen, bzw. sozial akzeptablen Verhaltens usw. - Wenn positive Formen der Interaktion sich in Entspannung entwickeln konnten und konstruktive Ruhe in das Bezugssystem einkehrte - werden weitere Ziele auf dem Weg des Behinderten zur emotionalen Integration in seine Wohn- und Arbeitswelt und zur pädagogischen Förderung seiner Ressourcen angegangen.

5.2.2 Therapeutische Einflußnahmen auf das Streßverhalten und Streßerleben der BEZUGSPERSONEN in Heim und Schule

"Seltsam - seitdem wir uns über Peter in der letzten Gruppensitzung unterhalten haben, macht er gar nichts Schlimmes mehr - als wenn er zugehört hätte ...". Im Rahmen der Teamgespräche müssen sich Veränderungen in den Bezugspersonen ergeben haben, die sich offensichtlich auf den problematischen Behinderten übertragen.

Genügt die Vermittlung spezifischer Handlungsweisen (Techniken), z.B. verhaltenstherapeutische Reaktionsformen auf Aggressionen (wie oben beschrieben), um die Interaktion von Aggression und Streß zu verändern?
Oder ist eine umfassendere Veränderung der Person des Erziehers in seiner Wahrnehmung, in seinen Gefühlen, seinem Denken und Handeln - in seinen Einstellungen und Erwartungen notwendig?

Therapeutische Interventionen im Bezugssystem "Erzieherteam" sollten Einstellungs- und Handlungsveränderungen bewirken. Rahmen dieser Veränderungsmöglichkeiten des Erlebens, Empfindens und Verhaltens ist die heiminterne Supervision. Nach FENGLER (1986) hat Supervision mit innerseelischen, interaktionellen, gruppalen und institutionellen Fragen zu tun. Gegenstand der Supervision ist die berufliche Arbeit des Supervisanden (z.B. Erzieher, Lehrer usw.). Dabei geht es in erster Linie darum, wie der Supervisand mit seinen Zielgruppen (Behinderte in Heim und Schule) umgeht. Oft wird aber auch das Verhältnis des Supervisanden zu eigenen Vorgesetzten, Kollegen und Mitarbeitern angesprochen. Teamsupervision befaßt sich mit der Frage, wie ein Kreis von Kollegen, die gemeinsame Arbeitsziele haben, miteinander umgehen. In der Supervision werden auch Fragen des beruflichen Selbstverständnisses und der beruflichen Zielsetzung besprochen. Diese wiederum stehen oft in enger Verbindung zur Lebenssituation des Betreffenden, so daß auch diese in Ausschnitten zum Gesprächsgegenstand werden kann. Nicht zuletzt muß immer wieder die Beziehung zwischen Supervisor (z.b. Heimpsychologe) und Supervisand besprochen werden. Im Mittelpunkt von Supervision stehen Erhalt und Verbesserung der beruflichen Kompetenz, am Beispiel eines Einzelfalles (z.B. im Umgang mit aggressiven Behinderten. Bei einer solchen Arbeit kann dann sichtbar werden, daß bestimmte Schwierigkeiten tief in der eigenen Persönlichkeit (des Erziehers) verwurzelt sind.

Entsprechend ist es dann manchmal notwendig, die persönliche Situation des Supervisanden in den Mittelpunkt zu stellen, doch bleibt dabei der Bezug zur Arbeitssituation - im Unterschied zur Therapie - immer gewahrt. Der Supervisor hat dafür zu sorgen, daß am Ende einer solchen Arbeit stets die vom Supervisanden (Erzieher) zu betreuenden Behinderten und die dann vielleicht veränderte Einstellung zu diesem wieder ins Gespräch kommt.

Heiminterne Supervision kann sich unter anderem nach folgenden Therapiemodellen richten:

In verhaltenstherapeutischen Supervisionssitzungen können die vom Erzieher praktizierten Verhaltensweisen im Umgang mit dem Behinderten durch spezifische Verhaltensanalysen, Auswahl der Verstärker und Setzung von Konsequenzen usw. korrigiert werden.

In der systemischen Supervision werden vor allem die gegenseitigen Abhängigkeiten und Verhaltenssteuerungen von Menschen (Erzieher untereinander oder Erzieher und Behinderte), die Kommunikationsformen und Kommunikationsstörungen und die Möglichkeit, klare Vereinbarungen zu treffen, beachtet und verändert.

Klientenzentrierte Supervision im Heim orientiert sich an den in der klientenzentrierten Psychotherapie grundlegenden Bedingungen, unter Berücksichtigung der Realität der Institution, der Gegebenheiten der zu supervidierenden Mitarbeitergruppe und der Aufgabenstellung: Ziel klientenzentrierter Supervision ist, dem Klienten oder den Klienten in einer spezifischen Situation bewußte Kontakte mit ihrem eigentlichen "Selbst", mit ihren Empfindungen, Phantasien, Gefühlen, Gedanken usw., die bis dahin verborgen, abgewehrt oder nur verzerrt wahrgenommen werden konnten, aufnehmen zu lassen. Festgefahrene, einengende, spannungserhaltende und kraftzehrende, "eingefleischte" Strukturen, mit sich, seinem Erleben und Befinden und mit der Umwelt umzugehen, werden im Prozeß der Selbstexploration aufgelöst. An ihre Stelle kann freies, lebendiges Erleben treten, das in Einklang mit den eigentlichen Werten, Überzeugungen, Empfindungen des Individuums steht, und sich als adäquate Antwort auf das, was in der äußeren Realität vor sich geht, ausdrücken

kann. Der selbstexplorative Prozeß (sich kennenlernen und mitteilen durch Sprechen, Rollenspiel, Körperempfinden usw.) kann unter den Bedingungen von u.a. Kongruenz, Empathie, Verstehen und Akzeptanz in Gang gesetzt werden und geschehen.
Im Freiraum der klientenzentrierten Supervision kann der Erzieher erfahren, daß das, was er mitteilt, mit dem übereinstimmt (kongruent ist), was er von sich wahrnimmt und was er wirklich ist. Gerade Spannungs- und Konfliktzeiten lassen das eigentliche Selbst mit all seinen Möglichkeiten und Fähigkeiten verschwinden hinter Geboten, Verboten, heftigen "negativen" Gefühlen, Ablenkungen usw. Schon das Wahrnehmen, Nachempfinden und Erkennen eingefahrener, inadäquater Erlebnis- und Verhaltensweisen (emotionale oder kognitive Barrieren, Selbstverschlossenheit oder Selbstabwertungen) kann spürbar und bewußt den Bezug des Individuums zu sich selbst und zu seiner Umwelt ändern.

In der klientenzentrierten Intervention richtet der Supervisor seine Aufmerksamkeit nicht so sehr auf das Ausgangsproblem (Verhaltensauffälligkeiten eines Behinderten, Streßsymptome des Mitarbeiters), sondern auf die Person des Erziehers, der Gefühle, Körperempfinden, Gadanken, Phantasien usw. hat, wobei weniger z.B. das Gefühl an sich interessiert, sondern wie die Person mit diesem Gefühl in Verbindung steht, wie sie es erlebt, was es für sie bedeutet und wie sie damit umgeht. Der Supervisor versucht, sich in die Welt des Erziehers hineinzufühlen (Empathie), und zwar so, wie dieser seine innere und äußere Welt erlebt. Dadurch ermöglicht er ihm, sich seiner eigenen Erlebniswelt zuzuwenden und sie wahrzunehmen.
Über eine Vermehrung von Informationen über sich selbst, über eine Ausweitung und Vertiefung seines Fühlens und Empfindens hinaus kann der Erzieher sich fühlbar besser selbst verstehen. Man könnte diesen Prozeß auch Einsicht nennen, aber es handelt sich nicht nur um einen gedanklichen Prozeß. Die Erkenntnis, wer er im Moment eigentlich ist, wird deutlich begleitet von körperlichen Prozessen und Empfindungen.
"Der Klient gewinnt gleichsam an Boden, auf dem er stehen kann, und damit erweitert sich sein auf diesem Boden aufgespannter Raum, in dem er entscheiden und handeln kann (...) Es fällt nicht immer leicht, sich so zu akzeptieren, wie man sich neu erfährt." (WILTSCHKO 1988).
Kongruenz als Einklang mit sich selbst, kann ungewohnt und schwierig sein, z.B. sich aktuelle, unangenehme Gefühle der Schuld, Scham, Hilflosigkeit einzugestehen. Das im Prozeß der Selbstexploration frisch entstehende, neue Erleben benötigt deshalb Schutz, eine Atmosphäre der Sicherheit, in dem es kräftiger werden kann, bevor es der realen Welt ausgesetzt wird; veränderter

Umgang mit sich durch z.B. Ausdrücken und Mitteilen von Gefühlen, kann Unsicherheit oder Angst provozieren. Dieser innere Schutzraum ist dem äußeren der klientenzentrierten Supervisionssituation analog. Der Erzieher erfährt, daß er auch mit seinen "negativen" Gefühlen, Phantasien, Gedanken usw. vom Supervisor und seinen Kollegen akzeptiert werden kann. Dies ermöglicht ihm, sich auch in dieser Situation (und in zukünftig ähnlichen) selbst akzeptieren zu können.

Konkrete Inhalte von Supervisionsgesprächen, Art und Weise der praktischen Vorgehensweise (Technik und Gesprächsführung), verdeutlicht Kapitel 6.1.

Eine klare Trennung von klientenzentrierter, systemischer und verhaltenstherapeutischer Supervision ist nicht möglich, ein Ineinander-Übergehen die Regel. So kann aus einer Besprechung über das aggressive Problemverhalten (Stimulusanalyse) bei starker emotionaler Beteiligung der Erzieher, sich die Thematik der Gruppensitzung ändern: Gesprächinhalt kann die Erfahrung von eigener Belastetheit, die Beziehung zum Behinderten oder zum Kollegen usw. werden.

Konkrete Veränderungsmöglichkeiten innerhalb von Mitarbeitersupervisionssitzungen können sich an dem Funktionsmodell problematischen Erzieherverhaltens orientieren: Wie lassen sich die Bedingungen der drei Bewertungsschritte konkret ändern?
1. Bedingungen der Aggressionsabschätzung: Wie können Faktoren erhöhter psychischer oder physischer Erregbarkeit, verzerrte Wahrnehmung usw. verringert werden?
2. Bedingungen der Bewältigungsabschätzung: Wie lassen sich z.B. Faktoren der Handlungskompetenz erweitern, Verhaltenshemmungen auf- bzw. abbauen?
3. Bedingungen der Wirkungsabschätzung: Wie können sich die fortwährenden oder intermittierend erlebten negativen Effekte eigenen Handelns, z.B. Hilflosigkeit, Zunahme von aggressivem Verhalten, Selbstzweifel usw. in positive Rückmeldungen ändern?

5.2.2.1 Veränderung der Bedingungen der "Aggressionsabschätzung"

Wird ein Hinweisreiz, (z.B. eine mögliche aggressive Handlung) von der Bezugsperson wahrgenommen, schätzt sie ihn bezüglich seiner möglichen Schädigung, Belastung oder Bedrohung ein.

Reize erhalten ihre Streßbedeutung durch: die Unmittelbarkeit einer möglichen aggressiven Konfrontation; die Uneindeutigkeit der Gesamtsituation; die Einschätzung der eigenen Belastbarkeit. Individuelle Werte und Überzeugungen, sowie fachliche Erkenntnisse und Erfahrungen bedingen diesen ersten Bewertungsvorgang. Entspannung erhöht die Toleranz gegenüber mutmaßlichen oder tatsächlichen Aggressionsreizen, sie hält die Bezugsperson relativ ruhig und beläßt Provokationen eher wirkungslos.

Welche Möglichkeiten bieten sich den Erziehern, eine erhöhte, die Realität verzerrende oder einengende Streßreizbarkeit abzubauen, zu differenzieren und die Umwelt wieder adäquater aufzunehmen?
Die Unmittelbarkeit einer aggressiven Konfrontation, die zeitliche Nähe, der Überraschungseffekt läßt sich nur eingeschränkt angehen: Wann und wie sich Aggressionen entwickeln, ist Entscheidung des Aggressors! Beeinflussen läßt sich durch die Bezugsperson das zeitliche Vorfeld, das räumliche Umfeld:
Im gemeinsamen Erfahrungsaustausch aller beteiligten Kollegen lassen sich vorzeitige, frühe Hinweisreize, Ankündigungen von Mißstimmung, Überforderung, zunehmende Anspannung des Behinderten im Vorfeld aggressiven Verhaltens deutlich machen.
Detaillierte differenzierte Schilderungen ermöglichen Aggressionssituationen minutiös nachzuzeichnen. Sich entwickelnde Spannungen oder sich gegenseitig hochschaukelnde Verhaltensweisen von Aggressor und Erzieher lassen sich derart definieren:
Videoaufnahmen verdeutlichen Spannungs-, Konflikt- und Aggressionsentwicklungen und können in mehrmaliger Wiederholung einer spezifischen Verhaltenssequenz, auch kleinste Interaktionsdetails deutlich werden lassen.
Kenntnis der Vorwarnsymptome läßt ein Reagieren im Vorfeld zu: Umlenken, Ablenken, aus dem Feld gehen, Spannungen bzw. Druck nehmen, sich Hilfe holen, den Kollegen Bescheid geben, sind vorbeugende Aktionen der Bezugspersonen. Ohne intensive Belastetheit kann vor aggressivem Geschehen gezielt und souverän gehandelt werden.
Die Uneindeutigkeit und Unüberschaubarkeit von Konflikt- und Spannungssituationen ist durch verschiedene Maßnahmen änderbar: Häufige Wiederholungen aggressiven Verhaltens bzw. intensiver Streßwahrnehmungen lassen sich oft spezifischen Situationen zuordnen: z.B. Essenssituationen, Veranstaltungen mit vielen Beteiligten usw.
Organisatorische Regelungen, im Kollegenkreis und mit den betreffenden Bezugssystemen abgestimmt, können Streßsituationen entflechten, entwirren, überschaubarer machen: z.B. Änderung der Tischordnung, Änderung der Essenszeiten, der Sitzordnung usw.

Institutionelle und organisatorische Maßnahmen: In Zeiten hoher Konfliktwahrscheinlichkeit oder in Gruppen mit akut hohem Aggressionsvorkommen kann sich, wenn nötig, durch zusätzlichen Einsatz von Kollegen die Situation deutlich entspannen. Die diensthabende Erzieherin fühlt sich nicht allein. Langfristig sind Umbesetzungen der Bezugssysteme möglich, ebenso eine Veränderung der Gruppen- bzw. Klassenstruktur (Verlegung des Aggressors in einen stabileren Bezugsrahmen).

Auf die Einhaltung der Arbeitspausen, Freizeiten,usw. als notwendige Entspannungs- und Entlastungszeiten ist zu achten.
Eine Strukturierung des pädagogischen Alltags z.B. durch Wochenpläne, entlastet durch effektiven Einsatz von Engagement und Arbeitskraft.

Team- und Einzelgespräche ermöglichen, daß Konflikte in und mit der Institution konstruktiv ausgetragen werden können (z.B. Klärung der Verantwortlichkeit und Arbeitserwartung sowie Führung und Unterstützung durch die Leitung verringern Druck und Anspannung des Mitarbeiters).

Die Einschätzung eigener Belastbarkeit kann Thema heiminterner klientenzentrierter Supervision sein: Veränderungen der negativen Selbstbeurteilung erhöhen das Gefühl von Selbstsicherheit und Souveranität (siehe Kapitel 6.1. "Supervision des Erzieherteams").

Spannungen, Konflikte und Mißtrauen im Mitarbeiterteam lassen sich in gruppendynamischen Teamsupervisionen angehen. Aggressions- und Spannungszeiten in Heim und Schule sind für das Mitarbeiterteam insgesamt eine Bewährungsprobe. Das Team muß sich als tragendes System darstellen oder wird zusätzlicher Stressor.
In seltenen Extremfällen, in denen sich die Gräben zwischen den Kollegen innerhalb eines Teams trotz intensiver und anhaltender Bemühungen nicht soweit schließen lassen, daß zumindest Kooperation und faires Miteinander gewährleistet ist, ist die Leitung gefordert, Personalentscheidungen zu treffen, Personalwechsel anzukündigen oder gar durchzuführen.
Solidarität, Verständnis, sich dem Kollegen mitteilen können und Rücksicht erwarten dürfen stärken die individuelle Belastbarkeit und verschieben die "balance of power" zugunsten der gestreßten Bezugsperson.

Das Gefühl, physisch und psychisch kräftig zu sein (stärker zu sein als der Aggressor) bietet ein entsprechendes Sporttraining: Fitness, Schnelligkeit und konkrete Sicherheitsgriffe werden unter Anleitung in Folge aufeinander aufbauender Sportübungen trainiert. Dazu angehalten sind primär Erzieher (-innen), die sich körperlich unterlegen fühlen.

Schließlich stärken gemeinsame Feiern innerhalb der gesamten Institution oder innerhalb eines Teams das Gemeinschaftsgefühl. Positive emotionale Beziehungen können sich intensivieren.

Werte über sich und die Einstellung zu sich selbst, zu eigener Kompetenz und Kraft, lassen sich in Einzelkontakten, - in tragenden Teams auch im Rahmen einer gesprächspsychotherapeutisch geführten Teamsupervision, - artikulieren: Besondere Reizbarkeiten für spezifische Provokationen festzustellen, berührt persönliche und private Anteile. Darüberhinaus sich bewußt zu werden, daß zu hohe eigene Erwartungen an sich, den Kollegen oder den Behinderten Aggressionen und Streß begünstigen oder sogar verursachen, ist schmerzhaft; sich im Gespräch eingestehen zu können, daß die resignierende Grundeinstellung oder "blindes" Engagement die Zukunftschancen des Aggressors weiter verringert, setzt eine vertauensvolle Beziehung der Teamkollegen zueinander voraus: ebenso schmerzt die Rückmeldung, daß eigene, besitzergreifende Zuwendung mehr zurückgehalten und sich zu geleitender, fördernder, persönlicher Nähe und Distanzierung differenzieren muß, - oder daß ein Übermaß an Fürsorge und Engagement auf Dauer nur eigenes "Ausbrennen" nach sich zieht.
Der befreiende, entspannende und kräftigende Effekt, über sich sprechen zu können und verstanden und akzeptiert zu werden, ist umso größer, je intimer und emotionaler die Erlebnisberichte sind. Persönliche Schilderungen über Erniedrigungen oder Beschämungen, intensive unangenehme Empfindungen (wie Ekel über Blut, Kot, Erbrechen oder gar Angst und Wut) fordern intensive Überwindung und schaffen danach deutliche Entlastung.

Sich im Kollegenteam Schwächen zugestehen zu dürfen, eigene Belastungsgrenzen zu akzeptieren und Unsicherheiten ausdrücken zu können, stärkt das Individuum und das gesamte Mitarbeiterteam. Schließlich heben echte Anerkennung und Lob durch Vorgesetzte und durch die Leitung das Selbstwertgefühl ... Entspannt sich die subjektive Reizbewertung, bauen sich Vorurteile und Stigmatisierungen gegenüber dem Behinderten ab.

Supervidierende Tätigkeit bei gestreßten Bezugspersonen gerät an Grenzen bei langanhaltenden (chronischen), und die Berufssituation übergreifenden Formen von problematischen Überzeugungen von sich und der sozialen Umwelt, oder körperlichen und psychischen Erschöpfungszuständen, die als deutliche

Symptome massiver persönlicher Probleme, psychischer/physischer Erkrankungverstanden werden müssen. Sie bedürfen intensiverer psychologischer, bzw. medizinischer Diagnostik und entsprechender Therapie.

Fachliche Kenntnisse und Erfahrungen lassen sich erweitern, um die Aggressionsabschätzung zu verändern: je mehr Kenntnis der Ursachenzusammenhänge, Abläufe und Wirkungen aggressiven Verhaltens, je klarer kann eine Konfliktsituation abgeschätzt werden, je eindeutiger und objektiver geschieht die Stimuluswahrnehmung und desto adäquater und realistischer kann eine Bewertung und Interpretation erfolgen.

Verhaltensanalyse und Interpretationen im Rahmen verhaltenstherapeutischer Teamsupervision, Einsatz von Videoaufzeichnungen, Aggressionslisten und dergleichen, Aufklärung über die Funktions- und Wirkungszusammenhänge aggressiven Geschehens, Diskussionen möglicher Ursachen, Auslöser und Motive ("Was würden Sie an der Stelle des Behinderten in dieser Situation tun?"), Erklärungen des lerntheoretischen Hintergrunds usw., sind konkrete Möglichkeiten, Wissen, Fähigkeiten und Fertigkeiten der Bezugspersonen am konkreten Fall auszuweiten.

Mangelt es einem Bezugssystem oder einigen Kollegen innerhalb eines Teams an notwendigem Problembewußtsein, an notwendiger Veränderungsmotivation oder hat sich ein Erzieherteam an immer wiederkehrende Aggressionsformen (z.B. nächtliches Bettzeugzerreißen) gewöhnt, muß die Problemwahrnehmung sensibilisiert werden.

5.2.2.2 Veränderung der Bedingungen der Bewältigungsabschätzung

Hier stellt sich die Frage nach der vermuteten Effizienz, Güte und Sicherheit der eigenen Reaktion auf die Aggression: nicht nur ob überhaupt reagiert werden sollte oder wie, auch die Vorwegnahme möglicher Konsequenzen der Umwelt, des Aggressors usw. auf die eigene Reaktion hin werden berücksichtigt. In diese Bewertung fließen ein: Intensität der Spannung, Vorhandensein von Ansatzpunkten für gezielte Bewältigungsschritte, deren Realisierbarkeit, situationale Zwänge, Werte und Normen und schließlich psychische Eigenschaften.

Intensität des Impulses: Impulsive Reaktionen von Bezugspersonen sind meist Zeichen von schon bestehender hoher Anspannung, Nervosität, Gereiztheit, Belastetheit usw. Der Impuls aus der Aggressionsbewertung kommt erschwerend hinzu. So genügen geringste Provokationen, um ein "Faß überlaufen zu

lassen" - und inadäquate überzogene Reaktionen sind die Folge.
Häufigere impulsive Reaktionen einer Bezugsperson können als ernste Symptome psychischer oder physischer Belastetheit angesehen werden, die möglicherweise intensiverer einzeltherapeutischer Betreuung bedürfen.

Ansatzpunkte gezielter Maßnahmen und Realisierbarkeit möglicher Bewältigungsansätze: Je unklarer eine Spannungssituation dem Erzieher erscheint, umso unklarer ist ihm, welche Bewältigungsstrategie er anwenden kann. Gegebenenfalls reichen organisatorische Maßnahmen nicht aus: Veränderungen des pädagogischen Förderprogramms können (vorübergehend) nötig erscheinen. Erlebt eine Bezugsperson z.b. den Stadtgang und das anschließende Zusammensitzen im Café als zu unüberschaubar - entstehen dort immer wieder Konflikte, und fehlen dem Erzieher in dieser komplexen sozialen Situation Möglichkeiten, pädagogisch adäquat zu reagieren - sollten die momentanen Förderziele überprüft und nach unten korrigiert werden. Fehlende Ansatzpunkte erzieherischen Handelns lassen ein (vorübergehendes) Meiden dieser Situation zu - bis sich andere organisatorische Möglichkeiten (z.B. kleinere Ausgangsgruppen) anbieten. Der Erzieher sollte sich immer in der Lage fühlen, aktiv und sicher handeln zu können; gerade in Spannungszeiten sollte er darauf achten, daß er sich nicht "mit dem Rücken zur Wand organisiert".
Eine Vorwegnahme kritisierender, verurteilender Äußerungen von Kollegen, Vorgesetzten, Eltern oder Außenstehenden engt den Handlungsspielraum effektiver Streßbewältigungsmöglichkeiten ein: eine Entspannung unter den Bezugssystemen, kollegiale Geschlossenheit, Kooperation und Akzeptanz würden Druck und Belastung nehmen. Die Tatsache, unter offenen Bedingungen und nach klaren Absprachen kontrolliert auf Aggressionen zu reagieren, schafft bei den Mitarbeitern mehr und mehr Gemeinsamkeiten im Verhalten. In Ausnahmefällen kann hilfreich und entlastend sein, sich auf eine "institutionelle Anweisung" berufen zu können.

Veränderungen problematischer Konfliktbewertungen: Kognitive Umbewertung von Streßsignalen, z.B. verschiedene Abwehrformen, wie Leugnen, Vermeiden, Verdrängen usw. sind im Rahmen psychologischer Arbeit mit Bezugspersonen, bzw. Bezugspersonengruppen im Heim nur schwer zu eruieren und zu verändern: im besonderen Einzelfall stellt sich sogar die Frage, ob diese Abwehrmaßnahmen hinsichtlich ihrer positiven Funktionen überhaupt abgebaut werden sollten.

Je offener und intensiver sich ein Mitarbeiter als Person in die Supervisionsgruppe oder ins Einzelgespräch eingeben kann, desto umfangreicher und tiefer können Veränderungen seines Verhaltens, Wahrnehmens, Erlebens und Befindens in Konfliktsituationen und darüberhinaus erfolgen. Verständnis und Akzeptanz bei den Anwesenden spüren, Vertrauen in Verschwiegenheit - und Sicherheit in die Solidarität - zu erleben kann die eigenen Abwehrmechanismen lockern. Differenziertere Reizaufnahme und Reizbewertung läßt Vorurteile und Distanzen fallen und den Behinderten adäquater erleben - mit seinen positiven und negativen Verhaltenselementen.

Abbau kognitiver Verzerrungen oder Vermeidungen macht die Bezugsperson ungeschützter und empfindlicher; andererseits werden rigide Wahrnehmungs- Erlebens- und Verhaltensstrukturen aufgebrochen; sie kann sich neuen Lebens- und Verhaltensqualitäten und -intensitäten öffnen: die Beziehung zum Aggressor kann wieder gefühlvoller werden.

Ausweitung des Handlungsrepertoirs

Durch den zweiten Bewertungsvorgang, der Bewältigungsabschätzung, reagiert die Bezugsperson in ihren körperlichen Prozessen, in Fühlen, Denken und Verhalten: spezifische Aktionen, bzw. Aktionstendenzen, problematische kognitive Umbewertung oder Aktionslosigkeit und intensive Gefühle der Verunsicherung und Hilflosigkeit wurden als Streßverhalten, bzw. problematische Erzieherreaktionen beschrieben.

Um entsprechend problematische Lernerfahrungen beim Aggressor abzubauen, wurde ein Katalog gezielter Erzieherverhaltensweisen zum Aufbau erwünschten Sozialverhaltens bzw. zum Abbau aggressiven Fehlverhaltens vorgestellt: er umfaßte verschiedene Verstärker- und Trainingsmaßnahmen einerseits und andererseits konkrete Handlungsmöglichkeiten im Vorfeld, während oder unmittelbar nach aggressiven Aktionen (z.B. Löschen, Bestrafen Typ 1 und Typ 2). Stellte sich hierbei die Frage, wie diese Maßnahmen auf Verhalten und Erleben des Behinderten wirken - können wir im folgenden betrachten, ob und wie diese neuen Erzieherreaktionen von den Bezugspersonen selbst angenommen werden und die wechselseitige Interaktion von Aggression und Streß ändern.

Im Rahmen verhaltenstherapeutischer Teamsupervision werden Ursachen, Auslöser und Wirkungen aggressiven Verhaltens eines speziellen Falles diskutiert ("Was hat der Behinderte von seinen Aggressionen gehabt?"). Eine gemeinsame Betrachtung von Videoaufzeichnungen des Erzieherverhaltens im Umfeld (vor, während, nach) aggressiven Geschehens ermöglicht oft verbal nicht darstellbare oder vermittelbare wichtige Informationen (z.B. mimische

Äußerungen, Augenbewegungen usw.). Darüberhinaus können die betroffenen Bezugspersonen ihre bisherigen unterschiedlichen Reaktionsformen sammeln, deren Effekte bewerten und relativ schnell abschätzen, wo sich ungewollte Belohnungseffekte zeigen.
Die Wirksamkeit oder Unwirksamkeit herkömmlichen problematischen Erzieherverhaltens läßt sich verdeutlichen, wenn z.b. die problematische Interaktion über die aktuelle Situation hinaus auf die folgenden Tage, Wochen und Monate projeziert wird; nicht nur Ausschnitte der akuten Situation, sondern Tendenzen und Entwicklungen von Aggressions - Streß - Interaktionen sollten zur Diskussion stehen. Erst eine Verlängerung der Betrachtungsperspektive, ein Überschreiten der aktuellen Situation in die Zukunft hinein, schafft oft Nachdruck, problematisches Erzieherverhalten zu erkennen.
Veränderungsdruck kann motivieren, Vorschläge alternativer Verhaltensweisen zu diskutieren. Ein probeweises, gemeinsames Anwenden einer bestimmten neuen Erzieherverhaltensweise über eine festgelegte Zeitdauer, kontrolliert durch tägliche Verhaltenslisten, kann Resultat ausführlicher Teamdiskussion sein - oder der Diskussionsverlauf macht Hemmungen, Diskrepanzen, gruppendynamische Konflikte plötzlich deutlich.
Damit bietet sich eine zusätzliche Ebene aktueller Gruppenthematik: flexibel sollte die Gesprächsführung dieser veränderten Thematik angepaßt werden; die Sachargumentation über richtiges oder falsches, effektives oder inadäquates Erzieherverhalten kann zurückgestellt werden - auf der Beziehungsebene ist möglicherweise noch kein Fundament gemeinsamen Wahrnehmens und Verstehens gefunden.

Ergebnis konstruktiver, emotional getragener und sachlich ausgerichteter Diskussion soll immer eine genaue Absprache einer konkreten Erzieherreaktion sein, die in Anwendungszeitpunkt, Dauer und Qualität der Durchführung differenziert festgelegt wurde; gegebenenfalls erweist sich ein praktisches Einüben in der natürlichen Umwelt, bzw. durch ein Rollenspiel als sinnvoll.

Oft besteht zusätzliche Notwendigkeit, die Gesamtsituation des Behinderten, Erziehungsziele und Förderpläne im Detail zu überprüfen: gravierende Unterschiede der Bedingungen zwischen den Bezugssystemen Schule, Heim und Elternhaus, Über- und Unterforderungen, gegensätzliche Reaktionsweisen sind Streß für den Behinderten und die Bezugsperson.
Im gemeinsamen Erfahrungsaustausch möglichst aller beteiligten Bezugssysteme (bzw. einzelner Vertreter) lassen sich am konkreten Tagesablauf des Problemkindes z.B. Anforderungen oder Frustrationssituationen, mögliche Konflikt- oder Entspannungszeiten detailliert benennen.

Am Beispiel einer Tischsituation können konkrete Fragen beantwortet werden: Wie wird der Behinderte zum Essen aufgefordert? Wie gestaltet sich für ihn die Situation zu Beginn der Mahlzeit? Was wird von ihm an Hilfe erwartet? Wie konkret erfährt er entsprechende Anforderungen? Kennt er den Wochenplan zum Tischdienst? usw.
Neben einer erweiterten kognitiven Übereinstimmung und entsprechend ähnlichem Handeln bezüglich Aufbau von Kontakt-, Spiel- und Freizeitverhalten und Fördermöglichkeiten usw. ist der emotionale Effekt gegenseitiger Erkenntnis und Erfahrung bei den beteiligen Bezugssystemen deutlich spannungsmindernd - oder verdeutlicht intensive Meinungsunterschiede, die schon über längere Zeit eine Kooperation der Bezugssysteme verhinderten.

Moralische Werte und sittliche Einstellungen schränken eine Handlungsauswahl ein: stundenlange "sachliche" Diskussionen über Sinn und Effektivität spezifischer Erzieherreaktionen laufen ins Leere, wenn emotionale Barrieren eine Übernahme von Verhaltensvorschlägen blockieren; Verhaltensabsprachen und Festlegungen zeigen nur geringe Effizienz, wenn nur der "Kopf" die Entscheidung fällt, eigenes Verhalten zu ändern, - eine emotionale Akzeptanz aber fehlt.
Individuelle Werte und moralische Normen erschweren oder verunmöglichen gegebenenfalls Möglichkeiten, eigenes Verhaltensrepertoire auszuweiten, oder lassen den Betroffenen sich heftig dagegen wehren. Dabei können Hinweise auf die wissenschaftliche Überprüfbarkeit verhaltenstherapeutischer Maßnahmen, z.B. time-out, wenig helfen, - sie können eher die Abwehr verstärken.
Neben sachlicher und fachlicher Aufklärung über spezifische Erzieherreaktionsweisen ist die Frage entscheidend, welche Reaktionsweisen sich eine Bezugsperson überhaupt selbst erlaubt. Niemand kann gegen seine moralische oder sittliche Einstellung zu therapeutischen oder pädagogischen Handlungen gezwungen werden. Der Therapeut hat aufzuklären, Überzeugungsarbeit zu leisten und Änderungsmotivation herzustellen.
Diskussionen über "Menschenwürde", "verletzende" oder "moralisch verwerfliche" Aspekte strafender Verfahren können Symptome eines gestörten Vertrauensverhältnisses unter den Bezugspersonen und unter den verschiedenen Bezugssystemen sein: Ein Austausch der betroffenen Erzieher über verschiedene moralische Anschauungen bezüglich einer spezifischen Erzieherreaktion kann eine Relativierung des eigenen moralischen Anspruchs ermöglichen. Einen rigiden Verallgemeinerungsanspruch trifft die Frage, ob die anderen Kollegen mit deren Ansichten keine Moral hätten ?!

Die notwendige Veränderungsbereitschaft wächst aus "Leidensdruck": manchmal muß das Bezugssystem oder einzelne Bezugspersonen im herkömmlichen problematischen Stil unverändert weiterarbeiten, bis Grenzen dieser Vorgehensweise für die Erzieher selbst spürbar werden.

"Das Team loslassen können", auf eine Veränderungsmotivation mindestens einiger Teammitarbeiter zu warten - und ohne Druck oder Schuldzuweisung diese beobachtende zwar, aber abwartende Vorgehensweise z.b. der Gruppenleitung mitzuteilen, ist der vielleicht längerfristig einzig effektive Weg von "Leitung", die von dem Betroffenen selbst noch nicht erkennbaren pathologischen Interaktionen und Beziehungen anzugehen. Größerer Druck verschließt nur und macht das Team mißtrauisch. Erfährt ein mit Aggression und Streß konfrontiertes Bezugssystem, das eine Hilfe von außen zur Zeit ablehnt, über längere Zeit weiterhin Respekt und Achtung, - wird dem Team weiterhin vermittelt, daß die fachliche Kompetenz und deren Entscheidungen akzeptiert werden ("Probieren Sie es selbst, Sie kennen sich und den Behinderten am besten. Sie werden wissen und merken, was Ihnen und ihm am besten nutzt ..."), kann im Team zunehmend die Bereitschaft wachsen, sich intern und nach außen hin zu öffen und neue Anregungen und Sichtweisen anzunehmen.

Pädagogische oder psychotherapeutische Maßnahmen, die als "Gewaltanwendung" gegen den Aggressor (Festhalten, time-out usw.) verstanden werden, vor sich selbst moralisch zu rechtfertigen, ist für manche Erzieher eine scheinbar unüberbrückbare Barriere. Entlastung kann schon darin bestehen, implizite Normen, Gebote, Verbote im Team anzusprechen und sich dabei akzeptiert zu fühlen. Nicht die individuelle Norm scheint die unveränderbare - eher herrscht Angst vor, einen Halt zu verlieren, einen Rahmen zu verlassen, der bei aller Hektik, Verunsicherung und Belastung noch Orientierung bot ... "Es darf nicht alles erlaubt sein!"   ?
Derartige Zweifel können Befürchtungen ausdrücken, sich selbst ohne Grenzen erleben zu müssen.

Der Bezugsperson äußeren Entscheidungsdruck nehmen, sie belassen und eine Verhaltenänderung anbieten, unter Betonung genauester Festlegung der Bedingungen und der Durchführungen, unter Betonung der Kontrolle und des jederzeitigen, widerrufbaren Versuchscharakters: diese vorsichtige Vorgehensweise schwächt die Befürchtungen, "Sachzwänge", "Willkür" oder "Ohnmacht" dirigierten das Erzieherverhalten, oder "man würde es sich zu leicht machen".

Moralischen Druck nehmen heißt auch, gelegentliche "unpädagogische Maßnahmen" ("Sein Angriff hat mich so erschreckt, da ist mir die Hand ausgerutscht") als in dieser Situation verstehbares Verhalten zu benennen und als Symptom für Streßbelastung zu werten, oder als Notwehrmaßnahmen zu interpretieren; wobei der Hinweis, daß "körperliche Züchtigung" streng verboten ist, fast überflüssig wirkt - die betroffene Bezugsperson hat sich meist selbst schon durch ihre Vorwürfe massiv unter Anklage und Schuld gesetzt.

Ausweitung des Handlungsrepertoirs versteht sich nicht nur darin, verstärkende oder bestrafende Verhaltenstechniken in Krisenzeiten zu vermitteln oder auszubauen, - Ausweitung des Handlungsrepertoirs meint eine umfassende persönliche Öffnung der Bezugspersonen zu differenzierterer Wahrnehmung, zu mehr Erleben und Handeln in der Beziehung zum Behinderten und zum Kollegen.
Ein erweitertes Handlungsrepertoire adäquater Verhaltensweisen zur Reduktion von Aggression und Streß sollte Mittel sein, pathologische Interaktionen zwischen Behinderten und Bezugspersonen zu ändern.
Die Bezugsperson benötigt darüberhinaus Möglichkeiten, Gelassenheit, Ruhe, Ausgeglichenheit, Sicherheit und Souveränität zu finden. In Konfliktzeiten adäquat handeln zu können ist nur notwendige, aber nicht hinreichende Bedingung für die positive Änderung von problematischen Interaktionen.
Im Supervisionsteam oder im Einzelgespräch steht notwendigerweise "Psychohygiene" als Pflege der seelischen Gesundheit zur freiwilligen Diskussion. Ein Erfahrungsaustausch über die konkrete Aggressions- und Streßproblematik hinaus kann das Repertoire an Entspannungs- und Entlastungsmöglichkeiten im beruflichen und privaten Bereich ausweiten: "Worüber freuen Sie sich auf der Arbeit? Was gibt Ihnen die Arbeit mit den Behinderten? Was freut Sie am Behinderten "X" ? Was mögen Sie an ihm? Was tun Sie für Ihr Wohlergehen? Wo können Sie sich ausruhen und Kraft schöpfen? Wo holen Sie sich die Energie, die Sie hier täglich weitergeben ? usw."

5.2.2.3 Veränderungen der Bedingungen der Wirkungsabschätzung

Gegenstand des dritten Bewertungsvorgangs ist die Reaktion der Bezugsperson auf aggressives Verhalten des Behinderten. Durch Reagieren gibt man sich zu erkennen, eigenes Verhalten liegt zur eigenen und fremden Beurteilung offen. Konsequenzen der Umwelt werden wahrgenommen oder erwartet, begleitende Gedanken und Gefühle werden als angenehm oder unangenehm erlebt. Das Resultat der Wirkungsabschätzung ist eine positive oder negative Selbstbeur-

teilung, die zu entsprechenden Gefühlen und Erwartungen führt und zukünftiges Verhalten in ähnlichen Situationen prädestiniert:
positive oder negative Selbstbeurteilungen sind Bedingungen für die Bewertungsvorgänge zufünftiger Streßsituationen und verändern den Prozeß des Umgangs miteinander.
In der akuten Aggressions - Streß - Interaktion nützt es wenig, wenn sich der Erzieher zwar konsequent und sicher fühlt, - er aber derart handelt, daß aggressives Verhalten nicht sofort unterbunden oder verringert werden kann - sogar im Gegenteil: wenn Aggressionen an Intensität zunehmen. Die Effekte eigenen Handelns, die Wirksamkeit oder Unwirksamkeit eigener Verhaltensweisen sind in der akuten Situation während oder nach Aggressions - Streß - Interaktionen der entscheidende Faktor. Am Beispiel massiver körperlicher Kämpfe oder körperlicher Gegenwehren erlebt die Bezugsperson intensive und plötzliche Änderungen ihrer Selbstbewertung: Fühlte sie sich zu Beginn noch überlegen, emotional relativ distanziert, der Situation und dem Aggressor gewachsen, - kann diese Sicherheit plötzlich zusammenbrechen und in unüberlegte, ängstliche, aggressive Notwehr umschlagen.
Auch anhaltende oder sich steigernde Provokationen können, je intensiver sie die Gefühle der Bezugspersonen treffen, aus relativ souveränem und sicherem Handeln schnell unangemessenes, gefühlsgesteuertes Reagieren evozieren.

Die in Kapitel 5.2.1 aufgeführten veränderten Reaktionsmöglichkeiten der Erzieher zum Abbau aggressiven Verhaltens und zum adäquaten Umgang mit erlebtem Streß bieten die Möglichkeit, daß nicht nur der Behinderte auf sein Fehlverhalten wirksamere Konsequenzen erfährt, - auch die Bezugsperson erlebt, daß sie sich effektiv verhält: positive Konsequenz auf adäquates Konfliktverhalten ist die subjektive Wahrnehmung, daß Sicherheit gewährleistet, weitere Aggressionen in ungefährlichere Bahnen gelenkt, der Erzieher sich handelnd erlebt und der Behinderte auf sein aggressives Verhalten eine angemessene, sachlich begründete und gemeinsam festgelegte und getragene Konsequenz erfährt. Die Anwendung von technischen Sicherheitsvorkehrungen kann den Bezugspersonen ähnlich versichernde Effekte bieten - wie eine adäquate Medikation des Aggressors.
Für den Erzieher wurde aus Aktionslosigkeit Aktion und Reaktion, aus Unvorbereitetheit geplantes Eingreifen, aus Unsicherheit und Hilflosigkeit wurde souveränes Gestalten, aus Zurückweichen Standfestigkeit usw. Die positive Rückmeldung über effektives Verhalten setzt sich zusammen aus der subjektiven Wahrnehmung eigenen Tuns und aus der Hoffnung, daß dieses Verhalten wahrscheinlich mittelfristig dahingehend wirkt, das aggressive Verhalten abzubauen und die Beziehung zum Aggressor zu verbessern.

Veränderungen der pädagogischen Ansprüche erleichtern die Effekte positiver Rückmeldung: sich darauf besinnen, daß soziale, kognitive, motorische Fähigkeiten erst dann sinnvoll auf- und ausgebaut werden können, wenn die Beziehung des Behinderten in seinem System entspannter und sicherer ist, heißt, in den Förderzielen und Erwartungen flexibler zu sein und die Zielhierarchie oft nach unten zu korrigieren: sich in Konfliktzeiten vorzurechnen, "wie wenig heute wieder gearbeitet werden konnte, nur weil man dauernd verhindern mußte, daß etwas passiert" unterminiert die Leistung, diese Konfliktsituation unter diesen spezifischen Umständen ohne größere Schäden ertragen zu haben. Die Gewißheit, als Mensch unvollkommen zu sein und Fehler machen zu dürfen, baut Selbstvorwürfe ab und läßt eher positive Rückmeldungen über eigenes Verhalten zu.

Je eindeutiger und klarer die Erzieherreaktion auf Aggressionen festgelegt wurde, je einleuchtender die sachliche, je akzeptabler die moralische Begründung, desto häufiger besteht die Möglichkeit positiver Rückmeldung eigenen Handelns. Lob durch Kollegen, Vorgesetzte oder die Eltern des Behinderten stärken das Gefühl, Richtiges zu tun.

Oft stellt sich bei Übernahme neuer Reaktionsweisen auf aggressives Fehlverhalten folgendes dar: Häufigkeit und Intensität von Aggressionen nehmen vorerst zu, um dann stetig, oft in mehr oder weniger großen Schwankungen abzunehmen. Zweifel und Resignation können durch Darstellungen anderer Beispiele positiv veränderter Aggressions - Streß - Interaktionen erheblich gemindert werden; Jeder Mitarbeiter weiß, daß nicht nur er mit Aggressionsproblemen konfrontiert ist. Die täglichen Rückmeldungen über Häufigkeiten aggressiver Verhaltensweisen in Aggressionslisten ermöglichen die Darstellung einer "Effektivitätskurve" (siehe dazu Fallbeispiel "Karl", Kapitel 6).

5.2.3 Therapeutische Einflußnahmen auf das System "Elternhaus"

Über die von Heim und Schule angebotenen Elternkontakte hinaus (z.B. Elternsprechtage, Elternbriefe, Gespräche mit Schul- und Erziehungsleitung, mit den Erziehern usw.) erfordern Eltern aggressiver Behinderter andere Qualitäten der Betreuung.
Stellten sich schon in den Bezugssystemen "Wohngruppe" und "Schulklasse" zum Teil gravierende Unterschiede im Problemverhalten des Behinderten, in den objektiven Bedingungen, in den Einstellungen, Erwartungen und Verhaltensweisen der jeweiligen Bezugsperson dar, - umso deutlicher zeigen sich diese Differenzen oft zwischen Heim - Schule und dem dritten Bezugssystem

"Elternhaus". Eine Gesundung pathologischer Aggressions - Streß - Interaktionen benötigt eine, alle Bezugssysteme umfassende Intervention. Unterschiedliche Zielvorstellungen und manchmal gegenläufige Vorgehensweisen erschweren oder verunmöglichen dem Behinderten die notwendige Akzeptanz bestehender Regeln, nehmen Sicherheit und vermindern die Effizienz pädagogisch - therapeutischer Arbeit. Uneindeutigkeit der Bezugssysteme kann bei den Bezugspersonen aller Systeme zu mehr Konflikten, mehr Streß und weniger positiver Bezugsfähigkeit führen.

Nur sehr eingeschränkt stellt sich dem beschriebenen Heim das Bezugssystem "Elternhaus" dar: Ungefähr 30% der Heimbewohner haben überhaupt keinen, bzw. nur sehr seltenen Kontakt zu ihrer Herkunftsfamilie (ungefähr einmal im Jahr). Einen regelmäßigen Kontakt zu ihrem Elternhaus, bzw. zur Pflegefamilie haben nur ca. 40%.
Das Einzugsgebiet der Heimbewohner ist weit gestreut, so daß sich die Elternkontakte oft so darstellen, daß die Familienangehörigen ihr "Kind" über ein Wochenende, bzw. während der Schulferien ganz oder wochenweise nach Hause holen, - kurz dauernde Besuche von näher wohnenden Angehörigen sind im Heim relativ selten.
Eltern aggressiver Behinderter äußern selten den Wunsch, über ihre Situation sprechen zu wollen. Therapeutische Kontakte entstehen, wenn z.B. Erzieher sich in ihren Bemühungen außerstande sehen, Spannungen, Mißverständnisse oder Konflikte mit den Eltern, bzw. Pflegeeltern auszuräumen. Ein Weg, ins Gespräch zu kommen, könnte deren Einbeziehung in die Therapieplanung sein. Die Elten zeigen anfangs oft eine eher abwehrende, ausweichende, bagatellisierende Art, über sich oder ihr Kind zu sprechen. Objektive Informationen über deren Verhalten liegen nur sehr eingeschränkt vor, vereinzelte Hausbesuche durch Heimmitarbeiter oder Beobachtungen der Kommunikation zwischen Eltern und Kind innerhalb des Heimbereiches sind eher die Ausnahme.
Hauptinformationsquelle über das häusliche Bezugssystem und die dortigen Interaktionen sind die subjektiven Schilderungen der Eltern.
Das elterliche Bezugssystem kann sich so darstellen, daß der aggressive Behinderte zu Hause in einer exponierten sozialen Stellung kaum Grenzen erfährt, sich das Familienleben hauptsächlich nach dessen Wünschen und Bedürfnissen richtet, Anforderungen oder Versagungen weitestgehend vermieden werden, ständiges Beachten die Regel ist und auf aggressives Problemverhalten uneindeutig oder wechselhaft reagiert wird. Die Beziehung zum Behinderten erscheint ambivalent: starke Gefühle der Sorge, des Mitleids, der Verantwortung, der Zuneigung einerseits wechseln mit Ablehnung, Ärger usw. andererseits. Eltern scheinen durch die Vorgeschichte und die Situation der

Trennung weiterhin erheblich belastet und leben offensichtlich in einer wenig verständnisvollen Umwelt auf sich selbst gestellt.

Ziele beratender oder therapeutischer Betreuung dieser Eltern könnten sein: Intensivierung der Kontakte zum Behinderten; Vermittlung von einer, der individuellen Realität und Zukunft ihres Kinders gemäßer Erziehungserwartung, Ausweitung entsprechender Erziehungsmethoden, Vereinheitlichung des Erziehungsverhaltens zwischen den Familienangehörigen in Anlehnung an Vorgehensweisen in Heim und Schule, störungsfreie Kommunikation mit den anderen Bezugssystemen, Aufklärung über die Zusammenhänge aggressiven Geschehens, Vermittlung von Kenntnissen und Fertigkeiten zum Aufbau sozial erwünschten Verhaltens.

Die Ausgangslage eines problemorientierten Erstgespräches ist "schief" - der Gesprächspartner (z.B. Psychologe, Erziehungsleiter, Gruppenmitarbeiter) hat von den Eltern dazu keinen expliziten Arbeitsauftrag - im Gegenteil: zu Beginn erscheint den Eltern die Situation so, daß der Gesprächspartner etwas von ihnen will. Sie erwarten offensichtlich unangenehme, belastende Gesprächsthemen.

Basis für das Zustandekommen intensiverer Zusammenarbeit ist der Aufbau eines Vertrauensverhältnisses. Dazu dient Klarheit über die zum Gespräch anstehenden Sachprobleme. Je eindeutiger die Darstellung anstehender Fragestellungen, je sachlicher die Thematik - umso überschaubarer ist für die Eltern die "Streßsituation" des problemorientierten Beratungsgespräches. Erst wenn über einen sachlichen Austausch von Erfahrungen, über Entwicklungsfortschritte oder Zukunftsaussichten, über Probleme und Lösungsmöglichkeiten bei Urlaub, Taschengeld oder Kleiderfragen usw. den Eltern das Gefühl vermittelt wurde, man interessiert sich für ihre Situation, ihre Erfahrungen und ihre Ansichten, wenn sie spüren können, daß ihre Meinung im Gespräch denselben Stellenwert hat und ebenso akzeptiert wird wie die Ansicht pädagogisch ausgebildeter Fachleute, - bildet sich oft erst tieferes Vertrauen in die Gesprächssituation und zu den professionellen Gesprächsteilnehmern.

Eltern, die ihr problematisches Kind vor Jahren in ein Heim gaben, haben sich oft mit dem Zustand der "zwei Welten", in denen ihr Kind seither lebt, in irgend einer Weise arrangiert. Ihre Besuche machen deutlich, daß sie weiterhin an einer Beziehung interessiert sind. Unabhängig von der Art ihrer Motivation (Liebe, Verpflichtung, Schuldgefühle ...) und der zum Teil problematischen Qualität der Beziehungen (unfreiwillige Abhängigkeit, Überbehütung, Rücksichtslosigkeit gegen eigene Wünsche) ist die über Jahre erhaltene hohe Motivation zu regelmäßigen Kontakten bemerkenswert. Auf diese Qualität elterlicher Verantwortung und Sorge läßt sich auch in Zeiten sachlicher

Diskrepanzen oder emotionaler Spannungen zwischen Eltern und Mitarbeitern Akzeptanz und Verständnis bauen.
Andererseits kann jahrelanges Arrangement mit der Realität der Trennung oft zu einer Gewöhnung an einen, vielleicht manchmal nicht befriedigenden, so doch "ruhigen" Zustand führen: Man hält sich daran fest, daß das Kind und die Familie es "besser haben". Oft ist deshalb die Motivation gering, sich neuen, unangenehmen Problemen zu stellen; eher werden bei Besuchszeiten der Kinder zu Hause zusätzliche Belastungen bewußt in Kauf genommen (intensivere Verwöhnung usw.), um den erträglichen "status quo" mit ihrem problematischen Kind aufrecht zu erhalten.

Andere Eltern versuchen, schon bei den geringsten Meinungsverschiedenheiten, deutlichen Druck auf die Heim- oder Schulmitarbeiter auzuüben.
Vielleicht liegen diesen unterschiedlichen Darstellungsweisen elterlichen Engagements ähnliche Verhaltenserlebnisse zugrunde: Die Belastetheit durch unverarbeitete negative Erfahrungen mit der Öffentlichkeit, mit Ämtern, Institutionen, Ärzten oder Heimen; die langjährigen, oft unangenehmen Erfahrungen in der Rolle des Bittstellers; die Unklarheiten bei der Diagnostik und Prognostik der Situation und Entwicklung ihres Kindes; das Gefühl, von einer Stelle zur anderen geschoben zu werden oder die Erfahrung, ihre Probleme auf einer Formal- ("Formular") Ebene behandelt zu bekommen usw.
Vielleicht bilden diese langjährigen Erfahrungen bei den Eltern zwangsläufig spezifische Empfindlichkeiten für spezifische negative Reize aus. Rückzug oder Angriff können Verhaltensweisen sein, mit diesen subjektiv bewerteten Konfliktsituationen umzugehen ohne intensivere Gefühle der Hilflosigkeit, Scham, Schuld oder Resignation aufkommen lassen zu müssen.
Über diese Gesprächsmöglichkeiten hinaus bieten sich für gezielte psychologische Interventionen im Rahmen der Elternbetreuung andere Schwerpunkte und andere Vorgehensweisen an:
Hausbesuche sind sinnvoll, wenn Eltern bereit sind, sich intensiver im Rahmen einer Aggressionstherapie zu engagieren: unter Anleitung können sie in ihrer häuslichen Umgebung z.B. Sicherheitsvorkehrungen treffen oder verhaltenstherapeutische Methoden übernehmen. An Ort und Stelle werden sie über räumliche Ausstattungen beraten und in der Durchführung trainiert.

Einzelgespräche zwischen Eltern und Heimpsychologen (Erziehungsleitung usw.) können Vertrauen, Gesprächsbereitschaft und Änderungsmotivation intensivieren und sind der adäquate Rahmen, wenn hinter der Problematik mit dem aggressiven Kind "systeminterne" Probleme der eigenen Familie spürbar werden: Konflikte in der Ehe oder im Familienzusammenleben, persönliche

Krisen oder psychische Belastungen oder Erkrankungen fordern einen Gesprächsrahmen, in dem der nötige Schutz (z.B. durch die psychologische Schweigepflicht) gewährleistet ist.
Wie bei ähnlichen Problemkonfigurationen von Mitarbeitern kann hier über kurzfristige Interventionen hinaus primär fachlich kompetente Hilfe, z.B. innerhalb einer Beratungsstelle, vermittelt werden.

Eine Elterngruppe von bis zu 12 regelmäßigen Teilnehmern, die sich zu günstigen Terminen (z.B. in Anlehnung an den Besuchsrhythmus an Wochenenden oder zu Beginn oder Ende der Ferien) alle vier bis acht Wochen im Heim trifft, kann von Erziehungsleitung oder Heimpsychologe eingeladen, vorbereitet und geleitet werden. Eltern nutzen diese Gelegenheit offensichtlich gern, im freien oder themenbezogenen Gespräch unter Ihresgleichen ihre Ansichten und Erfahrungen auszutauschen: schon das Erlebnis, von anderen Eltern ähnliche negative Erfahrungen und Enttäuschungen geschildert zu bekommen, nicht mehr in relativ verständnisloser Umgebung isoliert zu sein und allein Lösungen finden zu müssen, - sogar von Erfolgen und positiven Entwicklungen zu erfahren, entspannt und gibt Kraft und Mut.

Das Themenspektrum ist weit und richtet sich flexibel nach den Wünschen der Teilnehmer (z.B. Haftpflichtversicherungen nach Sachbeschädigungen, Informationen über psychotische oder autistische Symptome, über Krampfanfälle usw.). Gespräche können auch unter einer spezifischen Fragestellung angekündigt werden: "Was meinen Sie, wo könnte das aggressive Fehlverhalten ihres Kindes herrühren?; Wie geht es Ihnen als Eltern, wenn Sie an das aggressive Verhalten Ihres Kindes denken müssen oder damit konfrontiert sind?; Könnte es einen Zusammenhang geben zwischen Ihren Empfindungen Ihrem Kind gegenüber und dessen Aggressionen?; Wie kommen Sie als Eltern in Konfliktsituationen aus der Hilflosigkeit heraus? usw.".
Die Beziehung der Teilnehmer zueinander und die entspannte Atmosphäre können es zulassen, daß die Gesprächsebenen von der sachlichen Informations- und Problemlösungsthematik zu einer, die Eltern mehr persönlich betreffenden, emotional gewichtigeren Problematik wechselt: für manchen Teilnehmer wird es möglich, schmerzende Gefühle zu äußern: Sorgen und Enttäuschungen; Schuldgefühle, sich vom eigenen Kind getrennt zu haben; Scham, ein behindertes Kind gezeugt/geboren zu haben; Trauer über die Behinderung des Kindes; Selbstzweifel am eigenen (genetischen) Wert; Schmerz über Erlebnisse, in der Verwandtschaft, im Bekanntenkreis, abgewertet, abgelehnt, oder bemitleidet worden zu sein; Selbstvorwürfe, das behinderte Kind nicht genug geliebt zu haben, oder Ursache dessen Aggressivität zu sein; Beschämung, die

Heimaufnahme als Kapitulation der eigenen Bemühungen vor dem aggressiven Verhalten des Kindes zu erleben; Scham und Leid, die Aggressionen des Kindes spüren zu müssen - und schließlich Resignation bezüglich der eigenen Möglichkeiten und Fähigkeiten.

Vor sich selbst oft jahrelang unterdrückte, intensive Gefühle auszudrücken, sie als Bestandteil der eigenen Person zu empfinden und sich in der Elterngruppe vom Ehepartner und den anderen betroffenen Eltern verstanden und akzeptiert zu fühlen, - befreit und gibt Sicherheit. Das Erlebnis solidarischer Gemeinschaft öffnet für neue Erfahrungen mit sich und dem Problemkind und schafft neue Behandlungsmöglichkeiten in entspannten und auch konfliktträchtigen Situationen zu Hause.

6. Beispiele von Therapieverläufen massiver Aggressionsformen

In der Definition von Aggressions- und Streßinteraktion, in der Veränderungsnotwendigkeit, in der Auswahl therapeutischer und pädagogischer Verfahren unterscheiden sich die individuellen Problemfälle und die entsprechenden Bezugssysteme: trotz individueller und systemtypischer Unterschiede in den Verläufen der therapeutischen Arbeit zeigen sich am Beispiel "Fall Karl" und "Fall Adam" typische Schwierigkeiten und Möglichkeiten, mit aggressiven Behinderten und deren Bezugssysteme therapeutisch zu arbeiten. Diese konkreten Beispiele stellen abschließend einen Teil der Zusammenhänge von Aggression und Streß anschaulich dar.

Die mehrjährigen Erzieherratings über Verhalten und Befinden der beiden vorgestellten Therapiefälle lassen die Wirkungen unterschiedlicher (organisatorischer, sozialer, organismischer) Bedingungen erkennen und bieten eine Überblick über die interessantesten Abschnitte des Therapieverlaufs (Wirkung von Medikamenten: Einsetzen, bzw. Absetzen; Veränderung des Bezugssystems; Therapieeffekte usw.).

Stellen sich beim Fall "Karl" primär Verhaltens- und Erlebensänderungen durch Veränderungen des sozialen Umfeldes und des Erzieherverhaltens dar, steht bei den therapeutischen Effekten im Dalle "Adam" primär die Änderung organismischer Faktoren durch Medikation im Mittelpunkt.

Typisch für den Umgang mit Aggressionsproblematiken ist die Dringlichkeit und der Druck der Umstände. Umfangreiche fachliche Aufklärung der Mitarbeiter, Lösung interner Gruppenprobleme, Beziehungsklärungen usw., müssen

in der akuten, gefährlichen Aggressionssituation in den Hintergrund treten - verlangt ist relativ schnelles und einheitliches Handeln, um weiteren Schaden, bzw. weitere Fehlverhaltensverstärkungen zu unterbinden.
"Man kann den Jungen mit seinen akuten Problemen nicht so lange in den Kühlschrank stecken, bis unser Gruppenproblem gelöst ist", meinte eine Erzieherin zur Rangfolge der Problembewältigung.

6.1 Therapiebeispiel intensiver Fremd- und Sachaggressionen "Karl"

Karl wurde 1973 unehelich geboren. Die Mutter verstarb kurz nach der Geburt. Der Vater ist unbekannt. Der Junge wurde in die kinderlose Ehe der Schwester der Mutter übernommen, die über 50 Jahre älter als der Junge ist. Bis zu seiner Aufnahme im Heim lebte Karl bei Tante und Onkel, unterbrochen durch mehrere Klinikaufenthalte.

Nach den anamnestischen Erhebungen der Kliniken verliefen nach Angaben von Tante und Onkel die Schwangerschaft, die Geburt und die frühkindliche Entwicklung des Jungen normal. Erst ab dem Alter von zwei Jahren haben sich auffällige Entwicklungsverzögerungen, vor allem im sprachlichen Bereich, eingestellt. Die Ärzte vermuten eine Gehirnschädigung vor oder während der Geburt. Der Grund für die letzte Einweisung in eine Kinder- und Jugendpsychiatrie war, daß Karl zu Hause zunehmend schwieriger geworden und nur noch unter ständiger Aufsicht in der Familie zu halten war. Er warf Gegenstände vom Tisch, kippte Möbel um, so daß der Onkel Bett und Schrank in seinem Zimmer anschrauben mußte. Wegen seiner nächtlichen Unruhe und seiner Schlafschwierigkeiten mußte jeweils einer der Erwachsenen mit ihm im Zimmer schlafen. Der Onkel brachte einen Gurt mit in die Klinik, mit dem er Karl nachts am Bett festgebunden hat. Der behandelnde Psychologe berichtete, daß der Onkel bei Spaziergängen Karl an der Leine geführt habe.
Karl habe fast alles verstanden und habe z.B. Gegenstände herbeigeholt, die ihm benannt wurden. Er selbst verständigt sich durch eine Zeichensprache, über deren Bedeutung der Onkel ein umfangreiches schriftliches Register angelegt hat.

Eine Kinder- und Jugendpsychiatrie diagnostizierte 1981 eine "hochgradige erethische aggressive und autoaggressive Verhaltensstörung bei geistiger Behinderung, zum Teil jedoch bei erlerntem Fehlverhalten".
Der Klinikbericht betonte, daß aber in der Entwicklung und Ausgestaltung des Fehlverhaltens des Jungen die Erziehung durch Tante und Onkel eine bedeutende Rolle spielte. Die Verwandten hätten durch wachsende Identifikation mit

dem Jungen in den erzieherischen Zielvorstellungen und in den Interpretationen seines Verhaltens zunehmend den Boden der Realität verlassen.

Direkt nach seinem letzten Aufenthalt in der Kinder- und Jugendpsychiatrie wurde Karl in das beschriebene Heim verlegt. Seit 1982 lebt er nun dort. Mit ihm wohnen in seiner Wohngruppe noch vier Mädchen und drei Jungen im Alter zwischen 10 und 18 Jahren. Bezüglich der Schwere der Behinderung (mittel, schwer und schwerst Behinderte) ist diese Gruppe wie der Durchschnitt des Heimes gemischt.Betreut wird die Gruppe von zwei Erzieherinnen, zwei Krankenpflegehelferinnen, einer Krankenschwester und einem männlichen und einem weiblichen Praktikanten. Alle hauptamtlichen Mitarbeiter arbeiten schon seit mehreren Jahren auf der Gruppe. Karl besucht die dem Heim angeschlossene Heimsonderschule.

Probleme in Wohnheim und Schule:

Die Situation in der Wohngruppe war bezüglich Karls Fehlverhalten ähnlich wie in der Kinder- und Jugendpsychiatrie; erschwerend kam hier hinzu, daß Karls Aggressionen für ihn und die anderen Kinder zunehmend gefährlich wurden. Er verletzte schwächere Kinder, indem er sie z.B. gegen Tischkanten warf, trat, schlug, kratzte, an den Haaren zog, mit Tassen, Spielzeug, Blumentöpfen usw. gezielt bewarf.

Autoaggressionen wurden nur wenige beobachtet. Sie bestanden vorwiegend darin, daß der Junge sich mit der flachen Hand gegen den Kopf schlug oder vereinzelt Kopfschläge gegen die Wand oder gegen Gegenstände zeigte.

Er zerstörte sehr häufig (täglich mehrmals) zerbrechliche Gegenstände wie Tassen und Gläser, schüttete deren Inhalt aus, warf Gegenstände durch den Raum und zerstörte Fensterscheiben und Türen. Er konnte Türen und Fenster aushängen und Möbel umwerfen... Oft gingen diesen zerstörerischen Handlungen provozierende Verhaltensweisen voraus, wobei er z.B. Tassen provozierend auf der Tischkante balancierte bis er sie schließlich (nach mehrmaligen Ermahnungen des Erziehers) auf den Boden fallen ließ. Weitere provozierende und für den Erzieher problematische Verhaltensweisen waren sein Einnässen und Einkoten. Dabei konnte er sich in die Mitte des Raumes stellen, die Beine spreizen und lachen.

An einem einzigen Tag, laut Tagesprotokoll, zeigte der Junge folgende Qualitäten und Quantitäten seines aggressiven Fehlverhaltens: Er trat dreimal andere Kinder, schlug zweimal, bewarf einmal eine Person, näßte fünfmal ein, urinierte einmal in das Wohnzimmer und hängte sich provozierend über das Geländer im Treppenhaus. Er zerstörte eine Blumenvase, eine Spieluhr, einen Kugelschreiber, trat zweimal heftig gegen die Tür, warf vier Bilder, einmal einen Spielbaustein gegen Personen. Er warf eine Flasche durch den Raum, versuchte, Gardinen herunter zu reißen, kletterte auf den Küchenherd und den Schrank, drückte siebenmal anderen Kindern fest seine Zähne gegen deren Wangen. Neben den meist sehr plötzlichen, intensiven und zielgerichteten Attacken zeigte Karl über den ganzen Tag durchgehend starke motorische Unruhe und emotionale Anspannung. Er konnte nicht still sitzen bleiben, rannte oft durch die Gruppenräume und schien dabei getrieben und hektisch.

Nicht nur die Gefahr, daß sich der Junge selbst verletzen könnte, vor allem auch die eingetretenen körperlichen Verletzungen schwächerer Kinder, brachten die Erzieher unter erhebliche Spannungen. Karl mußte fortlaufend unter Blickkontakt sein, sämtliches Geschehen in der Gruppe und Schulklasse war sehr deutlich von ihm beeinträchtigt und auf ihn gelenkt. Die anderen Kinder mieden den Jungen - die Erzieher in Gruppe und Schule erlebten Karl als außerordentliche Belastung. Die Fülle und Intensitäten dieser Fehlverhaltensweisen und die fortlaufende Unruhe brachten die Bezugspersonen bald in die Situation äußerster Angespanntheit und Hilflosigkeit. Ihre emotionale Einstellung zum Kind wurde zunehmend negativer und die Verunsicherung immer größer: schon auf kleinste Provokationen mit Karl reagierten die Erzieher mit Aufmerksamkeit und Zuwendung, meist spürbar gereizt und unsicher.

Zusätzliche Spannung erzeugte die Beziehung zu Karls Tante und Onkel: die intensive emotionale Bindung der Verwandten an den Jungen blieb auch nach der Heimaufnahme bestehen. Oft erkundigten sie sich sehr besorgt und kamen häufig zu Besuch, wobei sich meist das Gruppengeschehen auschließlich um Tante, Onkel und Karl zu drehen hatte.
Erste Probleme mit den Erziehern ergaben sich, als der Onkel sehr bestimmt seine Ferien- und Besuchszeitregelung durchsetzen wollte. Sein - verständliches - Ziel war, den Jungen so häufig und so lange wie möglich bei sich zu Hause zu haben. Dies lief den Bemühungen der Heim- und Schulmitarbeiter zuwider, Karl in der Anfangszeit eine Möglichkeit der Eingewöhnung zu geben. Zusätzlich schilderten die Erzieher die Situation nach den Ferienaufenthalten des Jungen zu Hause so, daß anschließend immer wieder die alten Aggressionen und die bekannte Unruhe hervorbrächen und sie bei Karl wieder von vorne anfangen müßten.Als weiteres Problem im Umfeld von Karls aggressiven Fehlverhaltensweisen stellte sich für den behandelnden Arzt die

Unklarheit über die Wirkungsweise der früher verabreichten Medikation dar. Zwar wurde die von der Klinik eingestellte Medikation von dem das Heim konsiliarisch betreuenden Facharzt für Psychiatrie übernommen, doch lagen Berichte über Erfahrungen mit dieser Medikation über längere Zeit noch nicht vor. Aus den Gesprächen mit dem Onkel wurde klar, daß Karl seit Jahren in unterschiedlicher Höhe und unterschiedlicher Zusammensetzung verschiedenste Neuroleptika erhielt, über deren Wirkung keine genauen Angaben zu erfahren waren.

Karl zeigte aber nicht nur Probleme:
Er war fähig, sich anzuziehen, war aber bei der Körperpflege, beim Waschen, Baden usw. völlig unselbständig und passiv. Er konnte allein essen und deutete auf alles, was er bei Tisch haben wollte. Im Schulunterricht zeigte er eine gute Lernfähigkeit und konnte einfache Aufgaben schon nach kürzeren Übungsphasen relativ selbständig und ohne direkte Zuwendung ausführen. Bei Sing- und Kreisspielen lernte er, eine Triangel zu bedienen, und er war in der Lage, einfache Melodien nachzusummen und dies mit rhythmischem Klatschen zu begleiten. Der Junge bemühte sich besonders, Worte wie "Mama", "Onkel" und "Hunger" deutlich zu artikulieren und zeigte sich durch kleine Erfolgserlebnisse immer wieder neu motiviert. Unter Anleitung arbeitete er mit leicht formbaren Materialien oder mit Sand und Fingerfarben und konnte sich auch kurzfristig selbständig und allein beschäftigen.
Sehr gern und ausdauernd spielte der Junge mit dem Ball, den er werfen, fangen und prellen konnte. Auch hatte er großen Spaß, mit dem Standfahrrad zu üben oder auf dem Trampolin zu springen. In aggressionsfreien Zeiten konnte er trotz der erheblich belasteten Beziehung zärtlich mit den Erziehern schmusen, sich ihnen auf den Schoß setzen und dabei deutlich Freude und Entspannung zeigen.

Die Dringlichkeit, schon gleich zu Beginn auf das massiv aggressive Fehlverhalten und die hektische Unruhe reagieren zu müssen, ließ die Bezugspersonen relativ unsystematisch, unkontrolliert und spontan vorgehen.
Ausgehend von der Annahme, daß Karls extreme Unruhe unter anderem organische Ursachen haben könnte, wurde die entsprechende Medikation vom behandelnden Arzt auf 3x15 Tropfen Truxal festgesetzt. Im Team der Erzieher gab es dadurch intensive Diskussionen über die Notwendigkeit der Medikation.

Auf Karls Aggressionen wurde unterschiedlich reagiert: In der Schule wurde der Junge in die Ecke des Klassenraumes gesetzt wenn er Aggressionen zeigte, - im Heim wurde ein time-out-Raum eingerichtet: man ging davon aus, daß

Karl durch sein aggressives Fehlverhalten Aufmerksamkeit auf sich lenken konnte, und wollte diesen belohnenden Effekt durch das time-out-Verfahren ausschalten. Karl zeigte immer neuere Fehlverhaltensweisen und geschickteres Vorgehen bei seinen Provokationen. Als zwei neue Bezugspersonen (Praktikanten) in die Wohngruppe kamen, reagierte der Junge darauf mit gefährlichen Aggressionen. Auch hier wurde aus der Not der Situation heraus sofort mit dem Psychiater eine neue Medikation festgelegt (3x8 Tropfen Aolept).
Kurz darauf nahm Karls Fehlverhalten ab und der Junge wurde als "nicht mehr ganz so schlimm" beschrieben.

Nach einem dreiwöchigen Ferienaufenthalt zu Hause (dort wurde er als "recht lieb" geschildert), nahm die Aggressivität nach Schulbeginn in der Schule wieder deutlich zu. Der soziale Ausschluß in die Ecke des Klassenzimmers reichte nicht mehr. Karl konnte sich dem Geschehen im Klassenraum erneut nähern und aus der Ecke des Raumes aggressiv Gegenstände werfen, gegen Möbel treten usw.
Im Rahmen weiterer medizinischer Abklärung möglicher organischer Ursachen wurden in den abgeleiteten EEGs fortlaufende, in seinem Verhalten nicht feststellbare petit-mal-Krämpfe gefunden und entsprechend mit Antikrampfmedikation (3x300 mg Convulex) angegangen.
In dieser Zeit erlebten die Bezugspersonen der Wohngruppe, die anderen Gruppenmitglieder und Karl zusätzlichen Streß durch die massiven Autoaggressionen eines anderen Gruppenmitglieds "Adam" (s. Kap. 6.2). In der Folge schienen die abgesprochenen Erzieherreaktionen immer unklarer zu werden; Karls Fehlverhalten wurde demgegenüber immer differenzierter. Bald entwickelte sich die Aggressionsproblematik wieder so dramatisch, daß überlegt wurde, ob der Junge überhaupt in der Einrichtung verbleiben könne, da erneut Kinder verletzt wurden und Provokationen und Unruhe ähnliche Intensität zeigten wie zu Beginn der Aufnahme.

Bedingungsanalyse und Definition des Therapieziels

Ließen sich vorher therapeutische Überlegungen nur aufgrund zum Teil stark emotionalisierter und subjektiver Berichte der betroffenen Erzieher anstellen, - vor allem fehlten Informationen in Zeiten positiver Stimmung, Ruhe und geringerer Problematik, wurden vom 10. April 1984 durch spezielle Problemlisten tägliche Rückmeldungen über Qualität und Quantität des Fehlverhaltens des Jungen gewährleistet (siehe Anhang D).
Durch diese systematische Informationshilfe, durch die Auswertung der erst zu diesem Zeitpunkt vorliegenden Arztberichte, Berichte früherer Einrichtungen,

durch Videoaufzeichnungen und teilnehmende Beobachtungen ließen sich einige Bedingungshypothesen zu Karls Fehlverhalten und Unruhe anstellen und eine systematische Therapie planen.

Erklärungshypothesen zum Fehlverhalten: Karls Aggressivität und Unruhe ist bedingt durch körperliches Unwohlsein, schlechte Grundstimmung bzw. Stimmungslabilität, schlechten Schlaf, meteorologische Einflüsse und seine beginnende Pubertät - oder erhöhte Erregung und Aggressionsbereitschaft sind Begleiterscheinungen seines Anfallsleidens. Alltägliche Anforderungen, Über- oder Unterforderungen überschreiten seine geringe Frustrationstoleranz - zusätzlich erlebt er die für ihn frustrierende Kommunikation, indem er häufig nicht verstanden wird. Er ist sehr reizempfindlich und Lärm erzeugt ihm Streß. Sein starres, zwanghaftes Ordnungssystem läßt keine Veränderungen räumlicher oder personeller Regelmäßigkeiten zu. Zu Hause war er gewöhnt, mindestens eine Bezugsperson fortwährend für sich zu haben. Die Heimsituation wird für ihn frustrierend erlebt, zumal sich die Bezugspersonen immer mehr - auch in ruhigen Zeiten - von ihm zurückziehen. Irritierend und belastend ist der Wechsel vom Elternhaus zurück ins Heim und in die Schule. Karl erlebt bei den verunsicherten Erziehern unklare oder fehlende Grenzen und er probiert durch Aggressionen diesen Leerraum auszutesten.

Karls Aggressionen lohnen sich, sie verstärken sich durch ihre Ausführung, durch intensive positive oder negative Zuwendung der Erzieher, durch Rükknahme oder Abschwächung der Anforderungen und werden durch unterschiedliches Erzieherverhalten intermittierend belohnt. Karls Aggressionen haben darüberhinaus eine kommunikative Funktion bei stark eingeschränkter gestischer und fehlender sprachlicher Äußerungsfähigkeit.

Bedingungshypothesen zum Verhalten der Erzieher: Die Bezugspersonen reagieren problematisch, weil sie sich unsicher, hilflos und sehr angespannt erleben, durch die Anwesenheit Karls überfordert sind, dem Problemverhalten keine klaren Handlungskonzepte entgegensetzen können, hohe Spannung durch die Beziehung zu Tante und Onkel erleben; Druck empfinden, vor der Heim- bzw. Schulleitung keine Fehler machen zu dürfen, das Gefühl mangelnder Unterstützung und des Alleinseins erleben, Distanz durch die negative Beziehung zu Karl spüren und schließlich durch die Probleme anderer Kinder überlastet und gereizt sind.

Erklärungshypothesen bezüglich des Verhaltens der Verwandten: Tante und Onkel suchen ständigen Kontakt zu Karl und können sich nicht von ihm trennen. Er ist ihr einziger Lebensinhalt ("Wir brauchen ihn"). Die Kommunikationsform im Elternhaus ist problematisch, der Erziehungsstil unklar und vermutlich stark wechselnd: Verwöhnung des Jungen und extreme Zuwendung einerseits und andererseits sehr wahrscheinlich körperliche Züchtigung; starke Verunsicherung, Hilflosigkeit und Überforderung. Tante und Onkel sorgen sich um den Jungen, sie lieben ihren Neffen und erleben eifersüchtig die Bezugspersonen in Heim und Schule als Konkurrenz.

Aus diesen Bedingungshypothesen ließen sich folgende Ziele definieren: Im Vordergrund stand Sicherheit und Schutz Karls und der anderen Kinder. In die Gesamtsituation mußte Entspannung einkehren, der Erzieher sollte aus der Rolle des Reagierens heraus wieder zur souverän handelnden und bestimmenden Person werden, die zu dem Jungen eine positive Beziehung herstellen kann. Auf der Wirkungsebene sollte Karls Fehlverhalten sich nicht weiterhin belohnen.

Eine optimale medikamentöse Einstellung, eine konstruktive Zusammenarbeit zwischen Verwandten und Erziehern, - die soziale Integration des Jungen in seine Wohngruppe und Schulklasse mit einer optimalen pädagogischen Förderung war mittel- bzw. langfristig angestrebt. Fernziel ist die Ausweitung seiner intellektuellen, motorischen und sozialen Fähigkeiten, vor allem seines Kommunikationsverhaltens, um als Erwachsener möglicherweise in einer beschützenden Behindertenwerkstatt leben zu können.

Therapeutische Interventionsmöglichkeiten:

a) Veränderung organischer Ursachen: kontinuierliche Rückmeldungen an und ausführliche Gespräche mit dem behandelnden Psychiater ergaben bis zur probeweisen Medikamentenverringerung (14.3.85) eine gleichbleibende Medikation. Der Versuch einer Medikamentenverringerung wurde aufgrund zunehmender Erregung, Spannung, Unruhe und Aggressivität wieder rückgängig gemacht (siehe dazu nähere Beschreibung weiter unten).
Mögliche Schmerzursachen können auf Anfrage von Karl beantwortet werden. Regelmäßig durchgeführte Kontroll-EEGs gewährleisten optimale Antikrampfeinstellung.

b) Veränderung des Kommunikationsverhaltens:
Karl erhält ein Sprachtraining durch eine ausgebildete Sprachheillehrerin: diese hatte den Eindruck, daß Karl hätte sprechen lernen können, er aber eine andere "Sprache" (spezifische Laute und Gestik usw.) in der Kommunikation mit seinem Onkel erlernt habe, die dieser in "Wörterbüchern" festgehalten hat. Diese "Sprache" (aktiver Wortschatz) befähigt den Jungen, das meiste was er

ausdrücken wollte, verständlich zu machen. Das gesprochene Wort seiner sozialen Umwelt versteht er. So fehlte dem Jungen die Notwendigkeit, ein anderes Kommunikationssystem zu lernen. Im Gegenteil, er reduzierte sein jetziges Kommunikationsverhalten auf immer weniger Teile, weil er merkte, daß er z.b. bloß zu nicken brauchte, und sein Onkel hatte ihn schon verstanden. Das Erlernen einer neuen Sprache hieße, Karls altes Sprachsystem auszulöschen, was nur durch ganz konsequente Reaktionen sämtlicher Bezugspersonen geschehen könnte. Praktisch wäre dieser Versuch nicht durchführbar, zumal stärkste Aggressionen als Reaktionen zu erwarten wären. So versuchte man, auf sein bestehendes Kommunikationsverhalten aufzubauen, zum Teil Symbole, Bilder und Gesten einzufügen, um seine aktive Ausdrucksweise zu differenzieren.

c) Beratung von Tante und Onkel: Der problematische Kontakt zu den Verwandten wurde der Heim- bzw. Schulleitung übertragen. Durch mehrere Gespräche des Psychologen (unter anderem durch einen Hausbesuch) schöpften Tante und Onkel immer mehr Vertrauen und waren schließlich bereit, die pädagogisch sinnvollen Ferien- und Heimatbesuchsregelungen zu akzeptieren. So konnte der Junge eine Zeit lang nur für einige Tage in den Ferien nach Hause - mit zunehmender Problemfreiheit verlängerte sich die Verweildauer dort. Die Kontakte zwischen den Bezugssystemen wurden sachlicher, freundlicher und kooperativer. Für weitergehende, intensivere Gespräche fehlte den Verwandten die nötige Motivation.

d) Organisatorische Veränderungen: In der Wohngruppe und Schulklasse wurden ausgeschiedene Praktikantinnen durch männliche Praktikanten ersetzt, mit denen Karl auch herumtollen konnte. Die Fluktuation wurde eingegrenzt; eine zusätzliche Person wurde in den Gruppendienst eingeteilt. Vermehrte sportliche Betätigungen sollten dem Jungen ermöglichen, motorische Unruhe abzuführen. Der Förderplan war dahingehend ausgerichtet, daß Karl primär durch soziale Aktivitäten (bei anfallenden Arbeiten mithelfen usw.) Erfolgserlebnisse im sozialen Kontext erfahren sollte.

e) Veränderungen psychischer und psychosozialer Ursachen und Wirkungen: Karls Aggressionen schienen primär dem Funktionszusammenhang "Suche nach Zuwendung" und "Ausprobieren sozialer Grenzen" zuzuordnen zu sein. Karl sollte lernen, auf seine Aggressionen keine Zuwendung, - in spannungsfreien Zeiten vermehrt intensive Zuwendung zu erhalten.
Da seine Fehlverhaltensweisen zu gefährlich, zu belastend oder zu störend waren um im normalen sozialen Rahmen ignoriert werden zu können, wurde

für beide Bezugssysteme (Wohngruppe und Schulklasse) einheitlich festgelegt, daß klar definierte Aggressionsformen seines umfangreichen Repertoirs durch Entzug positiver Verstärker bestraft werden (Bestrafung Typ 2). Auch in der Schule wurde ein time-out-Raum eingerichtet.

Wenn auch BREZOWSKY (1985) rät, das time-out-Verfahren nur bei einzelnen aggressiven Fehlverhaltensweisen anzuwenden, so zwang der für Karl typische Aggressions- und Streßzusammenhang dazu, die Aggressionsformen Karls breit anzugehen. Die time-out-Liste (siehe Anhang E) macht ersichtlich, auf welche spezifischen Verhaltensweisen durch Ausschluß in den time-out-Raum reagiert werden sollte. Bezüglich des provokativen Einnässens wurde vorher abgeklärt, ob möglicherweise eine Blasenerkrankung oder ähnliches vorliegen könnte. Da dies mit relativer Sicherheit auszuschließen war, wurde neben der Reaktion auf Einnässen versucht, Urinmenge durch Kontrolle der Trinkmenge und regelmäßigen Toilettengang einzuschränken.
Bei sich aufbauenden Aggressionsketten wurden Verwarnungen eingebaut. Sein Schimpfen und Schreien sollten als Äußerungsweisen seines Ärgers akzeptiert werden.
Jede time-out-Durchführung wurde in der täglichen Verhaltensliste vermerkt, vor allem auch die Reaktionen des Jungen im time-out-Raum. Karl erlebte die time-out-Durchführung als sehr unangenehm: er schrie, trat gegen die Wände, tobte oft im time-out-Raum; es gab aber auch Situationen, in denen er ruhig abwartete, manchmal sogar weinte.
Irritiert wurden die Erzieher, als Karl im time-out-Raum, bzw. auf dem Weg dahin, lachte. Es zeigte sich, daß das Lachen meist dann erschien, wenn vorher ein langer Kampf zwischen ihm und einem Erzieher abgelaufen war und der Jungen sich offensichtlich weiter daran erinnerte. In diesen Situationen kotete und urinierte er lachend in den time-out-Raum.

Erhebliche praktische Probleme gab es bei der Durchführung: Karl war recht geschickt, kräftig und schnell. Er ließ sich nicht ohne Gegenwehr in den time-out-Raum bringen. Da ein längeres Kämpfen sowohl wegen der Gefährdung der Teilnehmer, als auch wegen der sehr negativen Lerneffekte für das Kind unbedingt zu vermeiden waren (im Kampf erlebte der Junge seine Körperkraft), wurden spezielle Griffe geübt, um den Jungen sicher und schnell aus der Aggressionssituation in den time-out-Raum zu bringen. Es zeigte sich, daß Karl von wenigen Minuten (mindestens 2) bis längstens 1 1/2 Stunden, aber im Durchschnitt 15 Minuten bis zur Beruhigung im time-out-Raum verblieb.
Sämtlichen Bezugspersonen wurde klar, daß es für Karl sehr wichtig sei, nach den time-out-Verfahren wieder eine intakte positive Beziehung zum Erzieher

erleben zu können. Parallel zu den Bemühungen, aggressives Verhalten abzubauen, wurden die Bezugspersonen angehalten, jede akzeptable Beschäftigung oder Daseinsform Karls durch Zuwendung (nette Gesten, Streicheln, Lob) zu intensivieren. Außerdem wurde sein aggressives Verhalten systematisch umgelenkt: beim Waldspaziergang konnte der Junge mit dem Erzieher Stöcke und Steine in die Gegend werfen, sein Schießen wurde in Ballspiele, sein unangenehmes Drücken von Kindern in zärtliches Umarmen umgelenkt.

f) Supervision des Erzieherteams

Die regelmäßigen, in Krisenzeiten wöchentlichen Gruppensitzungen sämtlicher Bezugspersonen von Karl unter Leitung des Heimpsychologen hatten untern anderem folgende Themen:
Aufklärung über die Funktionszusammenhänge von Karls Fehlverhalten; Diskussion und Training adäquaten Erzieherverhaltens; Spezifizierung der Verlaufsdiagnostik; Begründung, Anwendung und Kontrolle der verabreichten Medikation; Ausarbeitung spezifischer Fördermaßnahmen; Aufarbeitung von Rückschritten oder unvorhergesehener neuer Krisen; Klärung der Beziehung zu Karls Verwandten und Regelung der Kontakte; Veränderung organisatorischer und räumlicher Bedingungen in den Wohngruppen und in der Schulklasse; Diskussion institutioneller Problematik, Veränderung des Umgangs der Mitarbeiter mit der Institution; Einführung und Anweisung neuer Mitarbeiter; Klärung oder Aufarbeitung teaminterner Probleme usw.

Neben dem Einsatz von Videoaufzeichnungen, in denen die problematischen Interaktionen von Karl und seinen Bezugspersonen in der natürlichen Umgebung, zum Teil in Nahaufnahme dargestellt wurden, konnten Rollenspiele Aggressions- und Streß - Interaktionen verdeutlichen, Bedingungen und Zusammenhänge erkennbar werden lassen und dadurch Veränderungsmöglichkeiten aufzeigen.
Beim Versuch, Karls Verhalten nachzuspielen, ergaben sich Möglichkeiten, die Situation aus der Sicht des Jungen zu erleben und für ihn und sein Empfinden und Verhalten Verständnis aufzubringen.
Die graphische Darstellung des Therapieverlaufs anhand der täglichen Erzieherratings gab Rückmeldung über die Effekte erzieherischen Handelns und versachlichte die Diskussion über die möglichen Funktionszusammenhänge in Karls Verhalten.
Einen wichtigen Bestandteil zur Veränderung des Erlebens, Befindens und Verhaltens der Bezugspersonen macht die klientenzentrierten Supervisionssitzungen aus. Am Beispiel eines (gekürzten) Gesprächs, das unter der Fragestel-

lung "Welche Veränderungen ergaben sich für Sie persönlich durch die Teamsitzungen?" mit Karls Bezugspersonen ungefähr ein Jahr nach Beruhigung der Gesamtsituation geführt wurde, verdeutlicht die für die Erzieher wichtigen Supervisionsbedingungen der Echtheit, Akzeptanz, des einfühlenden Verstehens usw. im Prozeß der Selbstexploration:

Beispiel 1: Abbau von Unsicherheit und Angst

Erzieher (E): ...Ich kenn den Karl jetzt fünf Jahre. Anfangs hat er viel Streß gemacht. Das waren schlimme Zeiten, wir standen immer unter Dampf ... Man war immer auf dem Sprung, man hat es einkalkuliert, da muß was passieren, weil das immer so viel war am Tag, man mußte immer hinhören und -sehen, man hat immer gemeint, es müßte was passieren.

Supervisor (S): Sie haben schon auf Kleinigkeiten reagiert, die vielleicht gar nicht so gemeint waren?

E.: Man hat schon Sachen gesehen, die man normalerweise übersehen würde ... Nach diesem Zeitraum kam, daß Karl auf Kinder losging und auch an uns, sehr gezielt. Dann kam Angst dazu, daß man ihn nicht packt, so wie er auf einen losgegangen ist. Ich habe gedacht, ich müßte ihn packen, aber innerlich hatte ich Angst auf ihn zuzugehen und ihn zu holen.

S.: Wie ist er auf Sie zugegangen?

E.: Frontal, als Kampf, in die Haare, geschlagen, getreten, wie er gerade an uns dran kam, sehr massiv. Zumal ich nicht wußte, wie ich ihn jetzt anpacken sollte. Der hatte verstärkt mit Geschirr geworfen. Hoffentlich kriegst du nichts über, oder die anderen, so in der Angst - es kann etwas Schlimmes passieren, ich muß den jetzt fest packen, aber wie?

S.: Hätten Sie auch weglaufen können?

E.: Ich mußte bleiben, weil ich mich der Auseinandersetzung gestellt habe. Wenn ich weggelaufen wäre, dann wäre ich nie wieder auf den zugegangen. Meine Beziehung zu ihm hätte sich kolossal geändert. Ich hatte immer, wenn es mal ruhige Zeiten gab, einen sehr guten Bezug zu ihm, das hat mir dann in dem Moment immer geholfen. Daß er eigentlich nett ist, auch wenn er da so auf mich los ist, das hat mir in dem Moment geholfen: Und du bleibst jetzt hier. Wenn ich dem einmal nachgegeben hätte, wäre es für mich gelaufen.

S.: Hätten Sie sich dann nicht mehr getraut?

E.: Die Angst wäre immer größer geworden. Ich hätte mich nicht mehr getraut, auf die Gruppe.

S.: Was haben Sie da getan?

E.: Vorher, als wir noch nicht geübt hatten, die Griffe, war ich sehr zaghaft, weil man halt immer denkt ... ja daß man nichts abkriegt, wenn er zuschlug; es hat verdammt weh getan. Weil ich nicht sicher genug war, weil ich nicht gestärkt war: Mensch, du kannst ihn ja packen. Immer die Angst im Hinterkopf, da habe ich sehr zaghaft angepackt, erst sortiert und rumgewurschtelt.

S.: Man wußte nicht, ob es richtig war oder nicht, was man getan hat? Es gab keine Perspektive?

E.: Wie wir es geübt hatten, mit den Griffen, hieß das, ich kann was tun. Ja, das hat Kraft gemacht, wir waren nicht mehr hilflos.

S.: Sie haben mehr Kraft gespürt?

E.: Durch diese Übungen, daß es eine Möglichkeit gibt. Auch durch die Gespräche, die Gespräche dazu und diese Übungen. Das hat halt eben das Gefühl vermittelt: Mensch, du kannst ihn packen, zwar nicht immer, aber du hast die Möglichkeit.

S.: Es ist nicht aussichtslos?

E.: Ja.

S.: Was war an den Gesprächen so wichtig, daß Sie da mehr Kraft und Sicherheit bekamen?

E.: Erstmal, daß wir im Gespräch mit allen zusammen saßen und wir uns ausgetauscht haben, unsere Erfahrungen, daß jeder auch eben Angst vor ihm hat.

S.: Hat das zu mehr Angst geführt, als Sie hörten, daß die anderen auch alle Angst hatten?

E.: Zu mehr Mut. Ich hatte immer das Gefühl, ich stehe so allein mit meiner Angst, so von den anderen zu hören, daß sie auch Angst haben und auch mit der Angst leben, und sich auch dem Ganzen zu stellen. Das hat mir geholfen ...

S.: Darüber zu sprechen ging doch sicher nur, wenn man sich untereinander vertraute?

E.: Man wurde offener, ist mehr aufeinander zugegangen. Man hat sich mehr zugestanden: Ich packs heut halt eben nicht - oder daß man meinte, man muß halt alles packen, daß alles immer so optimal laufen muß, - daß man sich auch Schwächen zugestand, sich selbst, aber auch bei den Kollegen.

S.: Was haben Sie da von den anderen erfahren, als Sie sich eingestanden haben, daß Sie Schwächen haben und nicht alles packen können?

E.: Die hatten auch Schwächen, das kam im Gespräch, daß keiner so fest war, daß jeder gemerkt hat, da komm ich nicht weiter, daß man das gesagt hat und dazu gestanden hat. Man hat sich aufgerafft und Mut gemacht. Jeder hat sich zugestanden - ich kann das schlecht beschreiben, das gab so einen Ruck: Mensch, wir packen das ... Das wichtigste für uns war, daß wir näher zusammengerückt sind, daß wir alle dadurch einheitlicher zusammen gearbeitet haben, das ging dann Hand in Hand ... Nachdem das eine Zeit so lief und wir nicht mehr das Gefühl hatten, hilflos zu sein, habe ich das Gefühl gehabt, man kann viel flexibler über alles mögliche reden, vorher, da war man so in einer Kampfposition, man war immer so angespannt, denkt immer, du mußt alles ruhig halten und im Griff haben, man sah das dann einfach viel zu eng, weil man im Kampf ist, wenn man hilflos ist ...

S.: Daß Sie sich mit Ihren Kollegen näher zusammengerückt fühlten - hat Sie nicht mehr so hilflos gemacht?

E.: ... Auch daß wir was tun konnten. Nicht nur das Sprechen über unsere Angst. Das Üben der Griffe und das time-out ... Man konnte eben jetzt was tun.

Beispiel 2: Abbau von innerer Spannung durch mehr Selbstakzeptanz

E.: In den ersten Gesprächen war der Karl gar kein Thema. Der war mal ganz außer acht gelassen.

S.: Was war Thema?

E.: Thema waren wir, unsere Gefühle in Konfliktsituationen mit Karl, aber solche Gefühle haben wir ja nicht nur bei Karl gehabt.

S.: Allgemein bei der Arbeit?

E.: Ja, es war, sich auch negative Gefühle einzugestehen, was in so Situationen bei einem selber abgeht.

S.: An negativen Gefühlen?

E.: Wut, Ärger, das ist einem schwer gefallen in der Erziehung, weil man solche Gefühle zu unterdrücken hatte. Trotz allem sind sie da, man hat denen gar nicht so Ausdruck verleihen können.

S.: War es wichtig, daß es zum Ausdrücken dieser Gefühle kam?

E.: Es ist normal, wenn sie da sind, daß man sie ausdrücken kann, man soll sie nicht einfach unterdrücken.

S.: Nicht unterdrücken heißt, man erlebt dann keinen Druck mehr, wenn man sie äußert?

E.: Es macht Druck weg, wenn man sie äußert, im angemessenen Rahmen.

S.: Was heißt "angemessener Rahmen"?

E.: Ja, daß man sie äußern konnte, daß da niemand sitzt und sagt, ja der arme Behinderte, da darf ich doch drüber nicht so denken, daß das akzeptiert wurde ...

S.: Es wurde zugelassen?

E.: Ja nicht nur akzeptiert, sondern auch aus uns heraus provoziert. Das ist jedem von uns schwer gefallen, das einfach auszusprechen. Ich denke, innerlich hatte die jeder und hatte sich vielleicht auch jeder zugestanden. Das aber innerhalb der Gruppe zu äußern: Mensch, ich hab Wut, ich hab Ärger, du stehst hier in der Erziehung, du darfst das nicht haben, du mußt das unterdrücken. Und je mehr kam man unter Dampf.

S.: War das der Hauptdampf: der Ärger, die Wut?

E.: Ja.

S.: Wie wurden die provoziert, daß die heraus kamen?

E.: Es wurde in der Gruppensitzung nachgehakt, uns widergespiegelt, was wir da gerade machen.

S.: In welcher Rolle Sie sich gerade befinden?

E.: Ja, wir haben uns vor Augen gehabt, wie wir im Kampf unterlegen waren.

S.: Sind Sie dadurch auch mal wütend geworden?

E.: Wir haben uns gesehen, wie der Karl mit uns spielt, was der mit uns macht, dadurch wurden wir provoziert ...

S.: Sie haben in einem Rollenspiel die Rolle des Karl gesehen?

E.: Nein, in dem Video von mir, mit dem Turm bauen. Ich wollte mit ihm einen Turm bauen, Karl hat sich dagegen gewehrt, hat mal ein paar Klötzchen gebaut, ist immer wieder weggelaufen. Ich mußte ihn immer wieder holen gehen - und dann sein hämisches Grinsen, das hat einen fuchsteufelswild gemacht ... Ich stand wirklich unter Streß, ich merk das jetzt noch so, wie ich davon erzähle ...

S.: Was spüren Sie jetzt wieder?

E.: Durch dieses Grinsen, das hat mich sehr provoziert. Da habe ich sehr deutlich gespürt: Mensch, Du bist die Unterlegene und er kann mit dir machen was er will. Da habe ich meine Wut und Ärger so stark empfunden, den konnte ich dann sehr schlecht in der Sitzung zurücknehmen und unterdrücken.

S.: War das schlimm, daß Sie den Ärger nicht mehr unterdrücken konnten?

E.: Das hat gut getan. Ja, in dem Moment, wo man sich das wirklich zugestanden hat und man das mal rausgekotzt hat. - Man ist ja immer dagegen angegangen, man hat ja immer Wut und Ärger gehabt. Ich und die anderen haben es immer geschluckt.

S.: Ging es nicht nur Ihnen so?

E.: Ja, nicht nur bei mir. Bei den anderen in der Gruppe auch. Es wurde ziemlich lebhaft dann, dann wurden die alle auch bös. Man hat es unheimlich stark gespürt, in dem Moment ... Aber danach ging es uns allen besser, daß das mal raus war ... Es kommt jetzt öfter raus, nicht mehr das Herunterschlucken ...

Therapiekontrolle in Verlaufsdiagrammen

Aus einem kontinuierlichen Verlaufsdiagramm, das die täglichen Daten über: "time-out-Häufigkeiten; Qualitäten und Häufigkeiten der diesbezüglichen Aggressionen; Erzieherratings über Stimmung (Sti.), Spannung (Spa.), Motorik (Mot.), Sozialkontakt (Kon.), Stimmungslabilität (Sta.), Aktivität (Akt.) und Wachheit (Wac.); zusätzliche Vermerke besonderer Vorkommnisse, wie Krankheit, Heimaturlaub, Schulbeginn bzw. -ende, Wechsel von Bezugspersonen, Medikamentenveränderung usw. seit dem 10.4.84 kontinuierlich über fast drei Jahre abbildet, sind fünf Ausschnitte im folgenden vorgestellt.

Die ersten drei Darstellungen (Verlaufsdiagramm I,II,III) stellen ein zeitliches Kontinuum von 25 Wochen (April bis November 1984) dar, die Abbildung IV ein Kontinuum von acht Wochen (Ende Februar bis Anfang Mai 1985), die Abbildungen V und VI jeweils fünf Wochen (1. November bis 4. Dezember 1985; und 1. November bis 4. Dezember 1986).

Die Verlaufsdiagramme bilden pro Tag (senkrechte Spalte) säulenartig die Häufigkeit von time-out-Verfahren ab, die helle Säule stellt Sachaggressionen, die schwarze Säule Fremdaggressionen dar. Die Dimensionen "Stimmung", "Aktivität", "Wachheit", "Unruhe" und "Kontakt" wurden erst ab 10.6.84 täglich von den Erziehern zusätzlich geschätzt und sind seitdem im Verlaufsdiagramm aufgeführt. Die in der untersten Zeile "Besonderes" vermerkten "x" bezeichnen die an diesem Tag vorgekommenen gefährlichen Aggressionen gegen Personen (Umwerfen von schwächeren Kindern; Kinder heftig gegen Kanten oder Möbelecken stoßen; sie die Treppe herunterstoßen; ihnen Gegenstände an den Kopf werfen usw.). Hierbei gab es mehrere Verletzungen.

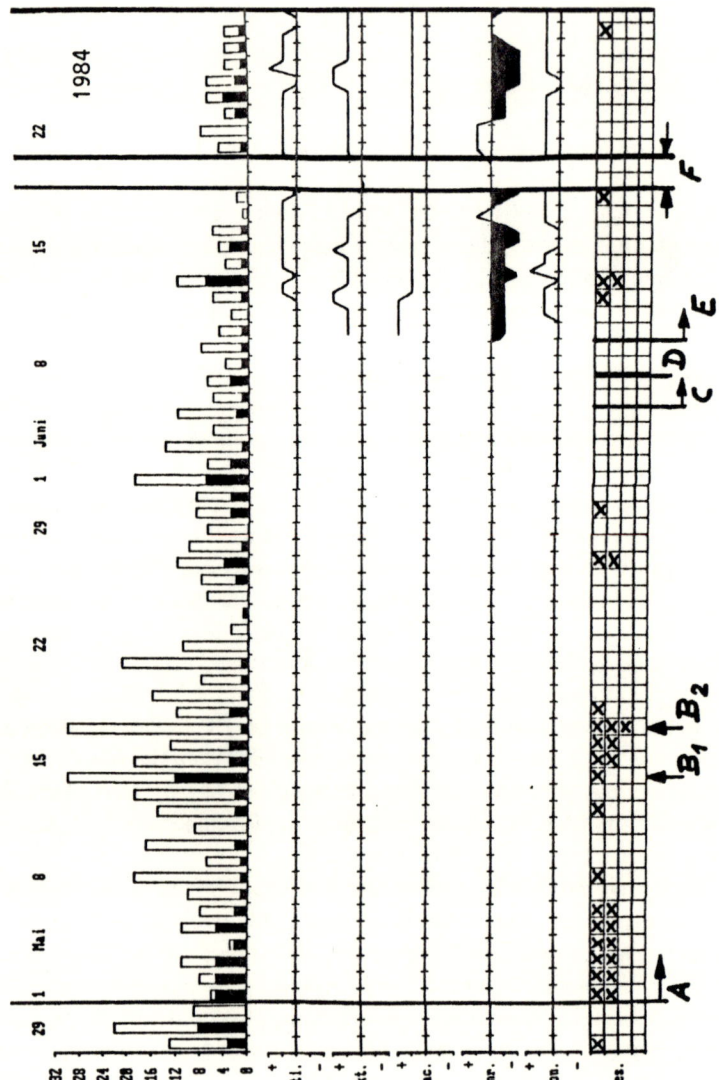

Abb. 5: Verlaufsdiagramm I "Karl"

160

A = Schulbeginn: in Heim und Schule wurde mit dem selben therapeutischen Verfahren (zeitlicher Ausschluß in den time-out-Raum) bei definierten Aggressionen begonnen. Die Durchführung wurde jeweils in der time-out-Liste (s. Anhang E) protokolliert. In den vorangegangenen Schulferien war der Junge zwei Wochen zu Hause. Vor und nach seinem Heimaturlaub zeigten sich in der Wohngruppe heftige und häufige Aggressionen. In den ersten Tagen des gemeinsamen therapeutischen Vorgehens zeigten sich zwar relativ wenige, doch oft

x = gegen Personen gerichtete gefährliche Aggressionsformen. Die folgende Steigerung in Intensität und Häufigkeit nach Beginn des time-out-Verfahrens deckt sich mit Aussagen in der Literatur, wonach nach Einführung eines verhaltenstherapeutischen Programmes (Einsetzen von Bestrafung Typ I oder Typ II) das Fehlverhalten zuerst zunimmt.

B1 + B2 = Zu vermerken sind Tage wie der 14.5. bzw. der 17.5.: sie beinhalten 32 aggressive Aktionen (davon 14 gegen Personen) die zur time-out-Durchführung führten.

C = Wegen der Gefährlichkeit der Gesamtsituation (einige Kinder hatten durch das Umstoßen Verletzungen (wie Platzwunden, Hämatome usw.) wurde ein ständiger Sichtkontakt zu Karl notwendig. Dazu wurde eine dritte Person in den Tagesdienst der Wohngruppe eingeteilt. Diese zusätzliche Person im Dienst gehörte zum Gruppenpersonal, war also dem Jungen bekannt.

D = Ebenso wurde der behandelnde Psychiater konsultiert, der die seit dem 11.7.83 eingestellte Medikation (3x8 Tropfen Aolept und 3x300 Convulex) auf 3x1 Meßlöffel Dipiperon unter Beibehaltung der Convulexgabe veränderte. Ein gravierender Effekt der Medikamentenumstellung konnte sich anhand der zur Verfügung stehenden Daten nicht zeigen.

E = Um genauere Informationen über Verhalten und Befinden des Jungen zu gewinnen und das laufende Therapieverfahren besser kontrollieren zu können, wurde ab dem 10.6.84 die erste Befindlichkeitsliste eingeführt (s. Anhang F). Es zeigten sich in den Beschreibungskategorien "Stimmung", "Aktivität", "Wachheit" und "Sozialkontakt" keine Auffälligkeiten, d.h., der Junge wurde als froh, ansprechbar, für Aktivitäten zu motivieren, wach und sozial aufgeschlossen beschrieben. Deutlich negativ (schwarze Felder) zeigte sich die Kategorie "Unruhe": sehr häufig schilderten die Bezugspersonen den Jungen als hektisch, gespannt, unruhig, an manchen Tagen als extrem umtriebig und ruhelos.

F = Der Junge fuhr für zwei Tage mit seiner Schulklasse in ein Schullandheim. Er wurde dort als "lieb" geschildert, seine Aggressionen waren gering.

Das vorhergehende
Verlaufsdiagramm I zeigt für die Zeit vom 28.4. bis zum 29.6.84 einen wellenförmigen Verlauf der Häufigkeiten der täglichen time-out-Durchführungen, die nach einer deutlichen Steigerung in der zweiten und dritten Woche in Schwankungen deutlich abklingt. Die zu Beginn häufigen gefährlichen Aggressionen gegen Personen lassen erheblich nach. Es zeigt sich kein Unterschied in der Aggressionshäufigkeit in den Schultagen, verglichen mit den schulfreien Wochenenden.

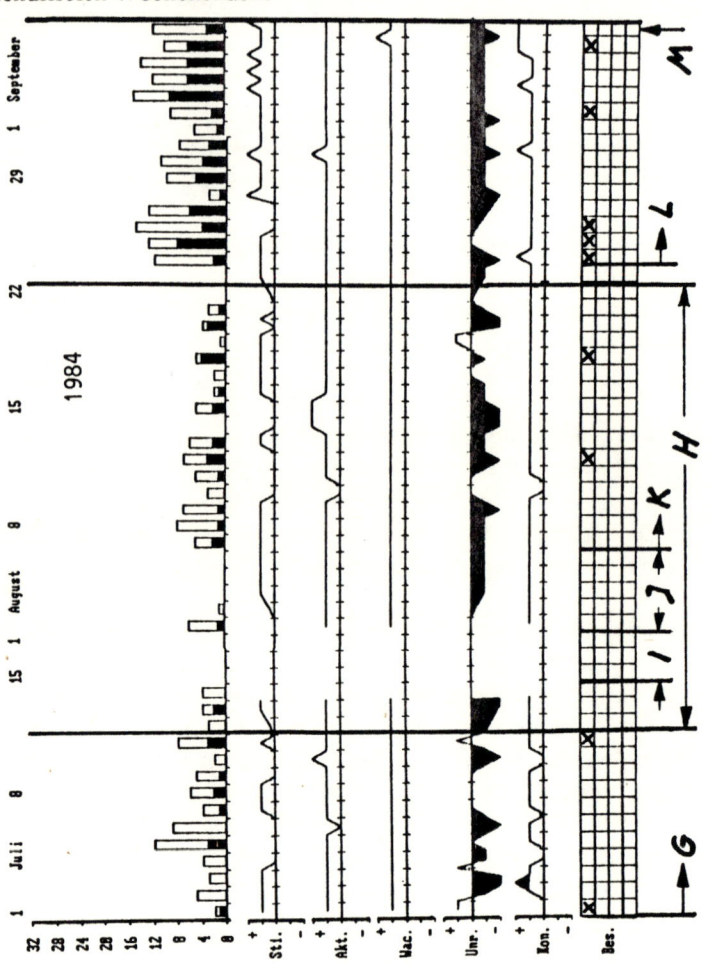

Abb. 6: Verlaufsdiagramm II "Karl"

Das Verlaufsdiagramm II setzt direkt anschließend die Aufzeichnungen vom Verlaufsdiagramm I fort.

G = Ab dem 30.6.84 zeigten sich deutliche Schwankungen in der Häufigkeit der täglichen time-out-Durchführungen. Es zeigten sich ebenfalls deutliche Schwankungen in der Beschreibungskategorie "Unruhe": Karl wurde an manchen Tagen, bzw. in Früh- und Spätdienst unterschiedlich, als unruhig, bzw. extrem unruhig, hektisch, angespannt beschrieben - an anderen Tagen wiederum als entspannt oder unauffällig.
In den ersten zwei Wochen (30.6. bis 13.7.84) stiegen die sommerlichen Temperaturen bis auf 35° C.

H = Vom 12.7. bis zum 22.8.84 waren Schulferien. Der Junge war ganztägig in der Wohngruppe und nahm dort an den täglichen Ferienaktivitäten teil.

I = Drei Tage nach Ferienbeginn wurde der Junge von seinem Onkel für zwei Wochen (bis zum 2.8.84) nach Hause geholt. Tante und Onkel beschrieben diese Zeit als relativ unproblematisch, bis auf kleinere Aktionen von Karl. Der Onkel hatte sich Urlaub genommen und das Ehepaar konnte sich intensiv mit dem Jungen beschäftigen. Nach seiner Rückkehr in die Wohngruppe (hier verblieben in den Ferien noch fünf Kinder) zeigten sich wenig negative Auffälligkeiten.

J = Es folgten sogar Tage ohne time-out-Durchführungen, anderntags konnte dagegen die Aggressionsanzahl wieder beträchtlich steigen. "Stimmung", "Aktivität", "Wachheit" und "Sozialkontakt" blieben positiv bis unauffällig. Der Junge wurde weiterhin unterschiedlich stark als unruhig, angespannt und getrieben beschrieben.

K = Seit dem 7.8.84 wurde im Rahmen des jährlichen Wechsels von Jahrespraktikanten eine neue, 18jährige Praktikantin auf der Wohngruppe eingestellt, die in den folgenden Tagen zwar anwesend war, aber noch nicht direkt mit dem Jungen zu tun hatte. Im folgenden zeigten sich erneute Häufigkeitsschwankungen der time-out-Durchführungen nach oben, eine zunehmende Veränderung des Anteils an Aggressionen gegen Personen (schwarze Säulen) und geringe Schwankungen in der Unruheabschätzung: Karl wurde häufig als unruhig beschrieben, weniger häufig als unauffällig oder entspannt.

L = Am zweiten Tag des Schulbeginns (24.8.84) wurde eine deutliche Zunahme an Aggression, die zu time-out führt, offensichtlich. Der Anteil an gegen

Personen gerichteten Aktionen war hoch. Die Erzieher schilderten häufige Provokationen. Durchgehend zeigten sich seitdem anhaltende Unruheschilderungen.

Seit Beginn der Schulzeit war nun auch die neue Praktikantin in der Wohngruppe aktiv in den Gruppendienst eingeteilt und hatte auch direkten Kontakt zu Karl (Aufsteh- und Anziehsituation, Mahlzeiten usw.). Sie verhielt sich Karl gegenüber auffallend anders als ihre Kolleginnen: sie war sehr unsicher, diskutierte lange und bittend in Anforderungssituationen, nahm Anforderungen wieder zurück und verhielt sich nach definierten Aggressionen nicht wie die anderen, die Karl, wie beschrieben, ohne Worte direkt in den time-out-Raum brachten. Die neue Praktikantin versuchte mit ihm zu reden, ihn zu beruhigen usw.

Auch in der Schulklasse traf Karl zwei neue Bezugspersonen an, eine Erzieherin als Berufsanfängerin und eine Praktikantin. Auch hier erfuhr Karl deutliche Verunsicherung und Uneinheitlichkeit in Anforderungen und Grenzsituationen; die Mitarbeiter der Schulklasse versuchten aber, das eingesetzte Therapieverfahren anzuwenden, verhielten sich aber trotz rationalem Einverständnis nicht den Maßnahmen entsprechend konsequent.

M = In der Wohngruppe zeigte Karl auch erhöhte Aggressionen, erhöhte Aggressionshäufigkeiten, wenn die neue Praktikantin nicht im Dienst ist.

Die Frage, ob der Wechsel von Ferien zu Schulbeginn zu deutlichen Aggressions- und Befindlichkeitsänderungen führt, kann durch die Vergleiche mit anderen Ferienenden, bzw. Schulbeginnen als nur sehr eingeschränkt bejaht werden.

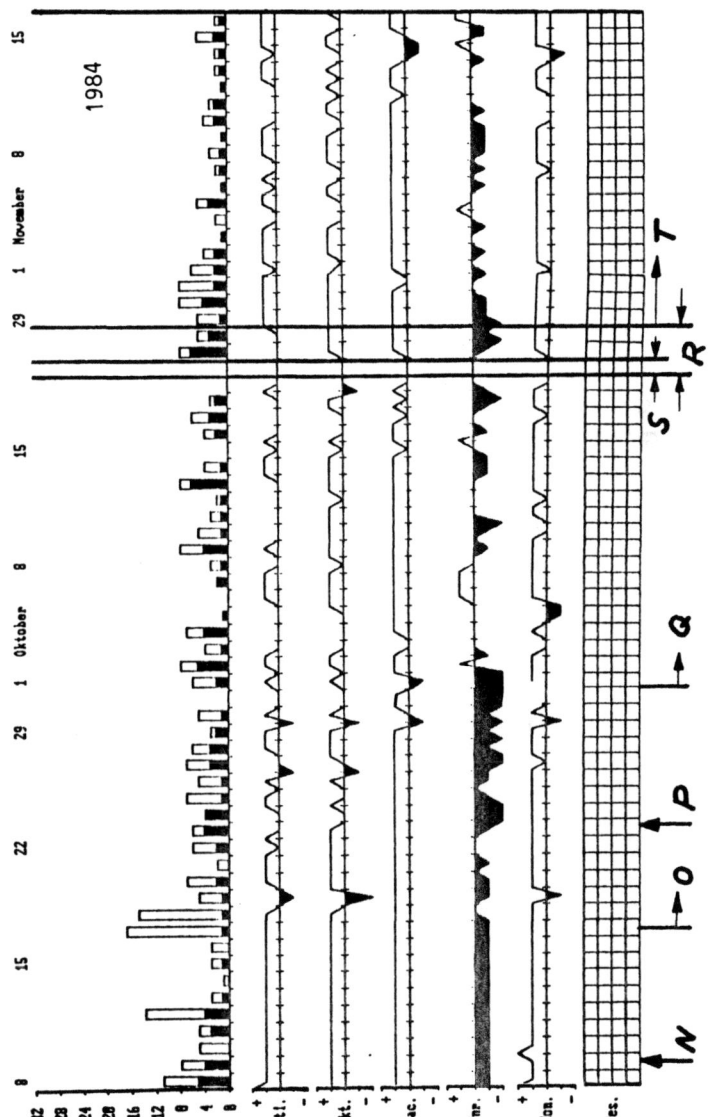

Abb. 7: Verlaufsdiagramm III "Karl"

Ohne Unterbrechung schließt sich die dargestellte Kurve an das beschriebene Verlaufsdiagramm II an.

N = Der Besuch von Tante und Onkel im Heim hat keinen auffallenden Effekt auf Aggression, Befinden oder Unruhe.

O = In der letzten Zeit häuften sich Rückmeldungen, daß Karl auf dem Weg zum time-out-Raum und im time-out-Raum lachte. Beobachtungen machten deutlich, daß er direkt nach dem Ausschluß aus der Gemeinschaft im time-out-Raum lachte, einnäßte oder in die Kleidung kotete.
Die Erzieherinnen hatten mehr und mehr Mühe, den Jungen schnell in den Raum zu bringen. Er legte sich nach einer Aggression bäuchlings auf den Boden, hielt seine Hände und Arme fest unter seine Brust gepreßt und lachte, als die Erzieherinnen mit Mühe versuchten, ihn auszuschließen. Sein Lachen im time-out-Raum war vermutlich ein Verarbeiten der vorangegangenen Situation. Sein Einnässen und Einkoten sind als zusätzliche Protestmaßnahmen zu werten. Im Gruppengespräch einigte man sich auf folgendes Vorgehen: wenn Karl in den time-out-Raum oder in die Wäsche uriniert oder kotet, erhält er mit der Aufforderung, die Wäsche zu wechseln, neue Kleidung. Hat er diese angezogen und verhält er sich ruhig, kann er in die soziale Situation zurückkehren. Nach einiger Zeit, in der Einkoten, Urinieren und Wäsche zerreißen zunahm, verringerte sich dieses Protestverhalten im time-out-Raum sehr zügig - und auch sein Lachen dort verschwand.

P = Sämtlichen Anforderungen der neuen Praktikantin auf der Gruppe begegnete Karl mit Lachen und Verweigerung. Seine Aggressionen gegen sie nahmen zu. So konnte er sich derart fest in deren Haaren verkrallen, daß sie sich nicht allein befreien konnte. Auch die gefährlichen Aggressionen gegen die anderen Kinder nahmen wieder zu (schwarze Säule).
Karl zeigte gelegentlich schlechte Laune, war nicht immer mehr zu Aktivitäten zu bewegen und wurde gelegentlich als müde erlebt. Seine Unruhe wurde auffallend häufig als extrem eingestuft.

Q = Als man feststellen mußte, daß auch mehrere Gespräche mit der neuen Praktikantin keine Änderung ihrer Einstellung und ihres Verhaltens bewirkten, mußte man sich von ihr trennen. Statt dessen wurde ein junger Mann als Praktikant zum 1.10.84 eingestellt. Er konnte sich schnell in das Gruppenkonzept eingliedern und verhielt sich Karl gegenüber furchtlos, souverän und durchgehend nett.
Zwischenzeitlich konnten auch die Schulerzieherinnen besser mit Karl umge-

hen ("Seitdem er mich richtig ins Gesicht gekratzt hat, bekomme ich ihn ganz schnell gepackt und habe die Kraft, ihn herauszukriegen" schildert eine ihre Einstellungsänderung).
Karl zeigte in den nächsten Tagen auffallende Änderungen: Seine Stimmung war wieder vorrangig positiv, seine starke Unruhe nahm ab, er wurde sogar zwischendurch wieder als entspannt beschrieben. Die time-out-Durchführungen schwankten in ihren Häufigkeiten - es gab weniger Tage mit häufigen Durchführungen und mehr Tage mit weniger time-out-Aggressionen. Auch die gefährlichen Aggressionen wurden seltener.

R = Vom 19.10 bis 28.10.84 gab es Schulferien.

S = Karl verbrachte eine Woche zu Hause, in dieser Zeit war der Onkel nicht immer anwesend. Die Tante schilderte, daß Karl bei ihr wesentlich aggressiver gewesen sei, bis zu dem Tag, als sie "sich einfach auf ihn gesetzt habe, und da hat er gemerkt, daß ich die Stärkere bin". Die Rückkehr in die Wohngruppe und der Schulbeginn gehen einher mit erhöhter Anspannung. Es zeigte sich jedoch relativ schnell eine deutliche Abnahme der Aggressionshäufigkeiten, begleitet von Rückmeldungen über weniger Unruhe, Hektik und Anspannung.

T = Dieser positive Trend geringerer Aggressionshäufigkeiten (in den angeführten zwei Wochen durchschnittlich 2 1/2 Durchführungen pro Tag) setzte sich schwankend abnehmend fort. Ebenso die immer wieder unterbrochenen Unruhe - Erregungsbewertungen, - was nicht verhinderte, daß eine Gruppenerzieherin (kurzfristig) verzweifelte:"Wir schaffen das nicht. Ich bin dem nicht gewachsen. Das time-out-Verfahren nutzt gar nichts - ich will es nicht mehr anwenden."
Intensive Einzelinterventionen änderten ihre resignierte Einstellung.

Im folgenden zeigten sich weitere Abnahmen der Aggressionen, immer mehr Tage mit "Null-time-out". Auch erneute Heimaturlaube über Weihnachten veränderten nur geringfügig die immer geringer werdenden Schwankungen, auch die Aufnahme eines neuen Kindes auf die Wohngruppe änderte daran nichts.

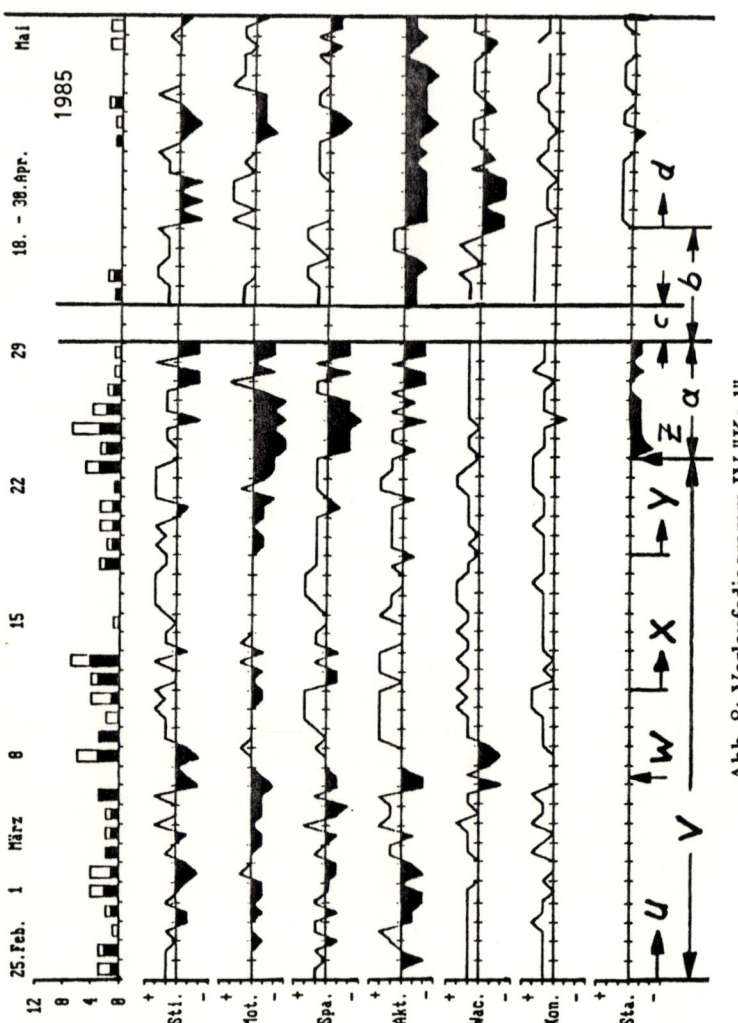

Abb. 8: Verlaufsdiagramm IV "Karl"

U = Eine bemerkenswerte Veränderung von Karls Erleben und Verhalten ist im März 1985 ersichtlich. Das Verlaufsdiagramm IV zeigt die vorangegangene und nachfolgende Zeit vom 25.2.85 bis 2.5.85. Zwischenzeitlich wurde den Mitarbeitern der Wohngruppe eine differenzierte Ratingskale bezüglich "Stimmung", "motorische Bewegung" (Erregung), "Spannung", "Aktivität", "Wachheit", "Sozialkontakt" und "Stimmungslabilität" vorgelegt und besprochen. Der Früh- und Spätdienst hatte mehr Möglichkeiten, bezüglich der Differenzierungen der Beschreibungskategorien und der Ausweitung der Beschreibungsskale Karls Befinden einzuschätzen (siehe Anhang B).

V = Die Häufigkeit der time-out-Aggressionen schwankte und lag in der ersten bis vierten Woche des Verlaufsdiagramms zwischen durchschnittlich 2 1/2 und 3 Mal pro Tag.
Parallel dazu zeigten sich Veränderungen in den Stimmungen: Karl wurde öfter als unlustig, traurig und verstimmt beschrieben. Unruhiges und hektisches Verhalten ließ erheblich nach, Karl wurde sogar häufiger als entspannt geschildert. Seine Passivität, d.h. Unlust auf Aktivitäten, war in den ersten Wochen relativ groß. Seine Stimmung wechselte zwar, war aber in ihren Schwankungen nachvollziehbar (normal).

W = Karl war krank. Seine Nase war verstopft und er war heftig erkältet. Vielleicht deuteten die negativen Veränderungen der letzten Tage (Müdigkeit, Passivität, schlechte Stimmung, Anspannung) auf diese körperliche Unbill hin.

X = Da Karl, verglichen mit der Zeit vor einem Jahr, als sehr viel weniger aggressiv, als ruhiger und ausgeglichener erlebt wurde, versuchte man nach Rücksprache mit dem behandelnden Psychiater eine Reduktion der Psychopharmakamedikation um ein Drittel. Statt 3x1 Meßlöffel Dipiperon wurden nur noch 2x1 Meßlöffel verabreicht.

Y = Einige Tage später zeigten sich auffallende Veränderungen: Karl wurde zunehmend unruhiger, hektischer, motorisch erregter, bis zu Extremschilderungen an mehreren Tagen.

Z = Einige Tage später nahm auffallend die Anspannung, Gespanntheit, Zwanghaftigkeit zu und erreichte Extremwerte. Ebenso fielen Meldungen über intensive Passivität auf. Überraschend zeigten sich auch intensive Veränderungen auf der Dimension "Stabilität": die Beurteiler verzeichneten häufige a = Stimmungswechsel über den Tag. Die Aggressionshäufigkeit fällt ab, steigt wiederum an um wieder abzufallen. Bemerkenswert war, daß sie sich im täglichen Durchschnitt (13.3.-28.3.85) nicht von der Häufigkeit der ersten vier Wochen (Durchschnitt zwischen 2 1/2 und 3 Mal) unterscheidet.

b = Karl hatte Ferein vom 29.3. bis 21.4.85.

c = Die kontinuierliche Beobachtung wurde unterbrochen durch die Heimfahrt des Jungen in den Ferien. Schon drei Tage später meldete sich der Onkel telefonisch und berichtete, daß er bei seinem Hausarzt die Verringerung der Medikation von Karl rückgängig gemacht habe: Karl wäre zu Hause nicht mehr zu halten gewesen. Er sei durchgehend unruhig, verspannt, aggressiv und zeige bizarre Verhaltensweisen (Autoaggressionen, Hand gegen die Wand schlagen usw.). In dieser Art würde der Onkel den Jungen nicht kennen. Ein Rückruf einige Tage später ergab, daß nach Wiedereinsetzen der vorherigen Dipiperongabe (3 Mal täglich) diese Auffälligkeiten verschwanden.

d = Karl geht wieder in die Schule. Haben sich die motorische Bewegung (Erregung), Anspannung und Stimmungslabilität wieder positiv normalisiert, - und blieben die Aggressionen auffallend aus - so zeigte Karl deutliche Zeichen von Niedergeschlagenheit, gedrückter Stimmung, Müdigkeit und Mitarbeitsunlust, vermutlich als Reaktion auf die erneuten Anforderungen der Schule.

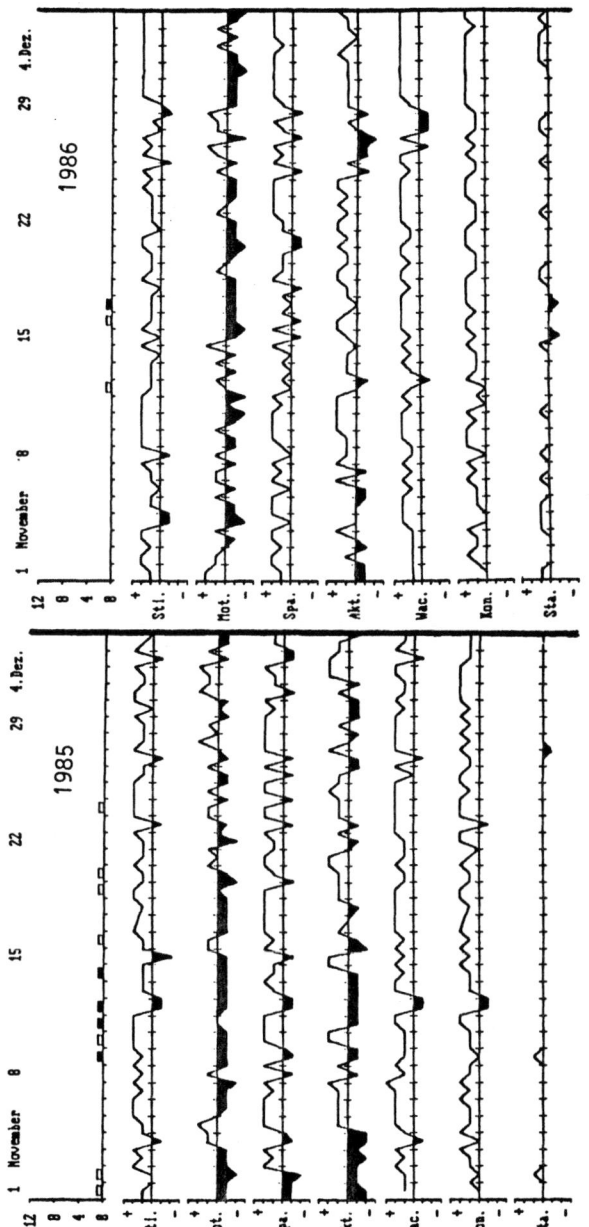

Abb. 9: Verlaufsdiagramm V und VI "Karl"

171

Die beiden Verlaufsdiagramme V und VI bilden zwei Zeitabschnitte, durch ein Jahr getrennt, ab (1.11. bis 4.12.85 und 1.11. bis 4.12.86).
Es wird eine weitere Stabilisierung ersichtlich, die über das Jahr 1986 offensichtlich noch zugenommen hat. Zwischenzeitlich hat sich Karls Bezugssystem derart geändert, daß seit August 1985 auch in der Schulklasse ein männlicher Praktikant arbeitet - in der Gruppe dagegen seit Mitte 1985 wieder zwei neue Praktikantinnen. Diese Art von Personalwechsel, auch der gelegentliche Einsatz von Aushilfen, wurde von Karl ohne Auffälligkeiten hingenommen.
Im November 1985 waren nur noch wenige time-out-Durchführungen notwendig; im Beobachtungszeitraum November 1986 nur noch drei!

Die Stimmung im November 85 und November 86 ist durchweg positiv. Karl wird auch weiterhin als motorisch lebhaft beschrieben, wenn auch nicht mehr als intensiv störend (keine Extreme und nur gelegentlich in intensiverer Ausprägung). Auffallend zeigt sich seine Entspanntheit, die sich im November 86 nur noch selten negativ verändert. Auch seine Mitarbeitsmotivation war deutlich besser als im Jahr davor.

Von seinen Bezugspersonen im Heim und in der Schule wird Karl als ein lieber und netter Junge geschildert, der oft sehr zärtlich und aufmerksam sein kann. Sein Zweibettzimmer konnte wieder wohnlich ausgestattet werden, sein Sozialverhalten hat sich positiv stabilisiert. So verhält sich Karl bei Tisch meist angenehm. Obwohl seine Eßlust nach wie vor sehr groß ist hat er gelernt, sich sein Essen portionsgerecht von den Schüsseln auf seinen Teller zu löffeln. Auch die Wartezeiten kann er mittlerweile gut ertragen. Hat er noch weiteren Hunger oder Durst, macht er sich beim Erzieher durch entsprechende Lautäußerungen und Gestiken bemerkbar. Leider muß seine weitere Eßlust aus Gewichtsgründen eingeschränkt werden.
Karl ist sehr hilfsbereit: zuvorkommend reicht er die gewünschten Schüsseln mit Speisen weiter und räumt seine Utensilien ohne Aufforderung weg.
Er geht tagsüber ohne Aufforderung selbständig zur Toilette; zieht morgens alleine sein Bettzeug ab (gelegentlich ist er sogar nachts trocken) und räumt es in die Wäschesäcke ein. Gern hilft Karl bei kleineren Hausarbeiten mit: Tisch decken, Geschirr abspülen, Zubereiten von kleineren Speisen.
Beim Spaziergang mit der Gruppe akzeptiert Karl es mittlerweile, alleine zu gehen ohne ständig die Hand des Erziehers festzuhalten. Im Wald ist er dabei sehr geschäftig, schleppt Äste hin und her, stochert mit Stöcken im Laub herum, dreht dickere Steine um und beobachtet sehr interessiert, was darunter alles zum Vorschein kommt.

Ärger und Wut kann Karl heute adäquater durch Schreien, Schimpfen, Stampfen, in die Luft treten oder mit der Hand auf den Tisch schlagen, äußern. Eine Schulerzieherin meinte Ende 1985: "Karl ist jetzt der Liebste in der Klasse, mit dem kann man was machen, wenn der an einer Arbeit Spaß hat bleibt er so lange dran, bis er sie fertig gemacht hat."

Zusammenfassung

Die beschriebenen Auffälligkeiten oder Ereignisse in den dargestellten Verlaufsdiagrammen lassen sich wie folgt zusammenfassen:
Karls aggressive Fehlverhaltensweisen und starke Unruhe sind offensichtlich nicht nur durch innere Faktoren bedingt, sie unterliegen stark äußeren Einflüssen. Sie sind nicht immer und nicht nur Resultat von erhöhter Unruhe und Erregung. Sein Verhalten ist offensichtlich erlernt und hat Funktionscharakter (bezüglich Suche nach Zuwendung, Ausdruck von Protest, Ausprobieren von Grenzen).
Die Abnahme des Fehlverhaltens und die Abnahme der Unruhe scheinen sowohl medikamentös als auch verhaltenstherapeutisch begründet zu sein.
Die lange Zeitdauer und der schwankende Verlauf scheinen unter anderem durch die unvermeidbaren personellen Wechsel in Schulklasse und Wohngruppe herzurühren, im gesamten Beschreibungszeitraum von drei Jahren erlebte Karl in Wohnheim und Schule insgesamt 18 Bezugspersonen, unter anderem durch den jährlichen Praktikantenwechsel.
Die Veränderungen des Jungen sind offensichtlich durch die Methoden des sozialen Ausschlusses, wie auch der sozialen und emotionalen Veränderungen der Bezugspersonen begründet: sicheres, klares und eindeutiges Reagieren auf Karls Fehlverhalten baut dieses ab - sozial akzeptable Aggressionsformen, bzw. erwünschtes, nichtaggressives Verhalten, z.B. in Aufforderungssituationen, nahmen zu.
Ein unsicheres, unklares, mehrdeutiges und inkonsequentes Erzieherverhalten führt zu neuen aggressiven Provokationen und zur Zunahme von Unruhe. Hier scheint eine kognitive und emotionale Irritation des Jungen entstanden zu sein, die sich in erhöhter, personengerichteter Aggressivität zeigte.
Beim Abbau von aggressiven Fehlverhaltensweisen scheint nicht deren Unterdrückung durch Angst und Furcht vor dem Erzieher eine Rolle gespielt zu haben: in diesem Falle gäbe es eine deutliche Veränderung in Karls durchgehend positiver Stimmung und seinem positiven Sozialkontakt. Offensichtlich ist der Junge weniger aggressiv geworden, indem er lernte, daß sich Aggressionen nicht mehr lohnen.

Offensichtlich zeigt sich eine adäquate Medikation; eine Übermedikation würde sich unter anderem auf der Dimension "Wachheit" negativ bemerkbar machen. Ein Ausschleichen der Medikation ist in Vorbereitung.

6.2 Therapiebeispiel massiver Autoaggressionen "Adam"

Schwierigkeiten und Möglichkeiten bei der Durchführung pädagogischer, psychotherapeutischer und medizinischer Maßnahmen bei Aggression und Streß verdeutlicht auch das zweite Fallbeispiel "Adam". Gleichfalls wird ein besonderer Aspekt, die Problematik phasenhafter, heftiger Autoaggressionen sichtbar undderen mögliche organismische und soziale Bedingungen.
Adam ist heute 21 Jahre alt und wurde mit sechs Jahren nach mehreren Klinikaufenthalten im Haus Maria Grünewald aufgenommen.
Schon früh wurde in einer Universitäts-Kinderklinik die Diagnose "schwerer Cerebralschaden" gestellt. Neben starken autistischen Symptomen in den ersten Lebensjahren (und danach) zeigte Adam plötzlich mit drei Jahren massive Autoaggressionen. Er begann, sich massiv auf die Ohren zu schlagen, zu schreien, zu stampfen und mit dem Kopf gegen die Wände zu schlagen. Drei Wochen später sei ihm "der Eiter aus beiden Ohren gelaufen"; seit dieser Zeit, auch nachdem die Entzündung abgeklungen war, schlug sich der Junge andauernd weiter, stampfte und schrie tagsüber und nachts.
Im Alter von sechs Jahren zeigten sich bis zum Alter von 14 Jahren Krampfanfälle, die danach völlig verschwanden.
Bei der Heimaufnahme zeigte der Junge, bis auf Brummen und Schreien, kein lautliches oder sprachliches Kommunikationsverhalten. Die Eltern berichteten über verschiedene autistische Symptome und heftige Sachaggressionen (er riß Blumentöpfe vom Fenster, die Tischdecke vom Tisch, warf Gegenstände durch die Wohnung, kippte Teller und Schüsseln um usw.). Der Junge sei freiwillig zu Mutter und Vater gekommen, um sich die Hände binden zu lassen. Sein Toben nachts ließ erst dann nach, als die Eltern ihn mit einem flexiblen Fußgurt am Bett fixierten.
Anfangs hielten Adams Autoaggressionen, begleitet von Stampfen, Schreien, intensiver Anspannung und schlechter Stimmung, ständig an. Sie wurden nur in den Zeiten unterbrochen, in denen der Junge gebunden war. Ab seinem 14. Lebensjahr jedoch wurde eine zunehmende Phasenhaftigkeit seines Erlebens und Verhaltens deutlich.
Im Jahr gab es zwei oder drei "Ruhepausen" von jeweils wenigen Tagen Dauer, in denen Adam sich auch ohne Armfixierung wohler zu fühlen schien und sich fast gar nicht schlug. Danach fiel er aber immer wieder in frühere Schlaginten-

sitäten zurück. Die Zunahme an Körpergröße und Kraft führte zu immer intensiver werdenden Verletzungen im Gesicht.
Im Alter von 14 bis 18 Jahren wurden die "Ruhepausen", laut Erzieherinformation, immer länger und konnten zwei bis drei Monaten anhalten. Die "Ruhepausen" wurden aber immer wieder durch heftigste Autoaggressionen beendet. Die zwischenzeitlich eingesetzte Medikation von 1 "MERESA forte" morgens schien die positiven Phasen auszudehnen.
Zu Beginn der systematischen Aufzeichnungen durch die Erzieher Anfang 1985 zeigte sich folgendes Bild:
Wochenlang konnte Adam guter Laune sein, fast ohne Autoaggressionen, ohne Schreien und Stampfen. Er schlug sich nur selten und wenig aggressiv und in geringer Schlagzahl auf die Wangenknochen, oder er stampfte, bzw. brummte, wenn ihm etwas nicht gefiel.
In "schlechten Zeiten" schlug er sich oft über den ganzen Tag anhaltend die Fäuste ins Gesicht, auf die Stirn, die Ohren, die Wangenknochen und die Nase. Dabei schrie er laut und stampfte heftig. Seine Autoaggressionen führten zu mehreren Verletzungen, wie offenen Wunden, Blutergüssen, Nasenbluten und Entzündungen. Ohne ersichtlichen Grund konnte Adam in diese heftigen Autoaggressionen verfallen, plötzlich wieder aufhören und lachen. Er schlug sich auch in Gegenwart der Bezugspersonen, lief diesen schlagend, stampfend und schreiend hinterher und versuchte ständig, deren Augen zu fixieren.
Die Erzieher schilderten folgende Auslösesituationen: Anforderungen; Versagungen, wenn er Zuwendung wünschte; Toilettengang oder wenn er seine drei Spielklötzchen, die er ständig in den Händen hielt, für kurze Zeit, z.B. beim Essen, weglegen mußte.
Wenn Adam beim Schlagen festgehalten wurde, versuchte er, mit dem Kopf den Erzieher zu treffen, gelegentlich trat er gegen dessen Beine.
In Essenssituationen konnte er in Teller und Töpfe schlagen oder Besteck usw. durch den Raum werfen. Außerdem schlug er seine Knöchel gegeneinander und stopfte sich Gegenstände, bzw. Essensreste, in die Ohren. Adam war in "negativen Zeiten" auffallend anders: mürrisch, schlechter Laune, er verweigerte das Essen (bis zur Gewichtsabnahme von einigen Pfund innerhalb einer Woche), er zog sich zurück, lag bloß herum und forderte ständigen Kontakt zur Bezugsperson, was diese unter Druck setzte. Außerdem sei er zu Hause sehr verwöhnt und habe immer wieder Schwierigkeiten, sich nach einem Heimataufenthalt im Heim einzugewöhnen.
Adams aggressives Verhalten läßt sich folgenden Funktionszusammenhängen zuordnen:
a. Autoaggressionen, Stampfen und Schreien werden eingesetzt, um Zuwendung zu bekommen oder zu behalten;

b. Adam wird autoaggressiv, wenn er frustriert wird (z.B. wenn er beim Essen warten muß);

c. Adams Autoaggressionen haben die Funktion, unangenehme Anforderungen oder Aufforderungen zu vermeiden, bzw. seine Passivität beibehalten zu können;

d. Adam schlägt sich zur Selbststimulation, aus Reizarmut oder Langeweile;

e. seine Selbstschädigungen gehen einher mit pathologischem Erleben und Befinden und sind als Zeichen von Hilflosigkeit, Überforderung, bei depressiver Grundstimmung und hoher Anspannung zu werten. Diese negative Befindlichkeit unterliegt, wie auch seine Autoaggressionen, sein Stampfen und Schreien, primär phasischen Abläufen.

Die jeweiligen Funktionszusammenhänge aggressiven Verhaltens definieren unterschiedliche Zielvorstellungen, bzw. spezifische therapeutische Vorgehensweisen.

Wir wollen uns im folgenden auf die Diagnostik und Therapie der Phasenhaftigkeit als "Organismusvariable" beschränken.

Seit Anfang Februar 1985 liegen tägliche Daten über Adams Befinden vor, die von den Bezugspersonen in der weiter oben dargestellten Art und Weise eingesetzt und ausgefüllt wurden.

Die Daten der Befindlichkeitsliste (siehe Anhang B) und der wenig später zusätzlich eingeführten Problem-Verhaltenslisten (siehe Anhang G) wurden in Verlaufsdiagrammen graphische dargestellt.

Das Verlaufsdiagramm I und das Verlaufsdiagramm II gehen ineinander über und bilden in der Zeit vom 4.2. bis 5.5.85 die erste und zweite Autoaggressionsphase ab. Das Verlaufsdiagramm III vom 2.12.85 bis 6.7.86 stellt die vierte, als bisher letzte Autoaggressionsphase dar. Das Verlaufsdiagramm V vom 1.9.86 bis 16.10.86 veranschaulicht einen Medikamentenreduzierungsversuch und das Verlaufsdiagramm VI vom 2.2.87 bis 5.3.87 dient als unproblematischer Kontrollausschnitt.

Die Zeiten zwischen den einzelnen Verlaufsdiagrammen waren unproblematisch: nur sehr selten kam es zu angedeuteten oder zu nur kurz ausgeführten leichten autoaggressiven Schlägen. Adam war durchgehend guter Stimmung, entspannt und sozial aufgeschlossen, wenn sich auch Passivität und Müdigkeit relativ anhaltend erhielten.

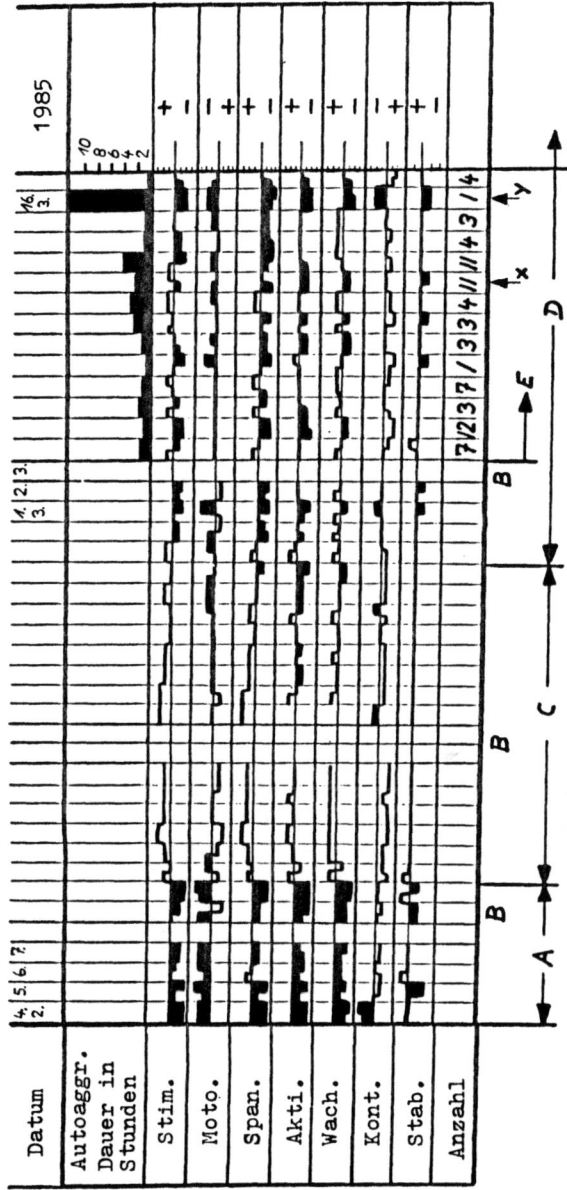

Abb. 10: Verlaufsdiagramm I "Adam"

Seit dem 4.2.85 begannen die Rückmeldungen über die Befindlichkeitslisten. Schlagsituationen und Häufigkeiten wurden noch nicht gezählt.

A = Die Erzieher von Schule und Gruppe berichteten in der ersten Woche über intensives und häufiges Schlagen, lautes Schreien und heftiges Stampfen von Adam. Seine Befindlichkeit wurde wie folgt eingeschätzt (die schwarzen Felder im Diagramm sind negative Ausprägungen der jeweiligen Dimension): seine Stimmung war überwiegend sehr schlecht; fast regungslos lag Adam den ganzen Tag im Sessel, bewegte nur hin und wieder seine Klötzchen in der Hand, schaute teilnahmslos an die Zimmerdecke oder gelegentlich dem Geschehen um ihn herum zu; seine Körperhaltung erschien angespannt, er lag zusammengekauert, nicht locker und gelöst. Seine Arme waren angewinkelt und gespannt. Er war nicht zu Aktivitäten zu bewegen. Häufiges Gähnen und ein müder Gesichtsausdruck signalisierten große Müdigkeit, obwohl der Junge nachts regelmäßig und ausgiebig schlief. Seine überwiegend negative Stimmung konnte aber kurzfristig ins Gegenteil umschlagen: Adam erschien plötzlich ohne ersichtlichen Grund fröhlich und lachte - fiel aber kurz darauf in seine trübsinnige Stimmung zurück.

B = Elternbesuche, bzw. Heimataufenthalte.

C = Ohne irgendwelche äußeren Veränderungen (der Elternbesuch scheint keinen ursächlichen Effekt zu haben, wie ein Vergleich mit anderen Elternbesuchen ergibt), zeigte sich Adam ab 11.2.85 deutlich anders:
seine autoaggressiven Verhaltensweisen, sein Schreien und Stampfen nahmen abrupt ab - auch in Streßsituationen, wie bei Mahlzeiten oder Anforderungen. Der Junge wurde als locker und entspannt, sogar gelegentlich fröhlich geschildert. Er stand häufig aus seinem Sessel auf, lief in den Gruppenräumen umher, folgte dem Erzieher, schaute herum, suchte Kontakt und machte einen eher frischen und ausgeglichenen Eindruck. Seine positive Stimmung blieb stabil.

D = Seit dem 27.2.85 meldeten die Erzieher erneut zunehmende Autoaggressionen. Das Verlaufsdiagramm I zeigt, daß sich schon Tage vorher seine Bewegungshäufigkeit verringerte und seine Passivität und Müdigkeit zunahmen. Parallel zu den Meldungen über aggressives Fehlverhalten zeigten sich erneut deutliche negative Stimmungsveränderungen, eine Zunahme der Bewegungslosigkeit (er lag wieder häufig in seinem Sessel), eine Erhöhung der Anspannung und eine Abnahme der Aktivitätsbereitschaft. Auch nahmen seine täglichen Stimmungsschwankungen zu. Adam hatte eine Erkältung, die sich in eine Nasennebenhöhlenentzündung ausweitete, und bis zum 10.3.85 - nach äußeren Beobachtungen - anhielt. Offen bleibt, ob diese Erkrankung Ursache neuerlicher negativer Befindlichkeits- und Verhaltensänderungen sein könnte.

E = ab 4.3.85 wurden die Autoaggressionshäufigkeiten (die Anzahl der Schlagsituationen und die Dauer des Schlagens) von den Erziehern in Heim und Schule gesondert aufgelistet (siehe Anhang G). Die Dauer des autoaggressiven Schlagens wurde in Stunden pro Tag in der oberen Reihe des Verlaufsdiagramms abgebildet.

Zeigten sich zu Beginn dieser Aufzeichnungen innerhalb der zweiten Aggressionsphase noch relativ kurze Zeiten des Schlagens (insgesamt bis zu einer halben bis einer Stunde addiert über den ganzen Tag), zeigen die Häufigkeiten der Schlagsituationen (unterste Reihe "Anzahl"), daß relativ häufig, aber kurz, autoaggressives Fehlverhalten auftrat,

x zwar bis zu drei Stunden lang, aber über 11 verschiedene Tagessituationen verteilt.

y = Ganz anders stellte sich der 16.3.85 dar. Adam schlug sich anhaltend, ohne Unterbrechung den ganzen Tag, brüllte und stampfte dabei. Trotz Festhaltens war er außer sich und wechselte nur kurzfristig seine negative Stimmung. Er mied den Sozialkontakt, war sehr angespannt und lag den ganzen Tag über in seinem Sessel und machte einen müden Eindruck.
Am nächsten Tag wiederum wurde er nachmittags eherausgeglichen, entspannt, ruhig und aufgeschlossen geschildert - nur viermal schlug er sich kurz bei Anforderungen.

Das Verlaufsdiagramm II setzt die täglichen Aufzeichnungen ohne Unterbrechung fort.

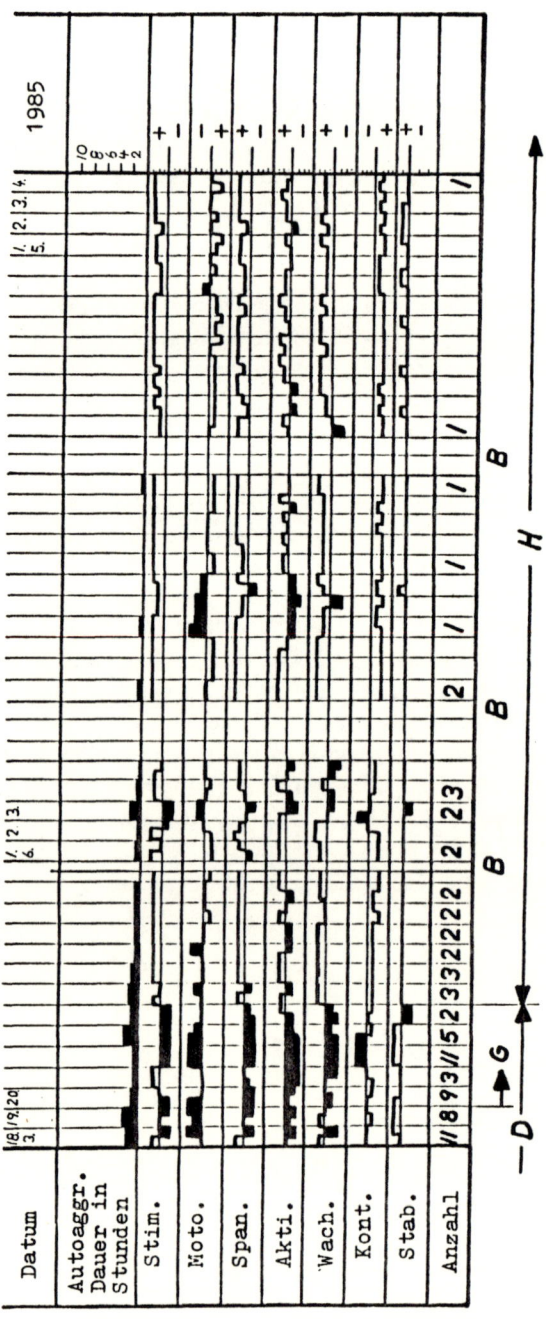

Abb. 11: Verlaufsdiagramm II "Adam"

D = Die vorher beschriebene Phase setzte sich fort: intensive negative Ausprägungen (die nur relativ kurzfristig unterbrochen wurden) auf den Dimensionen "Stimmung", "Motorik", "Spannung", "Aktivität", "Wachheit" und "Sozialkontakt" gingen einher mit häufigen Schlagsituationen, die aber pro Tag nicht länger als ein bis zwei Stunden dauerten.
Hier reagierte der Junge auch wieder auf das Festhalten der Erzieher: nach kurzer Zeit des Wehrens konnte er sich wieder beruhigen.

G = So erfolgte am 20.3.85 Rückmeldung an den behandelnden Psychiater, der zu der Zeit vor fast genau einem Jahr eingesetzten Medikation von 1 Mal "MERESA forte" (morgens) weitere 3x5 Tesoprel verordnete.

H = Vier bis fünf Tage vergingen. Adam zeigte deutlich positive Veränderungen: seine Stimmung hellte sich auf. Er lachte wieder häufig, bewegte sich wieder mehr in den Räumlichkeiten, seine starke Anspannung wich einer Ausgeglichenheit. Er nahm wieder an sozialen Aktivitäten teil und war auffallend weniger müde. Er suchte auch wieder den Kontakt zum Erzieher.
Die Autoaggressionssituationen wurden weniger - zeitlich verschoben nahm auch die Dauer des Schlagens ab.

Seine Heimatbesuche, z.B. über Ostern, und seine jeweilige Rückkehr ins Heim änderten nichts an der positiven Entwicklung - die Stabilisierung dieses Zustandes hielt über acht Monate bis Ende des Jahres 1985 an. Im Verlauf der Zeit wurde der Junge zwar wieder zunehmend passiv, bewegungsarm und müde, sein aggressives Verhalten zeigte sich aber wie folgt: in den Monaten Mai, Juni, Juli nur durchschnittlich ein- bis zweimal im Monat, im August achtmal, im September neunmal, im Oktober zehnmal, im November sechsmal und im Dezember wiederum einmal führte Adam kurzfristige (Sekunden bis Minuten dauernde) leiche Autoaggressionen aus, die von allein, zum Teil durch Festhalten, schnell beendet werden konnten.

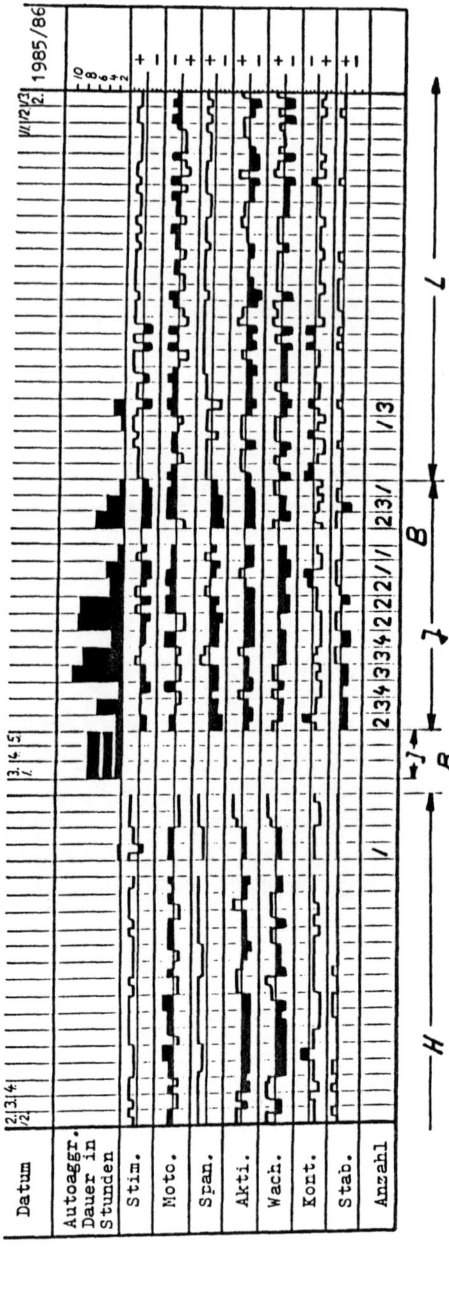

Abb. 12: Verlaufsdiagramm III "Adam"

H = Der vorher beschriebene positive Zustand des Jungen hielt an, wenn er auch wieder häufig in seinem Sessel oder auf der Decke lag und sich nur wenig zu sozialen Aktivitäten auffordern ließ. So stellte man sich die Frage, ob eine Reduzierung der Medikation angezeigt wäre - wollte aber die Rückkehr aus den Weihnachtsferien abwarten. Am 21.12.85 fuhr der Junge nach Hause in die Weihnachtsferien.
Adam nahm in den Monaten dieses positiven Zustandes bei gutem Appetit 10 Kilo an Gewicht zu.

I = In den ersten Tagen des neuen Jahres riefen die Eltern im Heim an: Adam habe es doch so gut gehabt zu Hause - und plötzlich würde er sich wieder durchgehend und sehr kräftig schlagen. Man wisse überhaupt nicht wieso, obwohl er doch so gerne zu Hause sei. Er habe wieder schlechte Laune, sei sehr angespannt und sei von seiner Schwester, mit der er sich die ganzen Tage über beschäftigt habe und deren Nähe er ständig suchte, fortgegangen: "Das macht er nur, wenn es ihm schlecht geht. Er kam plötzlich zu mir und hielt sich an mir fest. Sonst braucht er mich nie, er geht immer zu seiner Schwester", schildert die Mutter.

J = Wieder im Heim, zeigte Adam eine überwiegend schlechte Grundstimmung, die aber gelegentlich durch "Fröhlichkeit" unterbrochen wurde. Er machte einen sehr unausgeglichenen Eindruck, war sehr angespannt, offensichtlich nachmittags noch intensiver. Bezüglich seiner Bequemlichkeit, geringer Bewegung und intensiver Passivität zeigte Adam keine auffälligen Veränderungen zum voran beschriebenen Zeitraum. Sein intensives und kräftiges Schlagen dauerte manchmal über den ganzen Vormittag oder den ganzen Nachmittag mehrere Stunden bis zu neun Stunden lang, immer wieder kurzfristig gestoppt durch das Festhalten der Mitarbeiter - um dann sofort weiter zu gehen. Sein Stampfen und Schreien wurde erneut intensiver Streß für alle Mitbewohner und Bezugspersonen. Angebote, die ihm früher Spaß machten oder die ihm wichtig waren (Duschen, Schwimmen, Springen auf dem Airtramp oder Gymnastikball, oder sogar seine Klötze) hatten offensichtlich keinen Reiz mehr für ihn.
Verglichen mit der vorher beschriebenen "Depressions-Autoaggressions-Phase" erschienen hier deutlich weniger einzeln voneinander abgrenzbare Schlagsituationen - die Zeitdauer der Autoaggressionen ist insgesamt und für die jeweiligen wenigen Schlagsituationen auffallend länger.

L = Im Verlauf des Montags und Dienstags (19. und 20.1.86) veränderte sich Adams Erleben und Verhalten drastisch, ohne daß sich äußere Bedingungen, für den Erzieher irgendwie wahrnehmbar, geändert hätten (wobei der Elternbesuch - vergleicht man ihn mit Besuchen in anderen negativen Phasen - offensichtlich hier nur eine weniger bedeutende Bedingungsvariable darstellt). Adams Stimmung wurde wieder fröhlich und locker. Er bewegte sich öfter, seine Anspannung verschwand, er machte sogar wieder Gruppen- und Einzelaktivitäten mit und seine Müdigkeit wurde etwas geringer. Auch zeigte er wieder der Situation angemessene Stimmungsänderungen. Sein Schlagen, Stampfen und Schreien verschwand - um noch einmal, drei Tage später, erneut "aufzuflackern".

Zu Beginn noch gelegentlich unterbrochen, setzte sich auch hier wieder die Stabilisierung der positiven Grundstimmung und Entspannung fort; andererseits blieb Adam aber bequem und passiv, wenn auch nicht mehr so intensiv. Seine Müdigkeit wechselte, hielt aber nicht mehr über mehrere Tage durchgehend an. Wie schon in anderen positiven Phasen beschrieben, war er gut in die Gruppe integriert und erlebte wieder mit seinen Bezugspersonen in Heim und Schule Nähe, Gemeinsamkeit und Spaß.

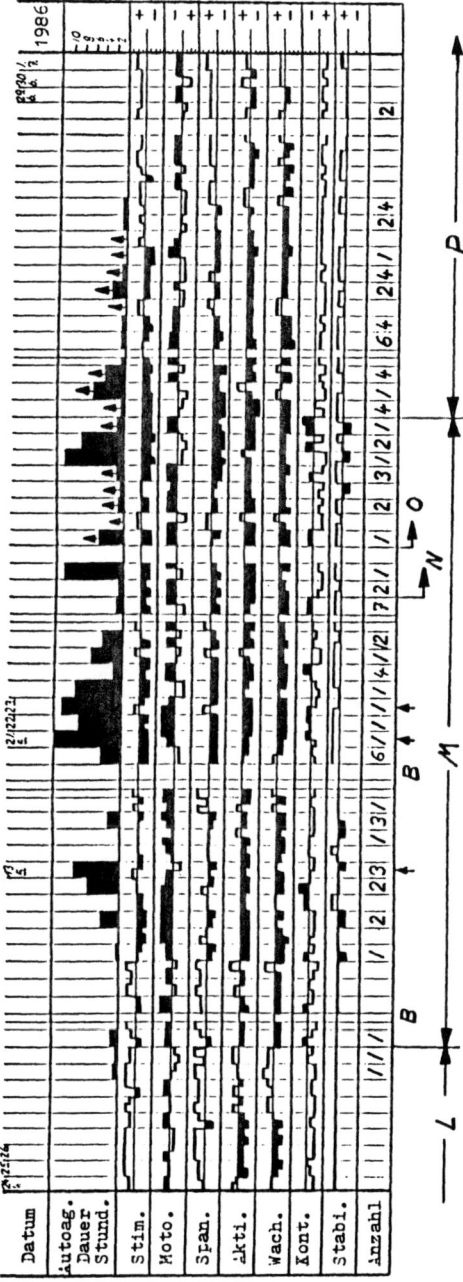

Abb. 13: Verlaufsdiagramm IV "Adam"

Das Verlaufsdiagramm IV bildet die täglichen Rückmeldungen vom 24.4. bis 1.7.86 ab.

L = Adams positive Gesamtbefindlichkeit seit Februar 86 näherte sich wieder dem Ende. Am 1. und 2. Mai zeigte er jeweils eine, nur minutenlange autoaggressive Attacke bei guter Laune und entspanntem Zustand.

M = Negative Veränderungen der Stimmung nahmen stetig zu. Adams Umherlaufen in der Gruppe usw. nahm ab. Er wurde wieder häufig als müde geschildert und zog sich von sozialen Kontakten zurück. Parallel zur Zunahme der Autoaggressionshäufigkeiten (am 13.5.86 summierten sich die drei Aggressionssituationen auf schon 7 1/2 Stunden, am 21.12. schlug sich Adam über 12 Stunden anhaltend, am 23.12. waren es 10 Stunden anhaltenden Schlagens, Schreiens und Stampfens) - nur gelegentlich unterbrochen durch "schlagfreie", entspannte Tage - verschlechterten sich seine Stimmung und Spannung bei anhaltender Müdigkeit und intensiver Passivität immer mehr. Zu Beginn noch begleitet von häufigen Stimmungsschwankungen pro Tag, suchte Adam wieder öfter seine Zurückgezogenheit auf.
Seine Heimatbesuche, bzw. Elternbesuche im Heim änderten nichts.
Mittlerweile hatte Adam sich durch sein kräftiges Schlagen fünfmarkstückgroße, offene Wunden an den Wangen zugefügt, und eine erneute psychiatrische Intervention erschien notwendig. Auf ein Festbinden der Hände wollte man verzichten, angesichts der Erfahrungen, erneut Monate zu benötigen, um Adam wieder "frei" zu trainieren.

N = Die Erzieher stellten zunehmend fest, daß Adam das leichte Festhalten gern hatte. Als direkte Konsequenz auf sein Fehlverhalten sollte er aber nichts Angenehmes erfahren, andererseits mußte zum Schutz vor weiterem Schaden interveniert werden. Die Bezugspersonen einigten sich in ihren regelmäßigen Teamsitzungen darauf, Adam von hinten, mit auf den Rücken angewinkelten Armen zu halten. Der Junge zeigte deutlich negative Signale (Brummen, sich wehren), beruhigte sich aber in dieser Haltung schnell.

O = Eine Umstellung der Medikation auf eine "Orap" morgens und 3x5 "Tesoprel" erbrachte keine anhaltende Verbesserung.
Die Häufigkeit und Dauer der Autoaggressionen sind seit diesem Zeitraum Mindestschätzungen (der Pfeil deutet die wahrscheinliche Erhöhung an). Die folgenden Skizzierungen beruhen nur auf Schätzungen der Gruppenmitarbeiter, ohne die Schulerzieher.

P = Am 10.6.86 erfolgte eine erneute Medikamentenumstellung auf 1 "MERESA forte" (morgens) und 3x15 "Tesoprel". Einige Tage später zeigten sich erneut Abschwächungen in der Häufigkeit und Intensität der negativen Befindlichkeitsausprägungen. Die Autoaggressionsdauer reduzierte sich deutlich und verteilte sich auf häufigere Situationen. Dies spricht möglicherweise für einen größeren Realitätsbezug: Adam setzte seine Aggressionen wieder mehr ein und erlebte offensichtlich mehr "Sinn" seines Verhaltens (so schlug er sich am 18.6.86 in vier verschiedenen Auslösesituationen: Mittagessen, Anforderungen usw. "nur" 30 Minuten lang).

Der sich positiv darstellende Zustand stabilisierte sich zusehens (April 1987). Adam ist wieder ein bequemer zwar, aber aufgeschlossener Junge, dem man auch wieder kleinere Arbeiten abverlangen kann.

In den folgenden Monaten zeigten sich nur vereinzelt situationsbezogene, sehr kurze und leichte Schlagsituationen.

Auch zwischenzeitliche Erkrankungen (Erkältung, Durchfall) änderten an seiner "relativen Schlagfreiheit" nichts.

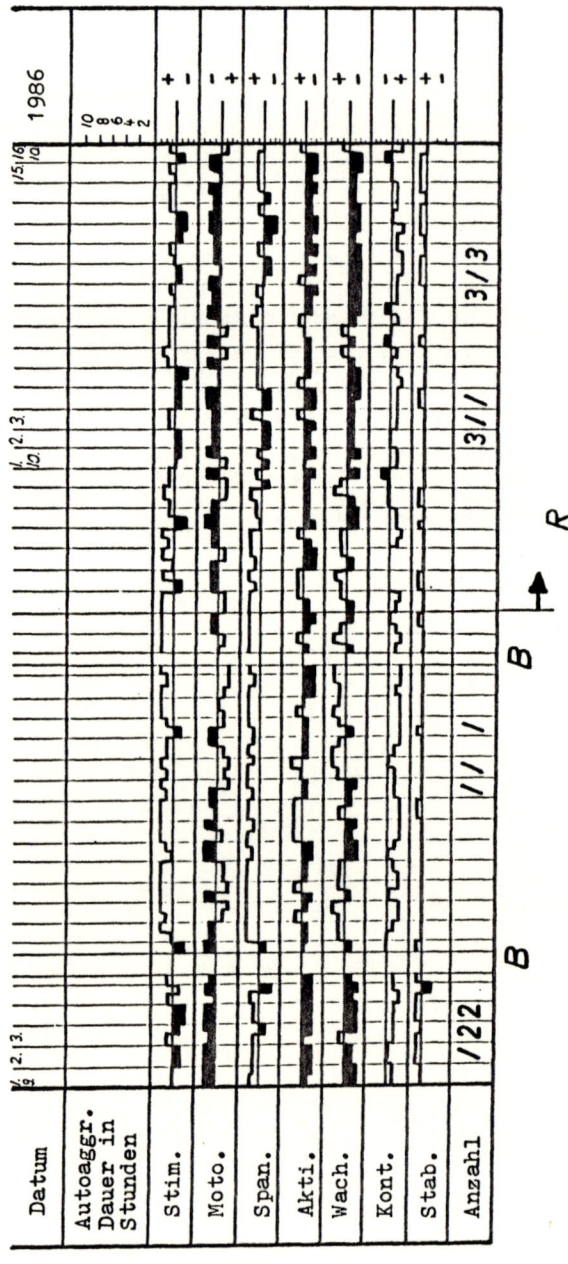

Abb. 14: Verlaufsdiagramm V "Adam"

Das Verlaufsdiagramm V bildet die täglichen Aufzeichnungen vom 1.9. bis 16.10.86 ab.

Auch wenn sich wochenweise Veränderungen in den Beschreibungsdimensionen ergaben, oder sich gelegentliche sekunden- oder minutenlange Autoaggressionsaktionen zeigten, versuchte man Adam auf eine geringere Medikamentendosierung zu bringen. Am 24.9.86 wurde

R = die Medikation auf 1 "MERESA forte" und 3x10 "Tesoprel" verringert. Gelegentliche Aggressionen, und auch Verschlechterung der Stimmung und der Entspannung, nahm man in Kauf. Seit Oktober 1986 bis Februar 1987 verbesserte sich seine Grundbefindlichkeit wieder deutlich, wie das folgende Verlaufsdiagramm VI zeigt.

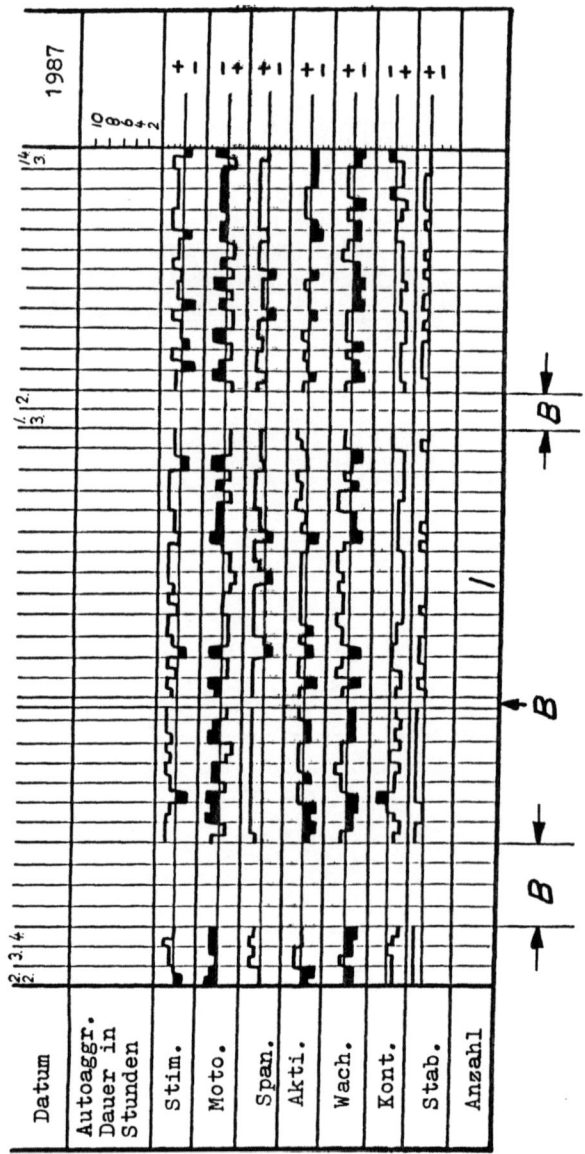

Abb. 15: Verlaufsdiagramm VI "Adam"

Die Zeit vom 2.2. bis 14.3.87 stellt das letzte Verlaufsdiagramm als unproblematischen Kontrollabschnitt dar:
Adam zeigte durchweg (bis auf Ausnahmen) gute Laune, relativ viel Bewegung, nur selten geringe Anspannungen. Er war "viel" beschäftigt, häufig wach und ausgeruht und freute sich über seine Sozialkontakte.
Wie in den vorangegangenen problemlosen Zeiten erlebte, Adam um sich herum ein entspanntes soziales Umfeld, in dem sich auch die anderen Gruppenbewohner und Klassenkameraden wieder wohl fühlen konnten.

Im Mai 1987 folgte die nächst "Depressions-/Autoaggressionsphase", bei der Adam weniger "Sich-Schlagen" zeigte, dafür aber mehr schrie und stampfte. Nach vier Wochen erbrachte eine erneute Erhöhung auf 3x15 "Tesoprel" wenige Tage später die bekannten positiven Abläufe, eine Verringerung der Medikation auf 1 MERESA forte + 3x10 Tesoprel, Wochen später, änderte an der positiven Befindlichkeit nichts.

Zusammenfassung und Interpretation

Die relativ systematische Beobachtung der Aggressionen und der Befindlichkeit Adams machen deutlich, daß sich im Verhalten und Befinden des Jungen deutlich Phasen abzeichnen.

Nicht nur, daß sich Häufigkeiten und Intensitäten seiner bevorzugten drei Aggressionsqualitäten (sich ins Gesicht schlagen, Schreien, Stampfen) drastisch änderten - parallel dazu zeigten sich vor allem in den Befindlichkeitsdimensionen "Stimmung" und "Spannung" deutliche Kovariationen.
In den Zeiten intensivster Autoaggressivität und Depressivität waren seine aggressiven Aktionen relativ situationsunabhängig (auch wenn häufig geringe oder geringste Auslöser zu finden waren), und eher innengesteuert, langanhaltend und massiv. Deutlich war eine sehr hohe Reizbarkeit für autoaggressives Verhalten.
Gegen Ende der Depressions/Aggressionsphase zeigten sich häufigere Wechsel der Stimmung, Anspannung usw. - die Anzahl der Aggressionen konnte zwar zunehmen, aber bei deutlich geringerer Intensität und Dauer. Hier erschien Adams Aggression wesentlich mehr als Reaktion auf äußere soziale Ereignisse, wie Anforderungen, Streß usw.
Die gesamte Entwicklung zeigt daß, verglichen mit der Zustandsbeschreibung vor mehreren Jahren, sich die Zeiten positiver Befindlichkeit verlängerten und seine negativen Phasen schnell wieder abklingen.

Deutlich wurde die Notwendigkeit der Veränderung "innerer" Bedingungen negativer Befindlichkeit und pathologischer Aggressivität. Der Stellenwert psychopharmakologischer Medikation, bzw. deren Effektivität erscheint hoch, pädagogische und psychotherapeutische Vorgehensweisen bezüglich Abbau von Fehlverhalten oder Aufbau alternativer Verhaltensformen erscheint sekundär.

Die langwierigen Entwicklungsprozesse von Adam (und parallel dazu die Bemühungen um seinen Gruppenmitbewohner Karl) haben alle beteiligten Bezugspersonen intensiv gefordert. Sie erlebten sich intensivsten Streßsituationen ausgesetzt und wurden durch Aggressions-Signale massiv konfrontiert. Den intensiven Anforderungen schienen sie oft kaum gewachsen. Es mangelte ihnen anfangs an adäquaten, effektiven Handlungsanleitungen - oder sie führten Reaktionen und Konsequenzen aus, ohne von der Nützlichkeit immer überzeugt zu sein. Die enorme Streßbelastung konnte man den Mitarbeitern ansehen. Ihre Verunsicherung über ihr Handeln wurde vermindert durch die Erkenntnis eher innengesteuerter Abläufe bei Adam und durch die Wirksamkeit der Medikation und ihres Festhaltens.
Man sorgte sich aber weiterhin noch, daß Adam möglicherweise sein Leben lang psychopharmakologisch versorgt werden müsse. Damit zu rechnen, daß eine erneute depressive Phase mit intensiven Aggressionen kommen könnte, ließ die Erzieher und Eltern nicht mehr verzweifeln. Sie äußerten zwar ihre Befürchtungen vor diesen möglichen Belastungen - vertrauen aber mehr darauf, daß auch diese zukünftige negative Phase vorbeigehen wird.
Souverän, sicher und eindeutig können sie mit Adam umgehen - ihm Zärtlichkeiten schenken und sich über ihn freuen.
Bemerkenswert eng sind die Bezugssysteme "Elternhaus", "Schule" und "Gruppe" durch die gemeinsamen Erfahrungen und regelmäßigen Supervisionssitzungen zusammengewachsen: unter den Kollegen und Eltern herrscht mittlerweile eine freundschaftliche, manchmal herzliche Atmosphäre - die auch über gelegentliche, offen ausgetragene Konflikte anhält.

LITERATUR

ANDREASEN, N.C. & BLACK, D.W. 1993. Lehrbuch Psychiatrie. Weinheim: Beltz.

ANSTOETZ, C. 1987. Burnout bei Lehrern für Geistigbehinderte? Behindertenpädagogik 26 (3) 286-289.

ARENS, C. & DZIKOWSKI, S. 1988. Autismus heute. Band 1. Dortmund: Verlag modernes lernen.

ARNOLD, M. 1960. Emotion and Personality. New York: Columbia.

BHATARA, V. & CARRERA, J. 1994. Medications for aggressiveness. Journal of the American Academy of Child and Adolescent Psychiatry, Feb Vol 33 (2) 282-283.

BERNARD-OPITZ, V.; BLESCH, G. & HOLZ, K. 1988 a. Sprachlos muß keiner bleiben. Handzeichen und andere Kommunikationshilfen für autistisch und geistig Behinderte. Freiburg: Lambertus Verlag.

BERNARD-OPITZ, V. 1988 b. Verhaltensanalyse und Interventionsmethoden bei Selbstverletzungsverhalten. Zeitschrift für Kinder- und Jugendpsychiatrie 16, 27-30.

BREZOVSKY, P. 1978. Verhaltenstherapie fremdaggressiven Verhaltens durch ein Token-System. In: HUBER, N. & STRIEBEL, M. (Hrsg.) Aggressivität und Hyperaktivität bei geistig Behinderten. Freiburg: Lambertus.

BREZOVSKY, P. 1985. Diagnostik und Therapie selbstverletzenden Verhaltens. Stuttgart: Enke.

BREZOVSKY, P. 1986. Kombination von positiver Verstärkung, deren Entzug und Verhinderungsmaßnahmen bei der Behandlung von schwer geistig Behinderten mit massiven Autoaggressionen. Vortrag: Neuenkirchener Autoaggressions Workshop, Neuenkirchen, 8.-10.10.1986.

BUCHKA, M. 1994. Burnout-Syndrom bei Lehrern und Betreuern von geistig Behinderten. In: BAUDISCH, W. & SCHMETZ, D. (Hrsg.) Geistige Behinderung und Wege zur differenzierten Förderung. Frankfurt a.M.: Diesterweg.

BURKART, H. & KRECH, R. 1985. Aggression und geistige Behinderung. Probleme selbst- und fremdaggressiven Verhaltens. Berlin: Marhold.

CAMPBELL, M., ADAMS, P., SMALL, A., TESCH, L. & CURREN, E. 1988. Naltrexone in Infantile Autism. Psychopharmacology Bulletin, 24 (1), 135139.

CREABY, M.; WARNER, M. & JAMIL, N. 1993. Ictal aggression in severely handicapped people. Irish Journal of Psychological Medicine, Feb Vol 10 (1) 12-15.

DAVIDSON, P., CAIN, N. et al. 1994. Characteristics of communitybased individuals with mental retardation and aggressive behavioral disorders. American Journal on Mental Retardation, May Vol 98 (6) 704-716.

DEUTSCH, S. 1986. Rationale for the Administration of Opiate Antagonists in Treating Infantile Autism. American Journal of Mental Deficiency, 90 (6), 63 1635.

DÖPFNER, M. 1995. Hyperkinetische Störungen. In: PETERMANN, F. (Hrsg) : Lehrbuch der Klinischen Kinderpsychologie. Göttingen.

DURAND, V. & CRIMMINS, B. 1988. Identifying the Variables Maintaining Self-Injurious Behavior. Journal of Autism and Developmental Disorders, 18 (1), 99-117.

DZIKOWSKI, S. & ARENS, C. 1990. Autismus heute Band 2. Dortmund: Verlag modernes lernen.

EDWARDS, P. & MILTENBERGER, R. 1991. Burnout among staff members at community residential facilities of persons with mental retardation. Mental Retardation, Jun Vol 29 (3) 125-128.

FACION, M. 1986. Zum Verständnis autoaggressiver Handlungen aus der Sicht der Informationsverarbeitung und deren therapeutische Implikationen. Mündl. Vortrag: Neuenkirchener Autoaggressions Workshop, Neuenkirchen, 8.-10.10.1986.

FEUSER, G. 1985. Zum Verständnis selbstverletzender Verhaltensweisen autistischer Kinder und Möglichkeiten der Beeinflussung. In: Bundesverband "Hilfe für das autistische Kind e.V." (Hrsg.) Therapeutische Ansätze in Theorie und Praxis. Hamburg. 105-127.

FUCHS, C. & BENSON, B. 1995. Social information processing by aggressive and nonaggressive men with mental retardation. American Journal on Mental Retardation, Nov Vol 100 (3) 244-252.

GARDNER,W. & MOFFATT, C. 1990. Aggressive behaviour: Definition, assessment, treatment. International review of Psychiatry, Vol 2 (1) 91-100.

GOTTWALD, D. & REDLIN, W. 1975. Verhaltenstherapie bei geistig behinderten Kindern. Göttingen: Hogrefe.

GRIFFIN, J., RICKETTS, R., WILLIAMS, D., LOCKE, B., ALTMEYER, B. & STARK, M. 1987. A Community Survey of Self-Injurious Behavior among Developmentally Disabled Children and Adolescents. Hospital and Community Psychiatry, 38 (9) 959-963.

GRIFFIN, J., WILLIAMS, D., STARK, M., ALTMEYER, B. & MASON, M. 1986. Self-Injurious Behavior: A State-Wide Prevalence Survey of the Extent and Circumstances. Applied Research in Mental Retardation, 7, 105-116.

HEINRICH, J. 1978. Neuere Ergebnisse der theoretischen und experimentellen Streßforschung unter der Perspektive des Streßmodells von LAZARUS. Unveröffentl. Diplomarbeit, Universität Freiburg.

HEINRICH, J. 1986. Ursachen, Auslöser und Wirkungen pathologischer Aggressionen geistig behinderter Kinder und Jugendlicher. In: SCHORR, A. (Hrsg.) Bericht über den 13. Kongreß für Angewandte Psychologie, Bd. 2. Bonn: BDP-Verlag, 292-296.

HEINRICH, J. 1988. Diagnostik und Therapie phasisch verlaufender Autoaggressions- und Spannungszustände; ein Fallbeispiel. Referat, präsentiert auf dem 3. Europäischen Kongreß "Autismus - heute und morgen", Hamburg, 6.8.5.1988.

HEINRICH, J. 1993. Aggressionen und Stress. In : BAUMGÄRTEL, F. & WILKER, F. (Hrsg.) Klinische Psychologie im Spiegel ihrer Praxis. Bonn: Deutscher Psychologen Verlag.

HEINRICH, J. 1994. Aus der psychologischen Praxis: Umgang mit massiven Aggressionsproblemen - ein komplexer Therapieansatz. Motorik 17 (4) 122-125.

HEINRICH, J.; 1995. Erfahrungen im Umgang mit massiven Aggressionen. Informationsschrift Hilfe für das autistische Kind. Regionalverband Frankfurt/M.

HEINRICH, J., SCHULTHEISS, U. & VAN DER VORST, M. 1993. Geistige Behinderung. In: SCHORR, A. (Hrsg): Handwörterbuch der Angewandten Psychologie. Bonn: Deutscher Psychologen Verlag.

HENNICKE, K. 1989. Medikamentöse Behandlung schwer autoaggressiver Patienten. - Ein klinischer Erfahrungsbericht. In: ROHMANN, U. & HARTMANN, H. (Hrsg.) Erweiterte theoretische Ansätze, aktuelle Ergebnisse der Grundlagenforschung und multimodale Therapien. Tagungsberichte des Internationalen Viersener Autoaggressions-Symposiums. 1.-3.10.1987. Dortmund: Verlag modernes lernen.

HUBER, G. 1989. Psychiatrie - Systematischer Lehrtext für Studenten und Ärzte. Stuttgart: Schattauer.

JANETZKE, H. 1993. Stichwort Autismus. München: Wilhelm Heyne Verlag.

KEHRER, H. 1989. Autismus - diagnostische, therapeutische und soziale Aspekte. Heidelberg: Asanger.

KAMINSKI, P. 1970. Verhaltenstheorie und Verhaltensmodifikation. Stuttgart: Klett.

KANE, J. 1978. Behandlung verschiedener Verhaltensstörungen bei schwer geistig Behinderten unter besonderer Berücksichtigung von Aggression und Hyperaktivität. In: HUBER, N. & STRIEBEL, M. (Hrsg.) Aggressivität und Hyperaktivität bei geistig Behinderten. Freiburg: Lambertus.

KANE, J. 1986. Körperliche Aktivierung von Menschen mit selbstverletzendem Verhalten. Mündl. Vortrag. Neuenkirchener Autoaggressions Workshop, Neuenkirchen 8.-10.10.1986.

KANE, J. & HETTINGER, J. 1987. Die Förderung von Menschen mit selbstverletzenden Verhaltensweisen. Geistige Behinderung 1, 13-21.

KANE, J. & KANE, G. 1976. Geistig schwer Behinderte lernen lebenspraktische Fertigkeiten. Bern: Huber.

KANE, J. & KANE, G. 1986. Möglichkeiten und Grenzen der Festhaltetherapie. Geistige Behinderung 2, 113-123.

KAUFMANN, H. 1965. Definitions and methodology in the study of aggression. Psychological Bulletin 64, 351-364.

KUSCH, M. & PETERMANN, F. 1990. Entwicklung autistischer Störungen. Stuttgart: Verlag Hans Huber.

LAPLANCHE, J. & PONTALIS, J. 1973. Das Vokabular der Psychoanalyse, Bd. 1. Frankfurt: Suhrkamp.

LAZARUS, R. 1966. Psychological stress and the coping process. New York: McGraw-Hill.

LAZARUS, R. 1971. Personality. New York: Prentice Hall.

LAZARUS, R., AVERILL, J. & OPTON, E. 1971. Towards a cognitive theory of emotion. In: LEVI, L. (Ed.). Übersetzt in BIRBAUMER, N. (Hrsg.) 1973. Neuropsychologie der Angst. München: Urban & Schwarzenberg.

LAZARUS, R. & LAUNIER, R. 1978. Stress-related transactions between person and environment. Übersetzt in NITSCH (Hrsg.) 1981. Streß - Theorien, Untersuchungen, Maßnahmen. Bern: Huber.

LEVITT, E. 1971. Die Psychologie der Angst. Stuttgart: Kohlhammer.

LISCHKE, G. 1975. Aggression und Aggressionsbewältigung. Freiburg: Albert.

LORENZ, K. 1972. Zur Naturgeschichte der Aggression. Das sogenannte Böse. Wien: Borotha-Schoeler.

LUISELLI, J. 1986. Behavior Analysis of Pharmacological and Contingency Management Interventions for Self-Injury. Journal of Behavior Therapy and Experimental Psychiatrie, 17, 275-284.

MARQUARD, A., RUNDE, P. & WESTPHAL, G. 1993. Psychische Belastungen in Helfenden Berufen. Bedingungen, Hintergründe, Auswege. Opladen: Westdeutscher Verlag.

MEES, U. 1982. Wie können Aggressionen im Alltag empirisch ermittelt werden? In: HILKE, R. & KENPF, E. (Hrsg.) Aggression. Stuttgart: Huber.

MEIER, G. 1993. Beeinflussung autoaggressiven Verhaltens im Erziehungsalltag. Zeitschrift für Heilpädagogik, 44 (4) 269-275.

MEINS, W. 1989 a. Behandlung mit Psychopharmaka. Eine Untersuchung bei geistigbehinderten Erwachsenen mit aggressivem Verhalten. Geistige Behinderung 28 (1) 28-36.

MEINS, W. 1989 b. Aggressives Verhalten bei geistig behinderten Personen: Praevalenz und Zusammenhang mit sozialer Kompetenz und sozialer Unterstützung. Heilpädagogische Forschung 15 (2) 98-103.

MEINS, W. 1991. Aktuelle Entwicklungen in der Psychopharmakotherapie von Personen mit geistiger Behinderung. Krankenhauspsychiatrie, 2 (3) 109-114.

MERKENS, L. 1993. Aggressivität im Kindes- und Jugendalter. München: Reinhardt.

MICHEL, K. 1994. Psychiatrie für Pflegeberufe. Stuttgart: Enke Verlag.

MITSCHERLICH, A. 1970. Die Idee des Friedens und die menschliche Aggressivität. Baden-Baden: Suhrkamp.

NAGERA, H. 1987. Psychoanalytische Grundbegriffe. Frankfurt: Fischer.

NEUHÄUSER, G. 1986. Das Lesch-Nyhan-Syndrom. Geistige Behinderung 4, 289-290.

NISSEN, G. (Hrsg.) 1979. Die Bedeutung der medikamentösen Therapie bei Verhaltensstörungen im Kindesalter. Bern: Huber.

NITSCH (Hrsg.) 1981. Streß - Theorien, Untersuchungen, Maßnahmen. Bern: Huber.

NOLTING, H. 1987. Lernfall Aggression. Reinbek: Rowohlt.

PETERMANN, F. & PETERMANN, U. 1984. Training mit aggressiven Kindern. München: Urban & Schwarzenberg.

PETERMANN, F. & PETERMANN, U. 1993: Training mit aggressiven Kindern. Weinheim: Beltz.

PETERMANN, F., BANDEMER, I. & MAYER. D. 1987. Aufbau von Sozialverhalten bei geistigbehinderten Jugendlichen. In: PETERMANN, F. (Hrsg) Verhaltensgestörtenpädagogik. Neue Ansätze und ihre Erfolge. Berlin: Marhold.

PREKOPP, J. 1984. Zur Festhaltetherapie bei autistischen Kindern. Der Kinderarzt, 6, 798-802; 7,952-953; 8, 1043-1052; 9, 1170-1175.

PREKOPP, J. 1986. Das Festhalten bei Menschen mit autistischen Verhaltensweisen. Geistige Behinderung, 2, 1-24.

REDL, F. & WINEMAN, D. 1993. Steuerung des aggressiven Verhaltens beim Kind. München: Piper.

REISS, S. & ROJAHN, J. 1993. Joint occurence of depression and aggression in children and adults with mental retardation. Journal of Intellectual Disabilitiy Research, Jun Vol 37 (3) 287-294.

REPP, A., FELCE, D. & BARTON, L. 1988. Basing the Treatment of Stereotypic and Self-Injurious Behaviors on Hypotheses of their Causes. Joumal of Applied Behavior Analysis, 21 (3), 281-289.

RETTA, A. & BATTISTICH, P. 1977. Zur Sexualität geistig Behinderter. Zeitschrift für Sexualmedizin, 10, 810.

RICHTER, I. 1980. Schwer Mehrfachbehinderte lernen Selbständigkeit. Bern: Huber.

ROHMANN, U. 1985. Informationsverarbeitung autistischer Kinder. München: Lit-Verlag.

ROHMANN, U. & HARTMANN, H. 1985. Modifizierte Festhaltetherapie (MFT). Eine Basistherapie zur Behandlung autistischer Kinder. Zeitschrift für Kinder und Jugendpsychologie, 3, 182-198.

ROHMANN, U. & HARTMANN, H. 1987. Grundlagen und Behandlungsmöglichkeiten von Autoaggressionen. Bd. 1: Behandlungsmöglichkeiten. Dortmund: Verlag modernes lernen.

ROHMANN, U., HARTMANN, H. & KEHRER, H. 1984. Erste Ergebnisse einer modifizierten Form der Festhaltetherapie. Autismus, 17, 10-13.

SAHLEY, T. & PANKSEPP, I. 1987. Brain Opioids and Autism: An updated Ananlysis of possible Linkages. Journal of Autism and Developmental Disorders, 17 (2), 201-216.

SASSE, A. 1983. Psychisch wirksame Medikamente. Geistige Behinderung, 2, 119-123.

SEIFERT, M. 1995. Problemverhalten - eine Herausforderung für Mitarbeiter. Berichte von Betreuern von Erwachsenen mit schwerer geistiger Behinderung über ihren Umgang mit schwierigen Verhaltensweisen. Geistige Behinderung, 2 / 1995, 120-133.

SELG, H. 1968. Diagnostik der Aggressivität. Göttingen: Hogrefe.

SELG, H. 1982. Aggressionsdefinition - und kein Ende. In: HILKE, R. & KEMPF, W. (Hrsg.) Aggression. Stuttgart: Huber.

SELYE, H. 1956. The stress of life. New York: McGraw-Hill.

SELYE, H. 1974. Streß, Bewältigung und Lebensgewinn. München: Piper.

SHARRARD, H. 1992. Feeling the strain: Job stress and satisfaction of direct-care staff in the Mental Handicap Service. British Journal of Mental Subnormality, Jan Vol 38 (74) 32-38.

SIGAFOOS, J. 1995. Factors associated with aggression versus aggression and self-injury among persons with intellectual disabilities. Developmental Disabilities Bulletin, Vol 23 (1) 30-39.

STRASSMEIER, W. 1992 a. Untersuchungen zum Phänomen des "Ausbrennens" bei Mitarbeitern an Schulen für Geistigbehinderte. Zeitschrift für Heilpädagogik 43 (10), 649-655.

STRASSMEIER,W. 1992 b. Stress amongst teachers of children with mental handicaps. International Journal of Rehabilitation Research, 15 (3) 235-239.

STRIEBEL, M. 1978. Behandlung aggressiven Verhaltens durch ein Training in Selbstkontrolle. In: HUBER, N. & STRIEBEL, M. (Hrsg.) Aggressivität und Hyperaktivität bei geistig Behinderten. Freiburg: Lambertus.

SZYMANSKI, L., KEDESDY, 1., SULKES, S. & CUTLER, A. 1987. Naltrexone in Treatment of Self Injurious Behavior: A clinical Study. Research in Developmental Disabilities, 8, 179-190.

THEUNISSEN, G. & STICHLING, M. 1997. Verhaltensauffälligkeiten bei geistig behinderten Schülern. Geistige Behinderung 1, 25-38.

THEUNISSEN, G. 1996. Pädagogische Hilfen für Menschen mit geistiger Behinderung und Verhaltensauffälligkeiten. Fachdienst der Lebenshilfe. Marburg.

THONTSON, T. & GRABOWSKI, J. 1976. Verhaltensmodifikation bei geistig Behinderten. München: Reinhard.

WATZLAWIK, P., BEAVIN, J. & JACKSON, D. 1969. Menschliche Kommunikation. Formen, Störungen, Paradoxien. Bern: Huber.

WINDISCH, M. 1995. Frust statt Lust? Erscheinungen und Bedingungen von burnout in der stationören Behindertenbetreuung im Spiegel einer Untersuchung. Soziale Arbeit. 44 (8), 269-274.

WILTSCHKO, J. 1988. Focusing: Das Überschreiten der Beschränkungen in der Gesprächspsychotherapie. GwG - Zeitschrift, 71, 56-63. Köln: GwGVerlag.

ANHANG

ANHANG: A

Tägliche Verhaltensliste

Name:

Fremdaggressionen:
(Häufigkeit durch jeweils einen Strich angeben!)

Qualität:	Auslösesituation
andere beißen	
andere kratzen	
andere schlagen	
andere kneifen	
anderes:	

Sachaggressionen: (Häufigkeit wie oben!)	
Schlagen gegen Fenster/Türen/Wände:	
Zerreißen (was?) :	

Stimmungsäußerungen:	
weinen	
schreien, jaulen	
stampfen	
lachen	

Autoaggressionen: (Häufigkeit der Situationen in Zeitdauer: = Sekunden/Minuten und Intensität: sehr kräftig = A; mittel = B; sehr schwach = C angeben!)

sich kratzen	
sich beißen	
sich kneifen	

Besonderheiten (Schlafstörungen, Monatsregel usw.) auf Rückseite vermerken!

ANHANG: B

Tägliche Beschreibung des emotionalen und sozialen Zustands

Datum: Beobachter: Frühdienst: 0
                                         Spätdienst: X

Stimmungslage

lustig, froh,   lustlos, traurig,
gutgelaunt   niedergeschlagen

|—————+——————+—————+—————+—————+——————+—————|
| ex- | intensiv/ | schwach/ | unbe- | schwach/ | intensiv/ | ex- |
| trem | häufig | wenig | stimmt | wenig | häufig | trem |

Motorische Bewegung

regungslos, gedämpft,   aufgedreht, überdreht,
keine Bewegung   unruhig, viel Bewegung

|—————+——————+—————+—————+—————+——————+—————|
| ex- | intensiv/ | schwach/ | unbe- | schwach/ | intensiv/ | ex- |
| trem | häufig | wenig | stimmt | wenig | häufig | trem |

Emotionale Spannung

entspannt, gelockert,   angespannt, zwanghaft,
ausgeglichen   eng, "geladen"

|—————+——————+—————+—————+—————+——————+—————|
| ex- | intensiv/ | schwach/ | unbe- | schwach/ | intensiv/ | ex- |
| trem | häufig | wenig | stimmt | wenig | häufig | trem |

Aktivität

sinnvoll aktiv, beschäftigt,   passiv, "faul", päd.
anstellbar, gut zu motivieren   Anforderungen ausweichend

|—————+——————+—————+—————+—————+——————+—————|
| ex- | intensiv/ | schwach/ | unbe- | schwach/ | intensiv/ | ex- |
| trem | häufig | wenig | stimmt | wenig | häufig | trem |

Wachheit

wach, aufmerksam   müde, träge, apathisch

|—————+——————+—————+—————+—————+——————+—————|
| ex- | intensiv/ | schwach/ | unbe- | schwach/ | intensiv/ | ex- |
| trem | häufig | wenig | stimmt | wenig | häufig | trem |

Sozialkontakt

abweisend, isoliert,   sucht Kontakt anderer,
flieht vor Kontakt   gut ansprechbar

|—————+——————+—————+—————+—————+——————+—————|
| ex- | intensiv/ | schwach/ | unbe- | schwach/ | intensiv/ | ex- |
| trem | häufig | wenig | stimmt | wenig | häufig | trem |

Emotionale Stabilität

|————————————————+————————————————+————————————————|
gleichbleibende,	dem Geschehen ent-	häufige/starke	ex-
andauernde Stim-	sprechende Verände-	Stimmungs	trem
mungslage, keine	rungen, nachvollzieh-	schwankungen	
Stimmungsänderung	bar, "normal"		

ANHANG: C

TIME - OUT - Liste

Durchführung: Wie abgesprochen, N.N. zum entsprechenden Zeitpunkt des beginnenden aggressiven Kampfes, bzw. bei den definierten aggressiven Verhaltensweisen, ohne Worte direkt in den time - out - Raum bringen, Kontrolle gewährleisten und zum festgesetzten Zeitpunkt wieder herauslassen. Für positiven Kontakt danach und Verstärken positiven Verhaltens unbedingt achten. Besonderheiten notieren.

Datum / Mitarbeiter	Auslösesituation	t.o.-Dauer	Reaktionen im t.o.	Posit. Vorhalten

ANHANG: D

LISTE DER FEHLVERHALTENSWEISEN "KARL"

DATUM:
BEOBACHTER:

gegen Personen: Augendrücken

Umstoßen

Treten

Schlagen

Haareziehen

Kratzen

Schimpfen/Schreien

Heftiges "Liebkosen"

Gezieltes Bewerfen

Einkoten

Einnässen

Kot schmieren

In Raum urinieren

gegen Sachen: Herunterwerfen was?

Zerstören was?

Schlagen gegen Fenster

Schlagen/Treten gegen Tür

Bilder werfen

Steine/Klötzchen werfen

Stühle umwerfen

Treten gegen Möbel

Herumwerfen was?

Türen aushängen

Geschirr zerstören

Lebensmittel

Kleidung zerreißen

Weglaufen

ANHANG: E

Time - out - Liste KARL

DATUM: BEOBACHTER:

Aggression gegen Personen Konsequenz = time-out !!	Besonderheiten beim time-out Lachen, bzw. gute Stimmung=2 Wut, Ärger, Kampf =1 Ruhe, Betroffenheit =0	Dauer in Min.
UMSTOSSEN		
TRETEN		
SCHLAGEN		
KRATZEN		
HAAREZIEHEN		
GEZIELTES BEWERFEN		
EINNÄSSEN		
EINKOTEN		

Aggressionen gegen Sachen Konsequenz = time-out !!		
ZERSTÖRENDES WERFEN		
" SCHIESSEN, STOSSEN		
UMWERFEN		
ZERREISSEN usw.		
TRETEN/SCHLAGEN gg. FENSTER		
TRETEN/SCHLAGEN gg. TÜREN		
AUSHÄNGEN v. FENSTER/TÜREN		

POSITIVES VERHALTEN:

ANHANG: F

Bitte als Frühdienst und als Spätdienst auf demselben Blatt ausfüllen!!!

EMOTIONALER UND SOZIALER ZUSTAND

BEFINDLICHKEITSLISTE: Karl

Datum:
Beobachter:
Frühdienst: 0
Spätdienst: X

STIMMUNG:

gehoben
z.B. lustig, fröhlich,
lacht, singt

depressiv
z.B. lustlos, traurig,
niedergeschlagen

|—————————|—————————|—————————|—————————|
extrem   mäßig   weder/noch   mäßig   extrem

AKTIVITÄT:

aktiv
beschäftigt, rege,
gut aufzufordern

passiv
still, träge, nicht zu
Aktivitäten zu bewegen

|—————————|—————————|—————————|—————————|
extrem   mäßig   weder/noch   mäßig   extrem

WACHHEIT:

wach, munter, aufmerksam

müde, schlapp, apathisch

|—————————|—————————|—————————|—————————|
extrem   mäßig   weder/noch   mäßig   extrem

UNRUHE:

unruhig, getrieben,
hektisch, gespannt

ruhig, entspannt,
ausgeglichen

|—————————|—————————|—————————|—————————|
extrem   mäßig   weder/noch   mäßig   extrem

KONTAKT:

freundlich, geht auf Personen
zu, ansprechbar

isoliert, abweisend,
abwesend, reagiert nicht

|—————————|—————————|—————————|—————————|
extrem   mäßig   weder/noch   mäßig   extrem

ANHANG: G

PROBLEMVERHALTENSLISTE " Adam "

Mitarbeiter: Datum:

Zur Erinnerung: Wenn Adam sich schlägt, ihn ohne Worte und von hinten festhalten. Wenn er sich beruhigt hat, wieder loslassen. Bei erneutem Schlagen wiederfesthalten. Darauf achten, daß er dabei keine angenehme Zuwendung erhält. Schreien und Stampfen als Ausdrucksformen akzeptieren, wenn möglich verstärken (z.B. "ich kann verstehen, daß du ärgerlich bist."). Wenn Anforderungen gestellt wurden, sollten sie nach dem Fehlverhalten bestehen bleiben.

Schlagsituationen

In welchen Situationen	mögliche Auslöser	Dauer: Schlagen/Halten	Belohntes Verhalten

Werner Glogauer

Die neuen Medien verändern die Kindheit

Nutzung und Auswirkungen des Fernsehens, der Videofilme, Computer und Videospiele, der Werbung und Musikvideo-Clips. 3., erw. Aufl. 1995. 203 S. Br DM 36,-/öS 281,-/sFr 36,- (3 89271 500 9)

Anfang der 90er Jahre hat die Mediennutzung bei Kindern und Jugendlichen eine neue Stufe erreicht. Viele besitzen einen eigenen Fernseher (z.b. 34% der 9- bis 10jährigen) und Computer (30% der 9- bis 10jährigen einen Kindercomputer). Etwa ein Drittel der Grundschüler verfügt über sieben bis zehn Geräte, darunter auch der Videorecorder. Damit ist jüngeren Kindern ein nahezu unbegrenzter, kaum noch kontrollierbarer Zugang zum Medienangebot, zu Mediengewalt, Sex und Pornographie möglich. Rund 20% der 6- bis 8jährigen sitzen innerhalb einer Woche 40 Stunden und mehr, 35% bis zu 30 Stunden und mehr vor dem Fernsehgerät, ein Viertel bis Mitternacht und darüber hinaus. Ihre Fernsehzeit ist länger als die Schulzeit. Die Medienumwelt prägt die psychische und soziale Entwicklung nachhaltig. Lesebereitschaft und Lesefähigkeit sind eingeschränkt, die Medien verändern das Spielverhalten, musische bzw. kreative Betätigungen gehen mit steigendem Medienkonsum zurück. Da viele ihre Freizeit überwiegend mit Medien verbringen, sind die für eine gesunde Entwicklung notwendigen direkten Erfahrungen eingeschränkt, z.B. im Umgang mit anderen. Die fiktive Welt der Medien bestimmt Vorstellungen und Verhalten und kann unter bestimmten Bedingungen Kinder und Jugendliche aggressiv und kriminell machen.

Die dritte Auflage enthält zwei neue Kapitel zu Medien, zur Werbung und zu den Computerspielen, die in den letzten Jahren zunehmend von Kindern und Jugendlichen genutzt und in der Öffentlichkeit diskutiert werden. Kinder und Jugendliche sind zu einer von der Wirtschaft besonders umworbenen Marktmacht geworden, und die Beschäftigung mit Computern und Computerspielen füllt inzwischen bei vielen einen Großteil der Freizeit aus.

Postfach 100154
69441 Weinheim